中国工程院院士
是国家设立的工程科学技术方面的最高学术称号，为终身荣誉。

中国工程院院士传记

徐寿波传

勇做拓荒牛

胡晓菁 著

人民出版社
科学出版社

图书在版编目(CIP)数据

徐寿波传：勇做拓荒牛／胡晓菁著．—北京：科学出版社，2016.9

（中国工程院院士传记）

ISBN 978-7-03-050012-0

Ⅰ．①徐…　Ⅱ．①胡…　Ⅲ．①徐寿波—传记　Ⅳ．①K826.16

中国版本图书馆 CIP 数据核字（2016）第 226346 号

责任编辑：侯俊琳　张　莉　郑圆圆／责任校对：邹慧卿

责任印制：李　彤／封面设计：有道文化

科学出版社 出版

北京东黄城根北街 16 号

邮政编码：100717

http://www.sciencep.com

北京九州迅驰传媒文化有限公司 印刷

科学出版社发行　各地新华书店经销

*

2016 年 9 月第　一　版　开本：720 × 1000　1/16

2022 年 3 月第五次印刷　印张：18 1/4　插页：6

字数：220 000

定价：68.00元

（如有印装质量问题，我社负责调换）

徐寿波　中国工程院院士

2015 年 4 月，徐寿波与
夫人周爱珍在云南留影

2005 年，徐寿波在苏州周庄

20 世纪 80 年代末，徐寿波在国外考察时留影

1986 年，徐寿波（后排站立者）访问日本时留影

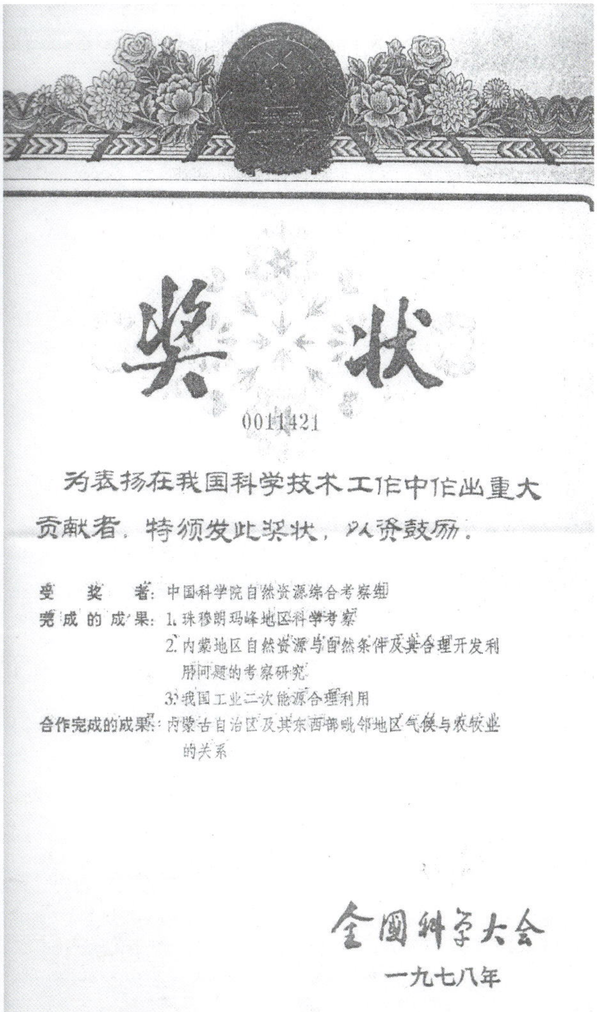

奖状

0011421

为表扬在我国科学技术工作中作出重大贡献者，特颁发此奖状，以资鼓励。

受奖者：中国科学院自然资源综合考察组

完成的成果：1. 珠穆朗玛峰地区科学考察

2. 内蒙地区自然资源与自然条件及其合理开发利用问题的考察研究

3. 我国工业二次能源合理利用

合作完成的成果：内蒙古自治区及其东西部毗邻地区气候与农牧业的关系

全国科学大会

一九七八年

1978 年，徐寿波参与的“我国工业二次能源合理利用”项目获全国科学大会奖

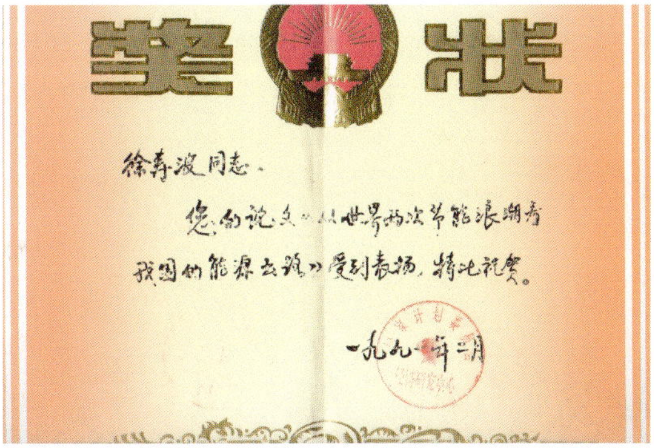

奖状

徐寿波同志：

您的论文《从世界两次节能浪潮看我国的能源出路》受到表扬，特此祝贺。

一九九一年二月

1991 年，徐寿波的论文《从世界两次节能浪潮看我国的能源出路》获国家计划委员会的奖励

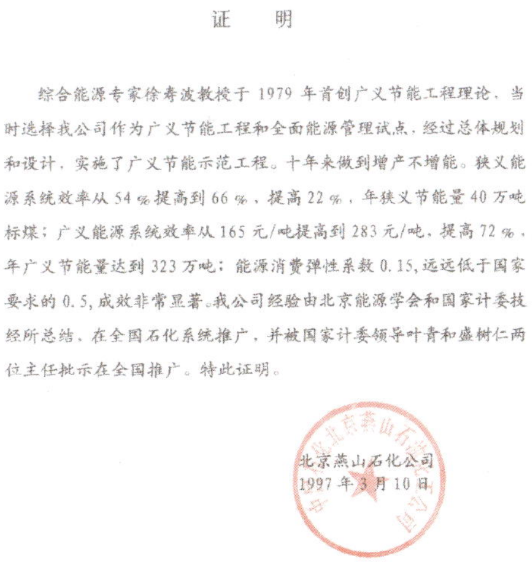

证　明

综合能源专家徐寿波教授于 1979 年首创广义节能工程理论，当时选择我公司作为广义节能工程和全面能源管理试点，经过总体规划和设计，实施了广义节能示范工程。十年来做到增产不增能。狭义能源系统效率从 54 %提高到 66 %，提高 22 %，年狭义节能量 40 万吨标煤；广义能源系统效率从 165 元/吨提高到 283 元/吨，提高 72 %，年广义节能量达到 323 万吨；能源消费弹性系数 0.15，远远低于国家要求的 0.5，成效非常显著。我公司经验由北京能源学会和国家计委技经所总结，在全国石化系统推广，并被国家计委领导叶青和盛树仁两位主任批示在全国推广。特此证明。

北京燕山石化公司

1997 年 3 月 10 日

1997 年，北京燕山石化公司肯定了徐寿波首创的广义节能工程理论带来的效益

2001 年，徐寿波当选为中国工程院院士

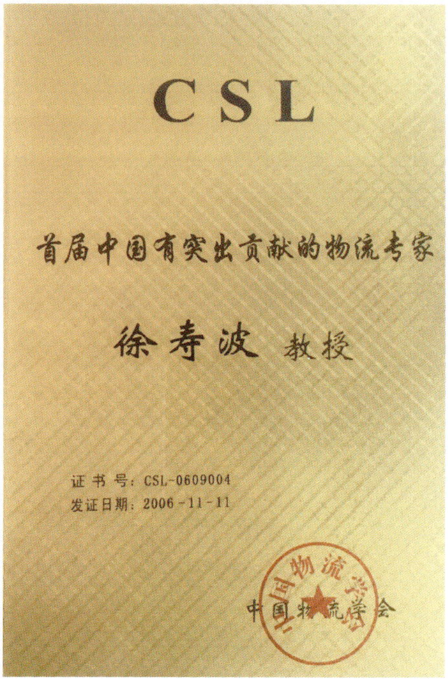

2006 年，徐寿波获“首届中国有突出贡献的物流专家”称号

2007 年，徐寿波获杰出学术创新贡献奖

2010 年，徐寿波获北京交通大学颁发的科技特殊贡献奖

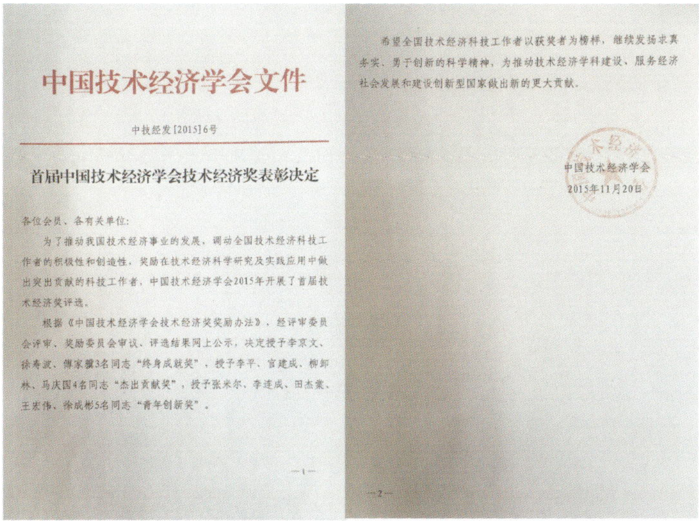

中国技术经济学会文件

中技经发[2015]6号

首届中国技术经济学会技术经济奖表彰决定

各位会员、各有关单位：

为了推动我国技术经济事业的发展，调动全国技术经济科技工作者的积极性和创造性，奖励在技术经济科学研究及实践应用中做出突出贡献的科技工作者，中国技术经济学会2015年开展了首届技术经济奖评选。

根据《中国技术经济学会技术经济奖奖励办法》，经评审委员会评审、奖励委员会审议、评选结果网上公示，决定授予李京文、徐寿波、傅家骥3名同志“终身成就奖”，授予李平、官建成、柳卸林、马庆国4名同志“杰出贡献奖”，授予张米尔、李连成、田杰棠、王宏伟、徐成彬5名同志“青年创新奖”。

—1—

希望全国技术经济科技工作者以获奖者为榜样，继续发扬求真务实、勇于创新的科学精神，为推动技术经济学科建设、服务经济社会发展和建设创新型国家做出新的更大贡献。

中国技术经济学会

2015年11月20日

—2—

2015 年，徐寿波获首届中国技术经济学会颁发的终身成就奖

1992 年，徐寿波（前排右六）参加北京宇航学会航天技术经济专业委员会成立大会

2004 年，徐寿波（前排左八）参加国际物流会议

2007 年，徐寿波（右六）参加国际信息处理协会（IFIP）举办的企业集成信息系统国际大会（CONFENIS 2007）大物流与全球企业集成论坛

2010 年，徐寿波（前排左三）参加首届中国–欧洲物流论坛

2012 年，徐寿波（前排右五）参加院士、博士金华行活动

科学是实在的东西，来不得虚假作假，要老老实实做学问
科学是高峰的东西，来不得不劳而获，要勤勤恳恳做学问
科学是创新的东西，来不得因循守旧，要认认真真做学问
科学是客观的东西，来不得主观空想，要扎扎实实做学问

徐寿波 二〇〇三年十二月

在科学发展观指导下
为把北京交大经济与
管理学院办成国内一流
国际知名的具有自己特色
的研究型学院而努力

徐寿波 二〇〇四年十月

庆祝母校动力系成立五十周年

主观努力是成功之父
客观机遇是成功之母
努力＋机遇＝成功
这是成功规律和公式

徐寿波

提高物流装备技术水平，
促进物流业又好又快发展。
贺《物流技术（装备版）》创刊

徐寿波 国庆60周年前夕

新的学科不在于有新的名称，而在于有新的科学理论。创建新的学科，特别是创建自然科学和社会科学的交叉学科，是很难的，是要付出巨大代价的，要让人们认识它承认它也是很难的。但只要有不怕困难和坚韧不拔的精神，总有一天所有困难都会过去。这是人类历史上科学发明、发现和创新的规律。

徐寿波
二〇〇二年九月十六日

热爱科学，其乐无穷；
献身科学，其价无穷；
相信科学，其命无穷；
不懂科学，其害无穷。

徐寿波 二〇〇五年[illegible]月

徐寿波的题词

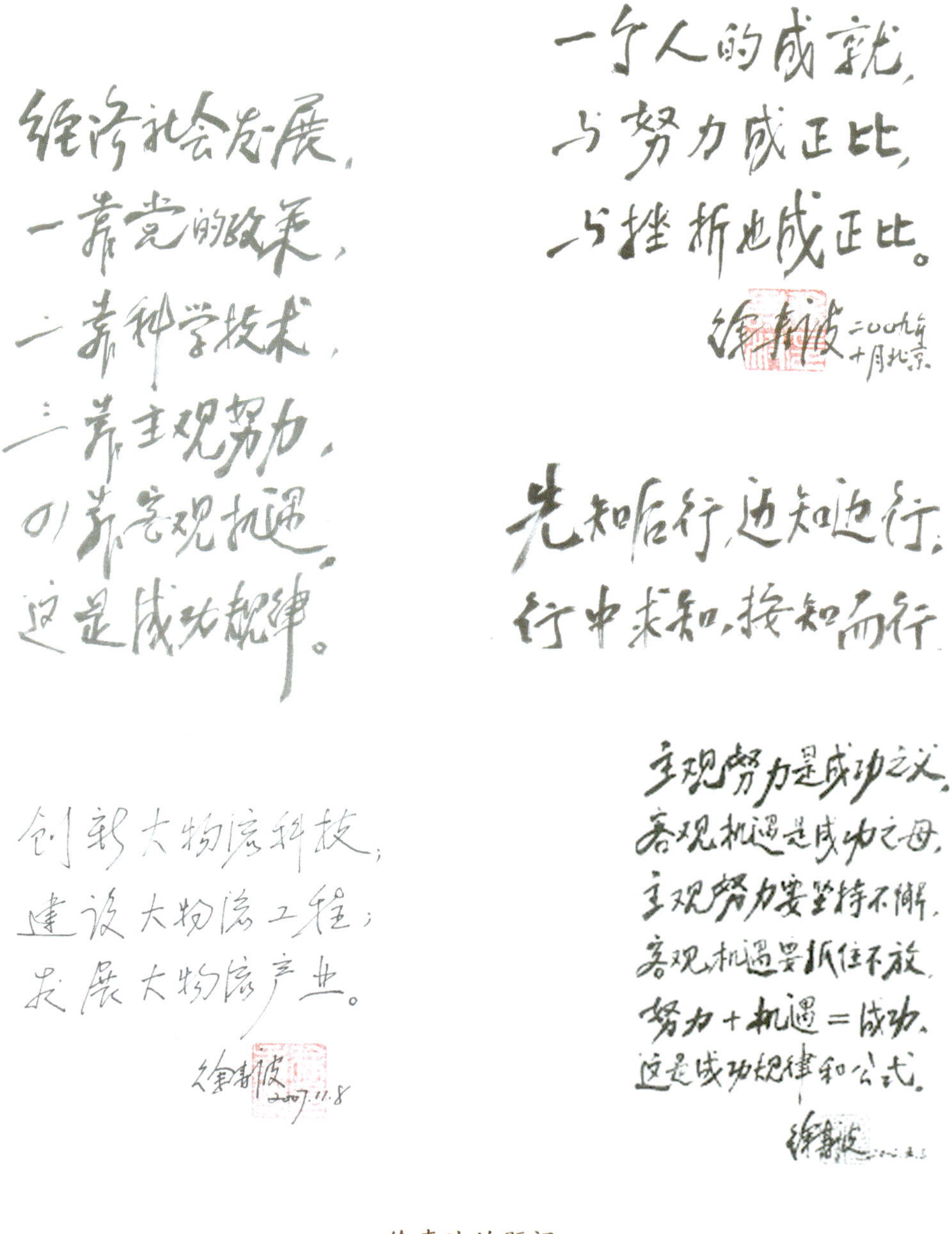
经济社会发展，
一靠党的政策，
二靠科学技术，
三靠主观努力，
四靠客观机遇，
这是成功规律。

一个人的成就，
与努力成正比，
与挫折也成正比。
徐寿波 二〇〇九年十月北京

先知后行，边知边行，
行中求知，按知而行

创新大物流科技；
建设大物流工程；
发展大物流产业。
徐寿波 2007.11.8

主观努力是成功之父，
客观机遇是成功之母，
主观努力要坚持不懈，
客观机遇要抓住不放，
努力＋机遇＝成功，
这是成功规律和公式。
徐寿波

徐寿波的题词

中国工程院院士传记系列丛书

总　序

20世纪是中华民族千载难逢的伟大时代。千百万先烈前贤用鲜血和生命争得了百年巨变、民族复兴，推翻了帝制，击败了外侮，建立了新中国，独立于世界，赢得了尊严，不再受辱。改革开放，经济腾飞，科教兴国，生产力大发展，告别了饥寒，实现了小康。工业化雷鸣电掣，现代化指日可待。巨潮洪流，不容阻抑。

忆百年前之清末，从慈禧太后到满朝文武开始感到科学技术的重要，办“洋务”，派留学，改教育。但时机瞬逝，清廷被辛亥革命推翻。五四运动，民情激昂，吁求“德、赛”升堂，民主治国，科教兴邦。接踵而来的，是18年内战、8年抗日和3年解放战争。恃科学救国的青年学子，负笈留学或寒窗苦读，多数未遇机会，辜负了碧血丹心。

1928年6月9日，蔡元培主持建立了中国近代第一个国立综合科研机构——中央研究院，设理化实业研究所、地质研究所、社会科学研究所和观象台4个研究机构，标志着国家建制科研机构的诞生。20年后，1948年3月26日遴选出81位院士（理工53位，人文28位），几乎都是20世纪初留学海外、卓有成就的科学家。

中国科技事业的大发展是在新中国成立以后。1949年11月1日成立了中国科学院，郭沫若任院长。1950—1960年有2500多名留学海外的科学家、工程师回到祖国，成为大规模发展中国科技事业的第一批领导骨干。国家按计划向苏联、东欧各国派遣1.8万名各类科技人员留学，全都按期回国，成为建立科研和现代工业的骨干力量。高等学校从新中国成立初期的200所增加到600多所，年招生增至28万人。到21世纪初，高等学校有2263所，年招生600多万人，科技人力总资源量超过5000万人，具有大学本科以上学历的科技人才达1600万人，已接近最发达国家水平。

新中国成立60多年来，从一穷二白成长为科技大国。年产钢铁从1949年的15万吨增加到2011年的粗钢6.8亿吨、钢材8.8亿吨，几乎是8个最发达国家（G8）总年产量的两倍，20世纪50年代钢铁超英赶美的梦想终于成真。水泥年产20亿吨，超过全世界其他国家总产量。中国已是粮、棉、肉、蛋、水产、化肥等世界第一生产大国，保障了13亿人口的食品和穿衣安全。制造业、土木、水利、电力、交通、运输、电子通信、超级计算机等领域正迅速逼近世界前沿。“两弹一星”、高峡平湖、南水北调、高公高铁、航空航天等伟大工程的成功实施，无可争议地表明了中国科技事业的进步。

党的十一届三中全会以后，改革开放，全国工作转向以经济建设为中心。加速实现工业化是当务之急。大规模社会性基础设施建设、大科学工程、国防工程等是工业化社会的命脉，是数十年、上百年才能完成的任务。中国科学院张光斗、王大珩、师昌绪、张维、侯祥麟、罗沛霖等学部委员（院士）认为，为了顺利完成中华民族这项历史性任务，必须提高工程科学的地位，加速培养更多的工程科技人才。中国科学院原设的技术科学部已不能满足工程科学发展的时代需要。他们于1992年致书党中央、国务院，建议建立“中国工程科学技术院”，选举那些在工程科学中做出重大创造性成就和贡献，热爱祖国，学风正派的科学家和工程师为院士，授予终身荣誉，赋予科研和建设任务，指导学科发展，培养人才，对国家重大工程科学问题提出咨询建议。中央接受了他们的建议，于1993年决定建立中国工程院，聘请30名中国科学院院士和遴选66名院士共96名为中国工程院首批院士。1994年6月3日，召开了中国工程院成立大会，选举朱光亚院士为首任院长。中国工程院成立后，全体院士紧密团结全国工程科技界共同奋斗，在各条战线上都发挥了重要作用，做出了新的贡献。

中国的现代科技事业起步比欧美落后了200年，虽然在20世纪有了巨大进步，但与发达国家相比，还有较大差距。祖国的工业化、现代化建设，任重路远，还需要数代人的持续奋斗才能完成。况且，世界在进步，科学无止境，社会无终态。欲把中国建设成科技强国，屹立于世界，必须接续培养造就数代以千万计的优秀科学家和工程师，服膺接力，担当使命，开拓创新，更立新功。

中国工程院决定组织出版《中国工程院院士传记》丛书，以记录他们对祖国和社会的丰功伟绩，传承他们治学为人的高尚品德、开拓创新的科学精神。他们是科技战线的功臣、民族振兴的脊梁。我们相信，这套传记的出版，能为史书增添新章，成为史乘中宝贵的科学财富，俾后人传承前贤筚路蓝缕的创业勇气、魄力和为国家、人民舍身奋斗的奉献精神。这就是中国前进的路。

宋健

序

2013年，青年学者胡晓菁应中国工程院的邀请，为我写传。2015年，我很高兴地看到，在她的努力下，传记已有了雏形。今年，她告诉我她把这本传记命名为《勇做拓荒牛》，她用“拓荒”二字来形容我在综合能源、技术经济学、大物流、大管理等领域的创新和开拓。这一比喻令我深感受之有愧，但仔细一想，我这一生，最为推崇的便是创新，也总是把要当“第一个吃螃蟹的人”作为自己的奋斗目标，我确实在这些领域内做了一些工作。在胡晓菁撰写传记的两年多时间里，我们有过不少交流，她对我进行了多次访谈，在愉快的交谈中，我回忆起了往事。

我的童年和少年时光是在浙江绍兴度过的，那是一个有着“东方威尼斯”之称的水城，它美丽而又宁静。如今我离开故乡绍兴已经有六十余载，但至今我依然记得昔日故乡的样貌。尽管我去过很多地方，但是家乡是最令我牵挂的。离家已久，我忘不掉我的故乡，我与绍兴有着千丝万缕、斩不断的情缘。

我的学术生涯始于我迈进大学校门的那一刻。1951年的秋天，我背上行囊离开绍兴，去往南京金陵大学（后转入南京工学院）求学。那时候，绍兴去南京的交通极不便利，出发之际，我深深感受到了背井离乡的惆怅之情，但是心中更多的是青年人对未来美好愿景的期盼。升入大学，我迈入一个与过往不同的新天地。我在大学要求进步，入了团，入了党。1956年大学毕业以后，我被分配到位于长春的中国科学院机械电机研究所工作。没过多久，我因国家制定《1956—1967年全国科学技术发展远景规划》，受单位派遣去了苏联学习国内紧缺的专业，成为一名留苏研究生，以期学成后为建设祖国服务。在苏联的四年是我一生中难忘的时光，也是对我的学术生涯影响最大的岁月——这是我与综合能源学科结缘的开始。

我在苏联的老师是苏联科学院的魏以茨院士，他提出能源问题不是孤立的，而要进行综合研究。在魏以茨院士的指导下，我满怀着报效祖国以及为解决国家综合能源问题贡献力量之心，在苏联刻苦学习。四年的学习时间一晃而过，1960年，我于苏联科学院能源研究所获得技术科学副博士学位后回到祖国。然而归国后，我却没找到对口单位。因为当时正值中国经济发展的低谷，计划建立的能源研究机构未能建起来，后来又遇上“文化大革命”。我先后在中国科学院电工研究所、中国科学院自然资源综合考察委员会等单位工作，几经折腾，综合能源研究也随之经历了几次起落。在综合能源研究机构的起落中，我个人的学术生涯也因此出现了一些波折。

我从未忘记自己去苏联学习的初衷是要为建设祖国服务。我不断寻找发展的新方向。在综合能源研究遭遇挫折时，机缘巧合，我进入技术经济这一研究领域。当时，国内几乎没有学者研究技术经济这门学问，我有幸参与了《1963—1972年科学技术发展规划纲要》“技术经济”部分的制定工作。此后，我又花了三年的时间，完成了二十万字的《技术经济方法论的研究报告》，提出了技术经济学的研究目的、研究理论和研究方法。我很欣慰地看到，技术经济作为一门科学从此在我国生根、发展起来。

1978年全国科学大会召开以后，我的事业发展迎来了春天，有了施展自己所长的机会。在社会主义经济建设开展的同时，我国进入了发展和节约并重的时代，我看到了机遇和挑战，把精力放在了探索节能问题上：对“一番保两番”的论证，提出“广义节能”的新思路，提倡实施“夏时制”，等等。在上述问题的理论和方案提出并用于实践后，果真为国家节约了大量的能源，这令我感到由衷的高兴。也正是如此，有人叫我“钱粮师爷”。我对这一称呼感到十分满意，因为我是绍兴人，绍兴师爷在历史上是鼎鼎有名的。我很荣幸自己能够以“钱粮师爷”的身份为国家的经济发展出谋划策，贡献自己的绵薄之力，令国家经济在健康发展的同时，又节省了大量金钱。这是我最高兴的事情之一。

在发展技术经济的过程中，我还提出了“大物流”和“大管理”的理论，并得到了学术界的认可。如今，大物流理论在实践中发展得很好，尤其是在国家提出“一带一路”的战略构想后，“大物流”在理论和实践上有了更加远大的发展空间。

近几年来，在北京交通大学，我培养了一些学生，他们中有很多人都走上了学术研究之路。我的学生中有一些人已经是博士生导师了，他们正在把我教给他们的知识、做学问的方法传授给下一代。我和学生们一起，看到青年学子求知若渴的脸庞，心中尤其感到喜悦。

在做学问的道路上，我有过挫折，也收获了许多荣誉。有道是“行百里者半九十”，尽管我已经是八十多岁的人了，但“创新”二字一直萦绕于我的心头。我常常鞭策自己、激励自己，告诫自己还要努力再做一些学问，方能不辜负我的初心！

徐寿波

2016.7.4

目　录

第一章
战火中的童年

并非出身名门望族，也非出身书香门第，徐寿波的身世可谓平淡无奇。他出生于小手工业者家庭，居住在并不繁华的小县城中；家有严父和慈母，陪伴自己的是亲密无间的兄弟姐妹，这便是徐寿波对童年的记忆。在那民族蒙受灾难的年代里，他原该无忧无虑的童年因时局动荡、战火纷飞，而笼罩上了一层阴影。

第一节　挚爱的故乡——绍兴

2013 年 11 月 13 日，徐寿波在北京交通大学他的办公室里，又一次回想起自己的故乡：那是一个水乡，城里横七竖八地排列着许多条或宽或窄的小河，碧波荡漾的河里漂泊着很多埠船，河道的两旁坐落着一座又一座楼顶铺设着青瓦的小楼；家乡很安静，也很舒适，盛产黄酒，还出师爷。徐寿波说话时的语调舒缓，嗓音带着江浙人特有的轻软。一提起故乡，他的耳边仿佛还回荡着独有的声音，那是当年在自家房屋后面的小河道里，小商贩们划着小埠船经过，他们一边用木桨拨动着河水发出动听的“哗哗”声，一边用清脆的嗓音卖力地吆喝着贩卖商品。离家数十载，“乡音无改鬓毛衰”，徐寿波难以忘怀的就是挚爱的故乡——绍兴。

“悠悠鉴湖水，浓浓古越情。”被誉为“东方威尼斯”的绍兴，风景如画，历史悠久。鉴湖水清，会稽山美，秀丽的河山，养育了无数历史名人。在这座古城，远古的圣贤帝王舜曾经在此亲身耕耘、教诲民众，治水的贤君大禹死后埋身于会稽山下，春秋时期越王勾践卧薪尝胆的故事令人追忆唏嘘，大书法家王羲之在这里留下了流芳千古的《兰亭集序》……到了近代，慷慨就义的女侠秋瑾、一代教育家蔡元培、为世人熟知的大文学家鲁迅，他们都是绍兴人。著名散文家朱自清，民主人士、社会活动家邵力子，经济学家、人口学家马寅初也是绍兴籍人士。绍兴还出了很多院士，比如中国科学院前副院长、气象学家竺可桢，光学工程专家唐九华，稀土化学专家徐光宪。这座有着 2500 年历史的中国文化名城，名人辈出，到了清代，这里以出师爷而闻名。

“绍兴师爷”这个群体，在中国几乎是家喻户晓，甚至有一部名为《绍兴师爷》的电视剧便是以此为题材拍摄的。“师爷”是幕僚、谋士的俗称，是古代官僚决策的智囊，主要职责是帮助官僚出谋划策，并协助官员处理日常的刑名、钱谷、文牍事务。人们常说“无幕不成衙”，即是强调幕僚在官府决策、运作过程中的重要性。清代以来，全国各府衙中担当师爷一职的多为绍兴籍文人，因此，“绍兴师爷”一说便逐渐传开。绍兴盛产师爷，这与绍兴的地理、文化传统不无关系。圣人言：“仓廪足而知礼节。”江南一带素有“耕、读”的传统，绍兴是鱼米之乡，民众辛勤劳作，衣食无忧。家有富余，学习文化知识的人便多了起来。通过读书跻身仕途是许多绍兴人家对子弟的殷切期望。绍兴人在劳作之余常常会读几本圣贤之书，民众对读书人十分尊敬，久而久之，绍兴人便成为江南地区文化水平较高的群体。绍兴人心思细腻、好学且精于筹划。但因江浙一带科举名额较少，除了读书人中的佼佼者外，并非所有的文人都能通过科举考试成为官僚。在参加科举考试失利后，满腹诗书的绍兴文人不甘于屈居乡里、民间，便背上行囊出外谋生，希冀一展抱负。越来越多的绍兴人选择从事脑力劳动的“师爷”为职业，为官府出谋划策、掌管钱粮之事。在他们看来，师爷虽不是国家授予的正式官职，却是行走于官场的“仕”，这个职业能够发挥读书人的一技之长。满腹诗书的绍兴文人是各地官员青睐的助手。久而久之，绍兴的“师爷”便在全国闯出了名声。

被学术界同行亲切地称为中国“钱粮师爷”的徐寿波，童年时居住的家在绍兴上大路上，每当他回忆起家乡，最先想起的，便是这条承载了自己的童年和成长美好记忆的上大路。这条古色古香的路的四周，有许多深浅不一的水道，有一座座造型小巧的石拱桥，还有很多白墙青瓦的古朴民居。这条路拥有绍兴城最悠久的记忆。时至今日，原汁原味地保留着水城风貌的上大路仍然是绍兴城里的一大景观，同时也成为绍兴城最具特色的一张名片。

据徐寿波回忆，他少年时的家位于上大路上一栋不起眼的二层砖木小楼。这座小楼的一楼为对外营业的铺面，二楼被分隔成三间可供全家人居住的屋子。小楼紧挨着一条长长的河道，这条河为附近的居民提供了日常生活所需的水源。河上有许多小船，居民们出行往来都要靠船只。徐寿波便在绍兴这座水城出生、成长。

2010年，徐寿波在绍兴故居前留影

第二节　严父与慈母

1931年9月16日[1]，晨曦初露，绍兴城里勤劳的人们已经吃过了简单的早餐，马上就要开始一整天的劳作了。在上大路兴文桥临街的一家普通油纸店里，店主人夫妇一边心不在焉地打扫店堂、摆放商品，准备着店铺生意的开张，一边焦急地向二楼张望，时不时侧耳聆听楼上传来的每一声响动。在店铺二楼的一个房间里，他们怀胎十月的儿媳妇即将生产。在度日如年般的等待中，小木楼里传来了一声响亮的婴儿啼哭，一个男婴呱呱坠地，这是油纸店主人的第三个孙儿，也是一对徐姓的年轻夫妇的第三个儿子。男婴降生时力气十足的啼哭声为油纸店注入了不少喜气和活力。信奉多子、多孙、多福气的油纸店主人坚信：下一代的出生，会为这个家庭带来好运，随着家庭成员的增加，大家庭蒸蒸日上，运气也会越来越好。

祖父和祖母对新出生的男婴视若珍宝。在剪断孩子的脐带、裹好襁褓后，按照老一代的传统，长辈们郑重其事地请来了当地小有名气的算命人为孩子算卦，希望以预知未来的形式帮助孩子避凶趋吉，求得孩子一生顺遂。在演算五行之后，算命人断定该男孩五行缺水。因为绍兴是一座美丽而古老的水城，又有鉴湖之水碧波荡漾，祖父便以“波”字为其取名，取名既蕴含了家乡美丽

① 即农历辛未年（民国二十年）八月初五。徐寿波的父母在粗略推算后，认为对应的公历时间是1931年10月5日，这是徐寿波在自己的入学登记表和户口登记表上填写的出生日期。但20世纪90年代以后，徐寿波通过核实，发现对应的公历时间应为1931年9月16日。

的风景，也暗含“波澜壮阔”之意义。祖父的愿望是美好的，他既希望家乡美好的风水庇佑孩子的一生，也希冀孩子的人生能在一番波浪中闯出一番天地；祖父希望自己的子孙们个个都福寿绵长，并按照徐家家族第三代“寿”字排行，为这个新生的男婴取名为徐寿波。

徐寿波的祖父于1939年离世。那时候徐寿波刚上小学不久，他对祖父的记忆并不深刻，只从父亲的讲述中知道：祖父出身贫苦，文化程度不高，清末光绪年间从农村来到绍兴城务工，便在这里安家繁衍子嗣。从父亲的描述中，徐寿波能想到当年一贫如洗的祖父怀着梦想进城后面临的艰难情形——祖父靠着一双勤劳的手和一股不服输的劲头，吃苦耐劳，经历了几番辛苦，从学徒做起，攒下了一笔钱，终于在绍兴县城置办下一栋小楼，成为一家小型油纸店的主人。油纸店说是店铺，其实就是一家小作坊，祖父既是老板也是工人。作坊自产自销，祖父凭借着一手做油纸的好手艺养家糊口。历经数年，祖父在绍兴扎下根来，他娶了妻子徐杨氏，生养了三个儿子和两个女儿。

徐寿波从父亲口中得知，祖父靠手艺养家，尽管他几十年如一日起早贪黑地努力工作，但并未使徐家跻身当地的富户之列。虽然勤奋，但因处于社会底层，他遭过白眼、受过欺压，所得的物质回报也并不丰厚。祖父吃过生活的苦头，不希望儿孙重蹈覆辙，殷切地盼望着子孙后代能够走一条与自己不一样的道路。即使生活并不宽裕，但只要油纸店有了几分盈利，祖父便把儿子们都送去私塾读书。因为他深知，按照“仕、农、工、商”的说法，小手工业者位处社会最底层。他们即便老实本分、吃苦耐劳，但仍饱受压迫。对他们来说，填饱肚子后最大的愿望便是有朝一日能改变家庭的社会地位。要想受到世人的尊敬，只有当官！读书、参加科举考试是祖父能想到的走上“仕途”的唯一途径。他的想法很简单：书读好了将来便能当官，当了官，家族和子孙后代便能翻身了。

徐寿波的祖父（左）和祖母（右）

父辈的愿望单纯而美好，长辈常常教诲孩子们要好好读书，长大后都能成为社会上有名望之人。徐家的经济状况虽然能满足一家大小温饱所需，但购置书、纸、笔、墨等学习用品这笔额外的开销是一个很大的负担，更别提一年四季上交给塾师的束脩了，孩子们踏实读书的愿望落空了。徐家的经济条件并不允许孩子继续考秀才、举人，家长只好降低期望，希望孩子们能通过读书了解世情、明了道理，不做“睁眼瞎”，更不做迂腐、无知的人。徐家的第二代子孙长大后虽然并未成为满腹经纶的读书人，但都踏实本分：长子当了一名教师，次子继承了油纸店，幼子则在帮助兄长经营油纸店之余出外打工谋生。

徐寿波的父亲徐锦堂（1904—1985）在家中排行第二，他的名字寓意“锦绣满堂”。徐锦堂貌不惊人、老实忠厚，小时候在私塾里接受过教育，练就了一手好书法，常常受到四邻邀请去写春联或条幅，有时候他还被街坊邻居央求给远行的丈夫、游子誊写家书。他来者不拒，一来二去，便在邻里获得了热心助人的好名声，积累了很高的人气，受到邻里的尊重。徐锦堂当过“保长”，协助地区的征兵、征粮工作，以及处理邻里纠纷。

在兄长早逝后，徐锦堂从父亲手里接掌了油纸店，成为实际上的一家之主，他既要赡养父母、照顾寡嫂和幼弟，还要兼顾自己的小家庭，肩上担负了很大的责任。他每天早起晚睡，几乎把全部精力都放在油纸店的经营上，希望这个小小的店铺能保证全家人衣食无忧。他对儿子们寄予了厚望，期盼他们长大后都能摆脱贫困，成为栋梁之才，于是他把孩子们都送去读书。和大多数旧时代的家长一样，徐锦堂在教育子女的问题上表现得严肃而刻板。在徐寿波的印象中，父亲是名副其实的严父。父亲望子成龙，把希望寄托在孩子身上，希望他们能弥补自己学业未成的遗憾。

在徐寿波的记忆中，年幼时常听父亲说的一句话是“吃得苦中苦，方为人上人”。令他印象深刻的是，父亲教育孩子的方式便是常常对孩子们耳提面命：长大后要成为被尊敬的人，青年时代就必须刻苦读书；书读好了去考功名，将来当官了自然会拥有一切、过上优越的生活。这是徐锦堂对孩子们的教育方式，他告诫孩子要不管窗外事、只读圣贤书，满腹诗书，长大了自然当官做宰，成为有名望的人。这种思想对徐寿波的影响很大，1952 年他在回忆中写道：“父亲使我不闻政治死啃书，希望我读大学，以后有名有利。”①

徐锦堂秉承了老一辈的教育方法，在教育子女上信奉“不打不成器”，在他看来，孩子小时候缺乏自制力，因此大人应对他们严格要求，这样孩子长大才不会学坏，成为一个规矩人；他希望孩子们在他规定的条条框框中成长。尽管他平素沉默寡言，不善言辞，很少与他人争辩，可是孩子们一旦犯了错，便要遭到父亲的大声责骂，甚至被打手心。父亲在徐家的孩子心目中的形象极其威严，他是说一不二的。在孩子们看来，父亲实在太严厉了。徐家的孩子们内心亲近父亲，可又害怕自己的行为不符合父亲的要求而遭到责骂，这

① 摘自徐寿波档案中的“金陵大学学生思想改造学习总结登记表”（1952 年 7 月），现存于北京交通大学档案馆。

种矛盾在孩子们心中交织着，好在他们都能理解父亲的爱子之心。在父亲常年严格要求下，徐家的孩子们学会了约束自己的行为，他们谦逊有礼，一举一动都很有规矩。

徐寿波的母亲王香姑（1907—2004）是一名普通的家庭妇女，她不识字，一生只以相夫教子、操持家务为业。徐家夫妇感情甚笃，男主外、女主内。王香姑共生养了八个孩子，其中一个孩子幼年时便夭折了，其他七个孩子分别是：长子徐寿南（1926—2002），次子徐寿焜（1928—2010），三子徐寿波（1931—），幼子徐寿炳（1943—）；长女徐彩珍（1934—），次女徐素珍（1940—），幼女徐丽珍（1947—）。其中，徐寿南自小过继给徐家长房，成年后在上海担任会计谋生；徐寿焜中学毕业后在绍兴县城里的大箔庄担任会计；徐寿炳成年后在绍兴职业专科学校教书；徐彩珍成年后在绍兴老家生活，成为一名纺织女工；徐素珍成年后嫁到上海，是一名家庭主妇；徐丽珍成年后在绍兴越城区中学教书。

在徐寿波的眼里，母亲心地善良，待人总是温和可亲。和那个时代许多文化程度不高的家庭妇女一样，王香姑一生信佛，她看不懂深奥晦涩的佛教典籍，对佛教教义的了解也只限于世代流传在乡野但却令善男信女们深信不疑的“修来世”“因果报应”的故事。为了修得善果，除了初一、十五烧香拜佛之外，她处处行善，希望为家人、为自己积累福报，以求现世安稳、来世幸福。王香姑吃苦耐劳，在家里，她总是把最好的吃穿留给老人和子女，对自己的吃用却从不讲究。她热心帮助邻里，谁家有了困难，她总是力所能及地前去帮忙，因此在街坊中赢得了好名声。母亲常常挂在嘴边的话是“人要怀有仁慈的心”。母亲教育孩子，对他人宽容就是对自己宽容。母亲的教导铭记在徐寿波心中，他在待人处事上总是表现得温和、谦逊。父母是孩子人生路上的启蒙老师，耳濡目染了母亲的温柔和慈悲，徐家的孩子们个个心地都很善良。

徐寿波最小的弟弟出生于1943年，因此，在很长一段时间里，徐寿波是家中最小的男孩儿，深得长辈们的疼爱。尤其是祖母和母亲，对他宠爱和关怀备至。他小时候身体瘦弱，祖母和母亲就想尽办法给他补身体。他最爱吃的菜肴是蒸蛋羹，尽管家里并不宽裕，可是为了让孩子就着喜欢的菜肴多吃几口饭，只要一有条件，母亲总是想方设法攒下几个鸡蛋，为儿子准备这道蒸蛋羹。看着儿子大口大口吃得喷香，母亲心里比吃了蜜还要甜。长辈们的深情厚爱给徐寿波带来了温暖。尽管宠爱儿子，可是母亲从不溺爱儿子。孩子犯了错，母亲绝不偏袒，她会严肃地指出孩子的错误。但母亲的态度很温和，她不体罚子女，只讲道理。孩子们对母亲很信服，在他们的眼里，母亲是一个见识很广的人。

结束一天辛苦的劳作之后，宁静的夜晚，在微弱而又温馨的油灯灯光下，母亲给快要入睡的孩子讲述着一个又一个动听的故事。这些故事多是经过了几代人的口口相传，有的是乡野村话，有的是佛教故事，无论是哪一种，都简单易懂，母亲通过讲故事的办法教给子女们做人的道理。母亲讲述的这些动听的故事，深深吸引了家里的孩子们，孩子们因此也格外亲近母亲。

时隔七十多年，徐寿波还能回想起母亲曾经讲过的一个故事。那时候徐家贫穷，物质条件不宽裕，孩子们吃穿朴素，情不自禁对邻居富人家花样繁多的吃食和新奇的玩具十分艳羡。母亲很有骨气，见此情形便告诫孩子们说，人要靠双手创造财富，她常常说，贪图小便宜的人会因小失大。母亲讲了一个小孩子是怎么样变成小偷的故事，她是这样讲的：

> 小孩子看见别人家的东西好，便拿回家，如果家里的大人没有批评，那么小孩子不知道这样做是错误的，就学坏了，今天拿这个明天拿那个，长大就会做坏事。①

在母亲的引导下，徐寿波和他的兄弟姐妹们从小便知道：为人

① 根据 2013 年 11 月 13 日访谈记录整理而成，徐寿波口述。

处世要把眼界放得宽广。徐家的孩子在成长的过程中，从父亲身上学会了严格自律，从母亲身上学会了宽厚待人。

徐寿波和兄弟姐妹们感情深厚，徐家父辈常常告诉孩子们：一根筷子轻易就能被折断，一把筷子绑在一起则牢不可折。在徐家人心里，血缘是割不断的牵挂。人生路上，亲人之间必须互相扶持。徐寿波成年后虽然长年漂泊在外，但是只要一有假期，无论他身在何方，都会千里迢迢赶回到绍兴和家人们团聚。

第三节　战时的生活

1937 年 8 月，徐锦堂把刚满 6 岁的徐寿波送入离家不远的绍兴私立箔业小学[①]上学。在这所小学里，徐寿波开始了他的文化启蒙。

在父母的严格约束下，幼时的徐寿波性格温和，说话做事循规蹈矩。在老师眼里，徐寿波很安静，一点儿也不调皮，是班里服从管教的好孩子。任课教师们对这个黑黑瘦瘦的小男孩儿十分怜爱，他的课桌被安排在了教室里靠前的位置上。

尽管从未接受过学前教育，但是入学以后，老师们发现，徐寿波识字的速度很快，很快就在教师的指导下背熟了《千字文》《三字经》等入门书籍。从认识字开始，徐寿波便发现了读书的乐趣，并把读书当作了爱好。他并不喜欢大多数男孩们喜欢玩的那种打打闹闹的小游戏，而是一有时间便坐下来看书，因此常被小伙伴们取笑，说他是“书呆子”。他喜爱读书，但是家里经济拮据，孩子们口袋里并没有多少零用钱，没有余钱来购买书籍。徐寿波拥有的书，除了

① 学校始建于 20 世纪 30 年代，1956 年改名为兴文桥小学。

父亲书柜里珍藏的那几本发黄、陈旧的线装书外，就只有学校里使用的小学课本了。

徐寿波喜欢读课本，他把课本当业余书，一遍又一遍地读。民国时期的小学教材有“国语课本”“自然课本”“常识课本”……这些对他来说已经足够新奇了。他感到，书本里描述的世界，对于从未走出过绍兴的他来说，是一片神奇的天地。课本里有许多引人入胜的小故事，有精美有趣的插图，这些都令他感到颇有兴趣，他捧着书本津津有味地阅读，常常一读便是一整天。对他来说，读一个好故事胜于吃下一颗甜蜜的糖果，他享受着读书的乐趣，由此养成了爱阅读的好习惯。读书的经历令徐寿波渐渐认识到，原来在县城以外还有一个更广阔的世界。年幼的他沉浸于书本中描述的美好中，稚嫩的他期盼着自己能快快长大，快一些进入那个令他期盼的神秘、美丽的天地中。不但如此，徐寿波还从书本中明白了为人处世的基本道理。他沉浸于书本的世界中，心中充满了对未来的美好憧憬和向往。

徐寿波童年的美梦很快因为一场蓄谋已久的战事而破碎。1937年7月7日，驻华日军在卢沟桥附近演习时，借口一名士兵“失踪”，要求进入宛平县城搜查。在无理要求遭到中国守军严词拒绝后，日军悍然制造了震惊中外的“七七事变”，即“卢沟桥事变”，日本帝国主义蓄谋已久的全面侵华战争由此开始。此后，日本侵占了华北大片领土，侵略的魔爪一步步伸向中国内陆，中华民族陷入了空前的灾难之中。随着日本军队向内地推进，绍兴小城的宁静逐渐被打破。

一开始，战争的影响尚未波及绍兴，但徐寿波已因家中长辈忧心忡忡的议论而在内心产生了不安。从1938年开始，徐寿波对战争的认识深刻起来，在几年的时间里，他亲身体验到了战争给人们带来的种种伤害。事实上，这场历时八年的战争给中国无数个家庭、无数名儿童带来了心灵上、肉体上沉重且难以磨灭的伤痕。

随着日本军队向内陆的推进，1938～1941年，绍兴沦为日军争夺的对象，小城成为日本侵略的战场之一。徐寿波记得，那时候家乡常常会遭到日本军队的空袭。有关材料记录如下：

> 据国民政府浙江省防空司令部《日机空袭统计表》记载，1938年5月至1940年10月，日机对绍兴各县空袭101次，出动飞机250架次，投弹1085枚，毁屋2127间，震倒房屋1468间，炸死323人，炸伤545人，其他财物损失难以计数。[①]

日军不仅投放炸弹，还搞细菌战，在绍兴城内烧杀抢夺，导致城内房屋受损，城内居民伤亡惨重，绍兴城里人心惶惶，人们想的只是怎样才能在战火中艰难活下去。徐寿波所在的小学，教师们四散逃亡，学校里无人主持便停课了。社会动荡，学业无以为继，偌大的中国难以放下少年人的一张书桌。为了躲避空袭，在乱世中保全生命，徐家的长辈只好暂时放弃家业，携家带口，去往乡下逃难。

那时候的徐家人生活过得十分辛苦，每日生活的主题唯有“逃难”二字。为了躲避日军的空袭和枪林弹雨，每天早上天还没亮，母亲就叫醒孩子们，全家人带上一天的干粮，去码头坐木船。天空中还有星星在闪烁，徐家人顺河而下，去往乡下避难。到达乡下的时候，天才蒙蒙亮，徐寿波和家人们猫着身子，躲藏在密密的庄稼地里，往往一躲就是一整天。庄稼地里还躲着许多和他们一样来避难的人，一人多高的庄稼阻挡了日军飞行员的视线，人们静悄悄地蹲在庄稼地里，等到天黑透了，听不到日军的飞机在头顶上盘旋的声音了，一家人再趁着夜色摸索着回到绍兴城里的家中睡觉。

徐家人日复一日四处躲藏，赶上日军轰炸密集的时候，他们就得在庄稼地里躲藏一天一夜。大人和小孩相互搀扶着，渴了将就着喝几口冷水，饿了胡乱啃几口早已冰冷干硬的干粮，谁也顾不上吃喝。担心暴露行踪，大人们不敢交谈，备受惊吓的小孩们缩在大人

① 李石民，《侵绍日军暴行撮录》。选自绍兴市政协文史资料编委会编，《绍兴文史资料第9辑》，1995年，第107页。

怀中低声啜泣，全家人晚上都无法安稳入眠。徐家人在极度的恐惧和紧张中度日如年，心中充满了对前途的担忧。那时候的日子过得艰辛，人们一边在庄稼地里东躲西藏，一边忧心忡忡，祈祷家中房屋不要遭到日本人的破坏，因为当时绍兴城有许多人白天离家出去避难，晚上回家看到的是一片被炮弹夷为平地的废墟。万幸的是，在连绵不断的轰炸中，徐家的小木楼并没有受到战火的波及，徐家人都庆幸在这样的动荡中，至少还能有家可归。

那时候，绍兴城里经常有人被日军夺去生命，他们或是遭到轰炸，或是中了流弹，路上常常能看到平民的尸首。徐家附近的桥被炸毁，绍兴的火车站也被炸没了。绍兴城因日军轰炸而满目疮痍，被炸死、炸伤的人不计其数。一直到 1941 年日军完全占领了绍兴，不再搞空袭轰炸，徐家人才结束了逃难的日子，改为在日军的高压统治下艰难生活。动荡的生活令当时还年幼的徐寿波品尝到了恐惧的滋味。

第四节　苦中作乐的懵懂时光

1941 年 1 月，徐寿波重返校园。此时的小学，校名已变更为绍兴县元培镇第一中心小学，这所学校在日本伪政府的统治下开展教学，在学校里推行日伪奴化教育，要求小学生们学日语，给他们灌输奴化思想。日本人企图通过教育削弱中国人民的民族意识和国家观念，欲使民众成为俯首帖耳、任其奴役摆布的亡国奴。

一开始，学校里的部分教师和高年级的学生对日本人的行为极为不满，对学校的教育方式提出了抗议。徐寿波亲眼看到，反抗者立刻便遭到了日本人的当众辱骂和毒打，他们遭到皮鞭、棍棒体罚。

因为恐惧，学校里的抗议之声渐渐少了，那时候即使是性格最活泼的学生也不再在学校里高声谈笑，学校里的气氛沉闷而紧张。因目睹了日军的残暴，听说了他们在中国杀害了许多手无寸铁的民众的事情，不满十岁的徐寿波对日军感到很惧怕，他总是低着头走路，躲避着日军，性格也因此变得内向而沉默，无论是在家里还是在学校，他都不爱说话。

不仅是学生在学校里遭到日军的奴役，整个绍兴都饱受日军欺凌，城里处处都是被日军损毁的惨烈景象。有文献提到日军占领绍兴的情景，记录了当时古老的绍兴城所遭受的磨难：

> 1941 年 4 月 17 日，日军侵占绍兴城，于烧、杀、奸、掠之后，建立伪政权和宪兵队，对绍兴人民实行法西斯统治。宪兵队内设特务队。特务队又分工作队、总务组、情报组、经济组和东浦组、昌安门组、西郭门组、偏门组、南门组、五云门组。密探分东关行动分队、曹娥行动分队、漓渚行动分队、东浦行动分队等。特务队总部设在下大路，凡被抓进特务队者，几无生还。日军在侵占绍兴、上虞、嵊县、新昌、诸暨县城后，又反复对撤退到会稽山区、水乡平原、沿海海涂的抗日力量进行“扫荡”，所到之处皆行烧、杀、抢“三光”政策，奸淫妇女，在绍兴城乡留下无数的暴行。①

徐寿波的家附近有个日本宪兵队，他亲眼看到和听到的事情是，宪兵队早上去附近乡下抢东西，晚上回来驻扎。因为日军的破坏和剥削，徐家人赖以为生的油纸店生意每况愈下。渐渐地，因无人光顾，油纸店也就没有了进项，全家人只能靠旧日的积蓄，勒紧裤腰带紧巴度日。这让徐家原本就不宽裕的生活雪上加霜，物质条件更差了。令徐寿波深有体会的便是：自己不但再也吃不到爱吃的蒸蛋羹，饭桌上的菜肴更是长时间没有一点儿油星，父

① 李石民，《侵绍日军暴行撮录》，选自绍兴市政协文史资料编委会编，《绍兴文史资料第 9 辑》，1995 年，第 107 页。

亲和母亲脸上愁云密布，每天发愁的事情便是怎样才能填饱一家老小的肚子。

徐寿波总也忘不了那段压抑和痛苦的岁月，他在1951年回忆道：

> 学校强迫我们念日文，我又亲眼看见日帝和伪军的暴行。那时我店的生意也日渐恶化，从此我脑子中对帝国主义和旧社会就有了坏印象。[①]

日军的欺凌令老百姓的生活日渐贫困，受尽苦楚，年幼的徐寿波把侵略者的残暴全部看在了眼里，他和大人们一样，痛恨这样的生活，希望能早日赶走侵略者。

1942年，令徐寿波深感悲伤的一件事是：他的祖母徐杨氏在连年的操劳和担忧中生了一场重病，因缺医少药很快便一病不起，撒手人寰。徐寿波失去了疼爱他的祖母，他更加不爱说话了。童年的经历给他的心灵留下了难以抹去的阴影，这些事情对他的性格影响很大。他从一名受尽家人宠爱、不知忧愁的孩童慢慢变得容易受惊、害怕，他沉默寡言，变得胆小起来。

虽然如履薄冰一般在日伪统治之下生存，但是那时的徐寿波毕竟只是一名不到十岁的孩童，孩子的天性总是向往无忧无虑的欢乐时光。物质生活贫乏，没有什么玩具和吃食，孩子们总能在大自然中找到乐趣。徐寿波童年时最喜欢玩的游戏是和小伙伴们一起，在草丛中、河渠旁抓蛐蛐、挖蚯蚓。孩子们抓住了蛐蛐便聚在一起玩斗蛐蛐的游戏，比一比谁抓到的蛐蛐叫声大、谁抓的蛐蛐个头更威猛并能把其他人抓的蛐蛐打败，获胜的孩子在小伙伴中便赢得了威望，几次获胜之后便隐约成了孩子王，其他孩子们便唯其马首是瞻了。徐寿波还会和小伙伴一起用挖到的蚯蚓钓小鱼和小虾，他们比赛谁钓上来的鱼虾多、个头大，并将钓上来的鱼虾带回家交给母

① 摘自徐寿波档案中的“自传”（1951年7月），现存于北京交通大学档案馆。

亲改善家中的伙食，也能赢得家长们的一声夸奖。徐寿波和小伙伴们在这样的游戏中乐此不疲，这是短暂的苦中作乐的时光。这些趣事，也是他因战火而布满阴霾的童年生活中的一抹光亮。这样的日子一天天过去，徐寿波结束了小学生活，1944 年 1 月，他升入绍兴县立中学，成为一名中学生。

第二章
漫漫求学路

从绍兴的一名小学生到金陵大学的优秀学子，在“读书”这条路上，徐寿波走了二十多年。从旧社会到新中国，从短暂参加工作到重返校园，家境不富裕的徐寿波在求学路上尝遍了酸甜苦辣，其中的辛苦和奔波只有他自己才能体会。路漫漫其修远兮，吾将上下而求索！这是徐寿波不间断向真理出发的态度。

第一节 立志要读书

1944 年，这一年 13 岁的徐寿波在父母眼里，已经是一名可以支撑门户的半大少年了。因为营养不良，尚处于发育期的他个头瘦小、皮肤黝黑，一双遗传自母亲的漆黑大眼睛炯炯有神，显示出了少年人蓬勃无尽的生机。徐寿波在学校里性格沉静，不好动，读书是他的强项，书本是他最好的朋友。书本带着他进入了广阔的天地，读书的快乐打发了战火中孤寂的童年时光，给了他心灵上的慰藉和平静。随着年岁的增长，读书对于徐寿波来说，渐渐又成为父亲布置的一项任务，因为父亲“功利”的观念对徐寿波的影响很大，1951 年他回忆说：

家庭经济情况并不十分宽裕。我父亲自己一切都很经济。因此我就非常用功不问政治，死读书。我认为只有升学才有前途，因此对功课尤其看重。①

① 摘自徐寿波档案材料中的“自传”（1951 年 7 月），现存于北京交通大学档案馆。

父亲的观念很“经济”，他的想法是：要出人头地必须要考取功名；要获得功名，那便要经历数年寒窗苦读。他盼望着徐家的孩子们个个都能成才，他认为读书进学是摆脱贫穷的最好方法。但是家庭经济困难，徐锦堂无力支持所有的儿子都读书，他的长子和次子中学毕业之后便辍学了。为了生活，他们外出打工，从最底层的学徒做起，靠一点微薄的薪金补贴家用，支持弟弟妹妹们求学上进。徐家人把成功的希望都寄托在了从小聪明而又喜爱读书的徐寿波身上，可以说，徐寿波承载了全家人最殷切的期望。供养他读书成才既是父亲望子成龙的期盼，也是两位兄长为了弥补自己学业未竟的遗憾。徐锦堂告诉徐寿波，读书能使他有名有利，只有把书读好了，将来才能拥有富足和愉悦的生活。徐寿波自小便听话懂事，从上学第一天起，他便听从了父亲的告诫，心无旁骛、专心读书。

徐寿波有求学之心，但是在绍兴县立中学读书的第一年，学生们是在日军统治下的学校里读书，学校里布满阴沉之气，无力反抗的教师们敷衍教学，已经逐渐懂事了的学生也多把上学当成了任务，并没有多少向学之心，学校里的气氛十分压抑。1945 年 8 月日军投降，中国历经八年的抗日战争取得了胜利，情况开始有所改变。国民政府接管了绍兴县立中学，并宣布伪政府期间的教育文凭作废，徐寿波等一批适龄少年参加了国民党政府组织的入学考试，考入绍兴县立初级中学[①]初一年级就读。

对此，徐寿波和同学们都感到十分高兴。他们再也不用被逼迫着学习日语了，既不用上奴化教育课，也不用在日本人的教鞭下胆战心惊地生活，学习变成了学生们打心底乐意去做的事情了。随着时局的暂时稳定，学校里的气氛变得相对平和，教师们安心授课，学生们也能在学校里学到真正的知识了。

① 1949 年后并入浙江省立绍兴中学。

当时学校开设的课程很多，有国文、算学、物理、地理、音乐、历史……徐寿波学起来得心应手，他感到这些知识都很有趣味，他的知识面越来越广，眼界也越来越开阔。中学期间，徐寿波喜欢上理科的课程，因为爱动脑筋，数学、物理成了他最喜欢的两门课。他沉浸于繁杂的数学和物理公式中，在解题中找到了思考的快乐。

徐寿波最喜欢做数学和物理习题，他在做题的时候从不满足于一种解法，而是喜欢用多种解题方法来求得习题的正确答案。他把解题当成了游戏，在这种游戏中，他乐此不疲，一道题目，他找到的解法越多，心里就越高兴，他感到自己的脑袋越用越灵活了。

尽管偏爱理科，但是徐寿波文科课程的学习也没有落下，他的综合分数在班级里名列前茅。那时候，学校要定期张贴“黄榜”，也就是用一张黄色的纸誊写考试成绩优秀的学生姓名，张贴于学校的布告栏上。徐寿波是榜上常客，基本上每一期“黄榜”上都有他的名字。他在学校里取得的好成绩令父母感到十分骄傲，全家人把“改良社会地位”的希望都寄托在他身上，父亲表示将尽可能支持徐寿波求学上进。随着战争的结束，人们的生活步入正轨，徐家的店铺恢复了正常经营，家里的经济状况也有了好转。再加上徐寿波的两位哥哥外出打工，所得薪金大多都拿回来支持大家庭的生活，这些都是徐寿波能够维持学业的经济基础。不仅如此，尽管家里的房屋并不宽敞，父母也专门为他用木板隔出一间小屋子，充作他的书房，希望他能在相对清静的环境里读书。

徐寿波心无旁骛地读书，很快便把课本吃透了，他感到学习和升学压力并不大。读书之余，他偶尔也会参加一些娱乐活动。但他既不喜欢男孩子常玩的那些打打闹闹的游戏，也不喜欢和亲友们聊天打发时间，他觉得聊天浪费时间，不如省下时间来看书学习。他喜欢的娱乐活动是和朋友们玩纸牌和打麻将，因为这两种娱乐活动和算术有一些关系，他喜欢在玩游戏的同时开动脑筋。但是父母管教严格，担心孩子自制力差，玩物丧志，所以总是告诫孩子要把所有的精力都投入读书中去。纸牌和麻将，乃至其他的娱乐活动，都是父亲严令禁止孩子们参加的。但机灵的徐寿波自有主意，每当学习累了，他便会避开父亲，和伙伴们聚在一起偷偷放松一番。在和小伙伴们约好玩乐的时间和地点之后，他们便各自躲开大人，纷纷从家里的后门溜出去，在外面转上一圈，再悄悄溜进家中堆放着做饭用的稻草的屋子里。孩子们在稻草堆上围坐成一圈，彼此间都不说话，只是静悄悄地玩牌。稻草柔软，纸牌落下去后悄无声息，最是隐蔽。一听到大人们从屋外经过的声音，孩子们便迅速把纸牌埋藏到稻草堆里。但是因为孩子们的课业紧张，所以这样偷偷摸摸的玩乐，一年里也没有几次。正是在和大人"斗智斗勇"中，孩子们感到乐趣无穷。每当回忆起儿时贪玩的趣事，徐寿波都不禁莞尔一笑。转眼，他顺利读完了初中的学业，于 1948 年升入浙江省立绍兴中学，开始了他的高中学业。

浙江省立绍兴中学是绍兴城里一所历史悠久、教学水平较高的中等教育学校。学校的前身是光绪末年（1897 年）由维新人士创办的绍郡中西学堂。近代教育的先驱蔡元培早年曾任职于此，为这所学校早期的发展做出了巨大贡献；著名作家周树人（鲁迅）也曾在这所学校里担任过博物教员。随着时代的变迁，学校曾先后改名为绍兴府中学堂、浙江省第五中学堂、浙江省立绍兴中学、浙江省绍兴中学、浙江省绍兴第一中学等。能进入当地师资力量较强的省立绍兴中学读书，徐寿波感到十分自豪。毕业多年，每当回忆起母校，他总是倍感骄傲："那是绍兴当地升学率最高，也是有名气的一所中学！"学校离家并不远，徐寿波每天走路上学，中午下课后还能赶回家吃一顿午饭。

徐家人口众多，餐桌上总是人多饭菜少，而且难见到荤腥。饭菜油水少，吃不饱肚子，发育期的徐寿波总感到腹中空空，在饥饿的折磨下，他总也长不胖，身体比同龄人瘦弱许多，母亲为此常感担忧。徐寿波少年时记忆深刻的美食是一碗猪油渣拌饭，这样的餐食在当时是不常有的，偶尔能吃上一顿真是令他感到心满意足。在他印象中，只有在重大的节日里，家里才会买上一小块肥肉，母亲用少许菜油炒出一碗猪油来，这是可供全家人食用很久的荤食，然后将榨油剩下的猪油渣匀出来一些拿给正在长身体的孩子们拌饭吃，就算是改善伙食了。

除了不常见的猪油渣拌饭外，徐寿波平时能吃到的比较奢侈的食物就是豆浆和鸡蛋了，那还是因为母亲心疼刻苦读书的儿子，想方设法从家用里抠出钱买回来给儿子补充营养的。徐寿波感念母亲的爱子之心，也为了有强健的体魄更好地学习，就和小伙伴约好，每日一起参加早锻炼。锻炼的内容主要是晨跑，他先从自己家所在的上大路跑到同学家所在的下大路，然后叫上同学一起在周围继续跑步，跑出一身大汗来再去上学。

江南的冬天湿冷透骨，非常难熬。徐寿波家人所住的房屋主要用木头建成，虽说不是四面透风，但保温性能并不好。房子里没有什么取暖设施，家里也没有余钱购买取暖的木炭，好不容易弄来一些炭火，也是留到最冷的时候才用。在寒冷的冬夜里，母亲会在屋子里准备一个大盘子，盘子里面烧着一些炭，全家人便围坐在炭火四周，靠这微弱的热量取暖，待身体渐渐暖和些了再各自回屋睡觉。每天天还没亮，徐寿波就要起床去锻炼身体，睁开眼睛便摸到前晚脱下放在床头的衣服，衣服早已没有一点儿温度，摸上去冰冷，刚套在身上不仅让人感觉不到暖和，反而有身坠冰窖的苦楚。头一天晚上用过的湿毛巾也结上了冰，摸起来硬邦邦的，徐寿波拿起来擦擦脸，脑袋顿时便清醒了。冬季晨跑最考验毅力，但徐寿波风雨无阻，坚持了下来，做到了冬练三九、夏练三伏。

徐寿波的成绩在高中继续名列前茅。因为学习成绩好，班里的同学便推选他当班长，但是他拒绝了同窗的好意，他那时一心只想用功读书，读书之外，一切会使人分心的事情他都不愿意参与。这个时候的徐寿波已经明确了自己的目标：他要考大学，要成为徐家的第一个大学生！

那时候的绍兴还没有高等学校，高中毕业生在当地人眼里便是文化程度很高的人物了。徐寿波去得最远的地方便是绍兴附近的乡村，他既没见过几个大学生，也没有见过大学学堂的样子。事实上，他对大学的想象不多，而是听从父亲的教导：读书、出人头地！徐寿波的想法很简单：书要读到大学才算读完，上大学之后能够功成名就，所以他立志要走出绍兴城，去外面看看广阔的天地，要上大学。徐寿波认为，只有成为大学生，自己才能真正变成一个有本事的人。他立志要为考上大学而读书，在读书的过程中，他在知识的海洋中徜徉，找到了自己的乐趣。

1945 年 8 月，随着"重庆谈判"的进行，国共双方于当年的 10 月 10 日签署了《政府与中共代表会谈纪要》，即《双十协定》。但随后不久，国民党便发动了对内战争，国内形势再次变得不安定起来。徐寿波在中学读书期间，学校里、社会上常有一些有志向的青年用组织演讲、散发传单等方式强烈谴责国民党不顾民众意愿发动内战的行为。尽管当时徐寿波年纪还小，对很多事情不甚明了。但他读过元代散曲家张养浩所作的《山坡羊·潼关怀古》，曲里唱道："兴，百姓苦；亡，百姓苦！"徐寿波经历过日本侵华战争，他痛恨战争，深知战争会给老百姓带来流离失所的痛苦。徐寿波在学校、家中都都表达过对战争的不满，他对父母和同学说：这场战争是自己人打自己人，战争导致社会不安定，没有安定的环境，工农业无法发展，吃苦的还是老百姓！

第二节 家中的第一个大学生

1949年春天，徐家经营多年的油纸店因为没有多少生意而面临倒闭。徐家人无法维持生计，决定关店、分家，大家庭从此分成三个小家，独立生活。自此，虽然徐家人还居住在同一栋小楼里，但大家都已经经济独立、各自操持家业了。油纸店关张后，徐锦堂一家便少了一个经济来源，除了王香姑闲暇时做一些手工活赚些零花钱外，全家人只能依靠徐寿波兄长的薪金度日，家庭经济再次陷入困境。

1949年5月7日，中国人民解放军进驻绍兴城，红旗在城内冉冉升起，绍兴城解放了！全城人民纷纷走上街头，载歌载舞庆祝。新政府即将在绍兴实施的一系列全新的政策，得到了社会各界人士的热烈拥护，绍兴从此走向了新的发展方向。

徐寿波所在的中学也组织了一系列的学习活动，校方顺应形势，向教职工和学生宣传新社会、新规程和新思想。不仅如此，随着社会风气的变化，人们在思想学习的基础上，自发组织了上大课、上小课，一边学习一边开展批评和自我批评的活动。这些活动的开展，让徐寿波感受到了社会上、学校里真诚而热烈的气氛。他预感自己的生活即将发生天翻地覆的变化：他感到自己过去精心营造的一心读书的封闭生活已被这个新的时代撕开了一道口子，新社会里的新信息正在源源不断涌进来。

中华人民共和国成立以后，中央进行农村经济改革，开展了征粮、减租减息等一系列工作。这些工作急需人手，迫切需要广大青年投入社会主义建设中，因家庭经济条件困窘，也因为社会上和学校里铺天盖地的宣传和号召，正在读高二年级的徐寿波受到了多方面的影响，他想减轻父母的负担，也想做一些社会工作，于是他作出了暂时休学参加社会工作的决定。1949 年年底，徐寿波和同学们一起，背上简单的行囊，挥别安静的校园，投入轰轰烈烈的农村工作队的洪流中。

徐寿波工作的地方离家不远，是在距离绍兴一百余千米的钱塘江江边的长河地区，工作队承担的任务是收农业税、征粮、组织和动员农民支援前线，为运送粮食和军用物资支援解放军解放舟山群岛；组织农会，清匪反霸，调查登记土地，为土改做准备，等等[①]。

参加农村工作队的队员待遇很优厚，他们享受国家供给制，工作队员可以在区、乡政府吃大灶，或在农民家吃派饭，不仅如此，还发放有两元多的零用钱以及服装等生活用品。在农村工作队，生活上基本不用花钱，这暂时缓解了徐寿波经济上的困窘。

在农村工作队锻炼的经历是徐寿波和社会的第一次亲密接触，他热血澎湃地投入社会运动中，暂时忘记了自己的“大学梦”。他感到，此时此刻，社会就是一所最大、最崇高的大学，他从社会这所大学中学到的是与先前截然不同、更新、更宝贵的知识。这些知识并不是书本上的科学定理，而是从实践中得来的生活的智慧和人生的磨炼。在农村工作队的日子里，徐寿波收获良多。在与年长队员的接触中，他学会了如何与人打交道；在井然有序的征粮、登记等工作中，他学会了如何有序开展实际的工作；在工作队里与农民的朝夕相处，让他切实感受到了基层农民对中国共产党、新社会和新制度的拥护，体会到农民的诚恳和朴实，感到自己的心灵受到了一些触动，1951 年，徐寿波总结了这段时间的工作，那就是：

响应政府号召下乡征粮，在一星期工作中看到老干部那种和蔼朴实刻苦的精神才把我的骄傲爱享乐轻视劳动的思想打垮

① 摘自徐寿波档案材料中的“毕业登记表”（1955 年 8 月），现存于北京交通大学档案馆。

了，对人民政府也有了信心。①

参加农村工作队是徐寿波从一名闭门造车的书生融入社会大家庭的开端。

随着农村工作队的任务告一段落，徐寿波开始思考自己未来的路该如何走下去：是从此融入社会，做一名光荣的劳动者？还是重新回到校园，一圆自己的“大学梦”？如果选择前者，身为高中生的他，在当时也可以被安排不错的工作，前程无忧；如果选择后者，则要重新拾回书本，家里还要承受不小的经济负担。正当徐寿波举棋不定之时，一个偶然的机会，他在报纸上看到了新成立的上海中央税务学校华东分校②刊登的面向社会公开招考学员的消息。原来，为适应新中国建设的需要，这所学校要招收一批学员，学习财会方面的知识，学成后将分配到各个单位从事相应的工作。

徐寿波看到，报上刊载的招考条件并不严苛，只要有中等教育的文化基础即可报名，这对身为高中生的他来说并不困难。一旦被录取之后的待遇也很优厚：不仅学习期间包吃包住，毕业之后还能分配工作。徐寿波对上海中央税务学校的情况并不了解，他想的是如果自己考上了，就有了一份工作，不但可以分担家庭的负担，还能够继续读书，真是一举两得！抱着这样的想法，他决定去上海报考，碰一碰运气。离开农村工作队以后，徐寿波带着家里提供的微薄旅费，踏上了去上海考试的征程。到了上海，他在上海工作的大哥家里暂时落了脚，略温习了几天功课，便去应考。1950 年 2 月，凭借着踏实的数学基本功，徐寿波考入了上海中央税务学校，是该校录取的第一批学生之一。

与高中课程相比，税务学校里教授的课程有了很大不同。高中

---

① 摘自徐寿波档案材料中的“自传”（1951 年 7 月），现存于北京交通大学档案馆。

② 即现在的上海商学院。前身是 1950 年 2 月根据中央财政部指示经华东财委和财政部批准建立的中央税务学校华东分校。后来几经沿革，分别易名、组建为华东财政学校、财政部上海财政干部学校、上海市财政贸易干部学校、上海市商业高等职业技术学校、上海商业职业技术学院、上海商学院。

时期学习的是文、理科基础知识，税务学校里则要学习经济、财务等方面的课程。这也是他接触经济学理论的开端。通过在税务学校的学习，徐寿波初步了解了经济发展的基本规律，以及经济学与社会发展的关系。

入学以后，徐寿波才了解到自己就读的并不是最初想象中的高等教育学校，而是一所培训类的专科学校，学校里既没有什么知名教授授课，也谈不上可全面学习文化知识。学校的教学目标是培养一批能马上上岗的税务人员，所以学生除了学会入门的经济学知识外，主要是学习查账等财务方面的技能，学校希望学员们能快速掌握开展税务工作的方法。速成式授课方式让徐寿波感到有一些失望，但是他很珍惜这次学习的机会，决定要顺利拿到毕业证书。

为了稳定中华人民共和国成立初期的经济秩序，国家急切需要相关的人员帮助恢复社会经济，于是徐寿波这一批入校刚满三个月的学员便匆忙毕了业，被安排走向了相应的工作岗位。1950 年 5 月底，徐寿波被分配到了上海市人民政府税务局杨树浦分局工作，工作的内容是检查企业账本，打击偷税漏税行为。当时税务局实行配给制，不仅解决职工的吃住，每月还发给一笔零用钱，生活上的事完全不用发愁。徐寿波成为国家工作人员，单位又处于繁华的大上海，这是多么令人羡慕的“铁饭碗”，父母对他的前途也算是放下心来。

但是，徐寿波对匆忙参加工作这件事并不满意，在做了一段时间具体的工作后，他感到自己在短短三个月的培训中并未学到多少知识，也没有取得有价值的学历证书；匆忙上岗虽然是为了满足国家发展的需要，从短期来看可以在实践中熟能生巧掌握知识，但是因为一开始就没有打下好的基础，根基不牢固，长期来看是不利于个人发展的。虽然勤能补拙，这样工作下去，若干年之后直到退休，徐寿波能成为税务局里的一名干部，甚至有可能成为单位的领导，但他认为这对自身的提高并没有什么好处。在苦恼和惆怅中，他怀念起自己尚未实现的“大学梦”来。

经过一番考虑之后，徐寿波决定辞职，他打算放弃这份人人都羡慕的好工作，回家乡去继续攻读高中学业，为考大学而努力。这对徐寿波来说，要承受的压力十分巨大：离开繁华的大上海，回到小城绍兴；从人人羡慕的“公家人”重新变成一文不名的书生；如果考不上大学，则将留在绍兴自谋生路，等等，这些是现实中要面临的问题。徐寿波刚回到家乡的时候，常有人打听他回乡的原因，亲友们投来不解的目光，甚至有人认为他是“自讨苦吃”，徐寿波默默承受了压力。所幸家人是他坚实的后盾：在父母眼中，自小品学兼优的儿子早就是一名“准大学生”了。两位哥哥也支持他的决定，承诺会在经济上继续支持他，这些都是他能够安心读书的保证。徐寿波考大学的目标很坚定，也有信心一定能考上，他决心要“背水一战”，1950 年 7 月，他成为一名插班生，回到浙江省立绍兴中学读高三。

重返校园的徐寿波生活很忙碌，毕业班课业紧张，白天要上一整天的课，晚上回家还要做习题巩固。他既要捡起已经耽误一年的学业，又要迎头赶上高三的课程，每天忙得团团转，没有一点儿娱乐和休闲时光。但他在忙碌中感到生活的充实，向家人保证：“念书我有本事，我能静下心读书，能学得进去！”①徐寿波的信心感染了家人，父亲和兄弟姐妹们时时鼓励他安心学习，母亲竭尽所能为他打理生活上的一切，为他消除后顾之忧。时隔半个多世纪，徐寿波还能想起当年母亲对自己的关爱：她是虔诚的佛教信徒，每天都要给菩萨上香，默默祈祷孩子能够苦尽甘来，出人头地；她不善言辞，只会用自己的信仰来鼓励孩子，她常说，菩萨面前的上上香预示了儿子一定能够心想事成。②母亲温暖的笑容和坚定的信念感染了徐寿波，他头脑里的“大学梦”越发清晰，投入学习上的劲头更足了。

①② 2013 年 11 月 13 日访谈，徐寿波口述。

尽管醉心于学习，但和一年多以前的自己相比，徐寿波的心态已经发生了变化。学习之余，他更愿意花上一些时间来关注窗外的世界，绝不当书呆子！课余时间，他阅读与时事相关的书籍、报刊，希望能及时了解社会形势的变化。通过报纸、舆论宣传，他对社会的了解越来越多，想法也多了起来。

从报纸和学校的宣传中，徐寿波知道了中国正在向苏联学习的事情。1950 年 2 月 14 日，中苏两国签订了《中苏友好同盟互助条约》，开始在政治、经济、文化、教育等各行各业展开亲密合作。苏联通过派遣专家、提供经济和技术支援等方式对中国进行援助，中方也派遣了留学人员去苏联学习科学技术。中央从上而下发起了“学习苏联”的号召，苏联在当时被称为中国人民的“老大哥”。徐寿波和同学们一起，积极响应中央发出的号召，1950 年 11 月，经省立绍兴中学的教师黄尧章介绍，徐寿波加入了中苏友好学会绍兴分会。

中苏友好学会总会是成立于 1949 年 10 月 5 日的大规模的群众团体，在当时是代表中国和苏联友好互动的特殊组织机构，按照行政区划共分为五级，全国设总会，各大行政区设立总分会，省、直属市、行署区、省属市、区、县设立分会；县、市及直属市所属的企业、工厂、机关和学校设支会，村庄及县级市所属的企业、工厂机关、学校设立支分会。学会的会员通过黑板报、报纸、业余剧团、广播等宣传工具，使用了集会报告、小组座谈、漫画、标语、大字报、图片展览、茶馆宣传、深入访问、电影幻灯巡回放映等形式多样的宣传方法，宣传中国和苏联的友好关系，宣传国际主义信念。徐寿波加入中苏友好学会后，多次参加了学会组织的办板报、集会报告等活动，这也是他正式迈开接触进步思想的第一步，他从之前的“死读书、不问政治”逐渐转变为思想上追求进步，行动上积极参加社会团体活动。在社会上、学校里举办的各种各样的活动中，他对苏联有了一些了解，感到这个国家有较为先进的科学和人文，并对这个遥远的国家产生了一些朦胧的向往。这便是苏联给徐寿波留下的最初的印象。

毕业班的学习生活非常辛苦，徐寿波偶尔也会苦中作乐。浙江省立绍兴中学虽然是当地最好的中学，但难免有一些教师水平不高，教学态度不认真。课堂上，爱动脑筋的徐寿波不满某些教师授课时错误百出，他常做出一些顽皮之事，例如，他曾写过一首白话诗调侃教师教书不认真：

某某教师真啰嗦，迪克[①]好像口中挂；
若要问他讲点啥？他只说：这个、那个，差不多！
再要问他们个仔细，他说大概我弄错。
如果你要详细问，他会说你最反驳。
书上例证方出说，接着马上讲别个。
再要问他练习题，他只说你自己查。
自从开学到现在，不知上了多少课。
但是你仔仔细细想一想，他始终没有一句肯定话。
学生制订好计划，不料一下被打破。
再说他，生活作风是怎样？等以后我有机会再来说。[②]

徐寿波的白话诗笔调诙谐，但着实透露出他对本地一些教师教学水平的不满。他早早便吃透了课本，老师讲的知识，许多他早就在课前预习了。他希望能在课堂上了解更多的东西，所以经常向老师提出一些书本上没有提到的问题，但是因为教师水平不高，有时候并不能为他解惑，甚至用敷衍的态度来应付他。求知若渴的少年内心万分不满，但常年受到的尊师重道的教育又让他无法当面反驳。每当这时，他渴望进入大学继续深造之心情就更加热切了。

当时全国大学数量少，招生不多。学校里能够考上大学的学生虽不说是凤毛麟角，但也不算太多，竞争的压力很大。徐寿波所在

① 上海方言，“迪克”即“这个”的意思。
② 摘自徐寿波日记，写于1950年前后，未公开发表。

的绍兴中学毕业班学生中，每年考取大学的人还不到总人数的一半。在经过一年的刻苦学习后，他参加了学校组织的秋季毕业考试，各学科的毕业成绩如下：政治 73 分，语文 80 分，数学 86 分，历史 88 分，地理 83 分，物理 87 分，化学 85 分，生物 83.5 分，外语 88 分，美术 76 分，音乐 79 分，体育 75 分。他的几门主要科目，语文、数学、历史、地理、物理、化学、生物、外语的平均分都在 80 分以上，为高中学业交上了满意的答卷。

1951 年 7 月 22 ～ 23 日，徐寿波满怀信心和对未来的美好期盼，参加了华东、东北高等学校的招生考试。在两天的考试中，他全力以赴，以期取得满意的成绩。在答完最后一门科目的试卷后，他从容走出了考场，那时，他感到天格外蓝，知了的叫声也格外清脆，他有强烈的预感：大学的门槛已经近在咫尺了！功夫不负有心人，没过多久，徐寿波便收到了来自南京金陵大学理学院电机工程学系的录取通知书——他成为徐家第一个大学生。

徐寿波考入的南京金陵大学并不是他填报的第一志愿。高考之前填报志愿时，他填了三个，排名第一位的是浙江大学，其次是上海交通大学，第三个志愿是位于南京的金陵大学。这三所学校在当时来说都是全国数一数二的好大学，在国内很有名气，师资力量都不错。徐寿波对这三所学校本身并没有什么特别的想法，他如此填报的缘由是：位于杭州的浙江大学理科教学很强，且有“东方剑桥”的美誉，他又向往杭州西湖的风景，因此把浙江大学放在了第一位；选择上海交通大学是因为他曾在上海学习和工作过，对那里比较熟悉，且兄长也在上海，两人能够互相照应；他之所以把金陵大学作为第三志愿，是因为当时绍兴和南京往来交通不方便，要辗转轮船、火车，来回费时又费力，不愿意远离家乡的徐寿波便把这所学校选作了第三志愿。考试结果出来，徐寿波意外地被金陵大学录取。那一年，金陵大学电机工程学系在全国招收了四十名大学生，他的成绩排名第六，成绩相当不错。

第三节 象牙塔中的佼佼者

收到大学录取通知书，徐寿波全家人都非常欣喜。徐家出了个大学生，这在上大路上是了不得的大事，徐寿波还记得当时母亲高兴的心情，她一连几天都忙着用供品和香烛给菩萨上香还愿。父亲不善用言辞表达情感，只是用力拍着儿子的肩膀，脸上满是欣慰之情。两位兄长更是为弟弟实现了全家人的“大学梦”而感到与有荣焉。徐家人从老到小都喜气洋洋。每天都有亲友、邻居来徐家祝贺。徐寿波也为自己考取大学感到骄傲，因为这实现了徐家三代人为之奋斗的梦想。在家庭欢喜的气氛里，他感到多年读书的苦没有白吃。在等待去大学报到的日子里，他每天都在做梦：梦见自己在大学殿堂里自由自在地徜徉，梦见自己在不久的将来成为一名工程师、科学家，梦见自己取得了很多科研成果、收获了无数的奖状和鲜花……年轻的他对未来的生活充满了向往。

1951 年 8 月 23 日，正在家中过暑假的徐寿波，收到了金陵大学学生会的一封来信：

> 首先让我们对你考试胜利致以衷心的庆贺，并对你们的来临表示热烈欢迎！……考入新的金大这是你的光荣！作为人民大学的学生是值得骄傲的！因此，我们更不能辜负政府对我们的照顾，更不能辜负伟大祖国和全国人民对我们的期望。让我们共同努力为进一步实现新民主主义教育政策而奋斗。[①]

这封信的到来，意味着出发的号角已吹响，母亲为游子准备好

① 摘自徐寿波日记中的“金大学生会的第一封信”，写于 1951 年 8 月 26 日，未公开发表。

了行囊。“慈母手中线，游子身上衣”，在母亲的依依不舍中，尚未离开，徐寿波已经体会到了淡淡的思乡之情。临行前，他在日记本上写下了小学时学过的一首思乡之歌，寄托了他离别前的惆怅：

我思故乡，倍增惆怅，儿时邀约不能忘！

窗外明月，屋角斜阳，如今你可曾向往？

故乡，故乡，我思故乡……[①]

秋高气爽的九月，徐寿波拒绝了父亲的陪同，孤身一人背上行囊离开故乡，出发前往南京报到。启程的那一天是 1951 年的 9 月 5 日，这一天被永远记录在徐寿波的日记本中，永远难忘，那天，父亲也来车站为他送行，父亲的背影镌刻在他的心上，久久难以抹去。他在日记中这样描述了临别的情景：

下午二时过，我乘黄包车（带了行李）赴往车站，在我家门口的人行道上，我跟母亲、大嫂、二哥、妹妹、弟弟等分别了。到了车站，父亲也来了。三时又几分的开车时间到了，父亲也就在站台上告别。车渐渐地驶远了，他才出车站独个儿回家去。[②]

随着父亲的背影慢慢淡出了他的视线，徐寿波挥别故乡，走上了新的征程，他写道：

从此我就进入一个新的生活的环境，一个人到陌生、举目无亲的地方——南京，一个无同乡相熟的学校——金大，在这里揭开了我生命史上新的一页。[③]

当时中国的交通并不发达，从绍兴到南京，虽然只有三百余千米，却花费了徐寿波好几天时间：先是乘火车到萧山附近，再换乘小船，渡过钱塘江后就到了杭州，然后再转火车前往上海。与在上海工作的大哥短短团聚几日后，他还要继续乘坐火车，一直到 9 月

① 摘自徐寿波日记，写于 1951 年 8 月 29 日，未公开发表。

②③ 摘自徐寿波日记，写于 1951 年 10 月 12 日，未公开发表。

12 日，他才抵达南京，来到金陵大学报到。

大学时代的徐寿波

当时的金陵大学是由原金陵大学和原金陵女子文理学院组建而成的。原金陵大学在始建于 1888 年的汇文书院的基础上创办，原为美国基督教会创办的私立大学，创办之初遵循的是推行基督化教育，以传播基督福音为主，后兼以科学、文化教育。金陵大学是南京地区创办最早的一座教会大学，也是当时国内历史悠久、规模较大的著名教会大学之一。南京金陵大学第一任中国校长是陈裕光[①]，他也是全国第一位担任教会大学校长的中国人，他毕生致力于教育事业，是中国担任大学校长最早、时间最长的元老之一。任教期间，他培养了大量人才，为学校树立了优良的校风，使该校成为国内外知名的学府。一大批民国时期的著名文人、科学家曾在这里任教，鼎鼎大名的有国学大师胡小石，当时的中央研究院院士、植物病理学家戴芳澜，目录学家汪辟疆等。外国教师也有不少，最有名气的是传教士农业经济学家卜凯（J.L.Buck），以及他的妻子、同时获得普利策奖和诺贝尔奖的女作家赛珍珠（Pearl S.Buck），这样的师资力量在当时的国内来说是相当雄厚的。学校设置了文学院、理学院、农学

① 陈裕光（1893—1989），浙江宁波人，号景唐，著名化学家、教育家。

院、医科以及中国文化研究所等机构，尤其是农、林专业在当时的中国遥遥领先。金陵大学创办以后，培养了毕业生四千余人，其中许多人，如思想家、民主斗士陶行知，植物病理学科奠基人俞大绂，生物化学家王应睐等，他们对文化、科学的发展以及中西文化的交流发挥了很大作用。

原金陵女子文理学院与金陵大学一样，同为民国时期十四所教会大学[①]之一，也是中国第一所女子大学。筹办期间命名为扬子江流域妇女联合大学，后改名金陵女子大学，1915 年成立之初就以大学的规格出现，第一任校长是德本康夫人（Matilda Thurston）。1930 年，该大学改名为金陵女子文理学院，学校规模不断扩大。在教学方面，它保持着浓厚的宗教色彩，实行严格的管理制度。中国第一届女大学生、生物学博士、女教育家吴贻芳曾经担任过金陵女子文理学院的校长，为该校的学生培养、教学设置等方面做出过很大的贡献。截止到 1950 年，金陵女子文理学院开设有中文系、外文系、社会学及社会工作系、历史系、音乐系、体育系（体育专修科）、生物系、化学系、家政系、地理系、托儿工作专修科、医预科、护预科，培养了毕业生 994 人。中华人民共和国成立后，政府接收金陵大学和金陵女子文理学院，于 1951 年 9 月 19 日正式改建成为公立金陵大学。1951 ～ 1952 年，物理化学家及教育家李方训担任金陵大学的校长，对学校发展提出了很多建议，并在 1952 年院系调整中为学校发展做了一系列工作。

徐寿波在金陵大学电机工程学系学习，在选择大学专业问题上，他受苏联影响很深。中学时期，他曾看过一部苏联电影——《乡村女教师》，正是这部电影，对他的人生轨迹带来了重大影响。这部电影描述的是沙皇统治时代的女主角瓦连卡来到乌拉尔的偏远乡村沙

① 十四所教会大学分别是：燕京大学、齐鲁大学、东吴大学、圣约翰大学、之江大学、华西协和大学、华中大学、金陵大学、华南女子文理学院、湘雅医科大学、金陵女子文理学院、沪江大学、岭南大学、福建协和大学。

特磊村成为一名女教师，空荡荡的乡村里什么也没有，没有电，学校里没有学生，也没课可上。但在“十月革命”胜利以后，苏联在全国范围内大搞电气化，小乡村里用上了电，学校里一片光明，教育事业发展了，女主角瓦连卡培养了许多学生，桃李遍天下。徐寿波被电影里的情节打动了，他感到，发展电力对一个国家来说非常重要。时隔半个多世纪的 2013 年，徐寿波还记得自己选择专业的初衷，他说：

> 列宁有一句名言说到什么是共产主义：共产主义就是苏维埃政权加全国电气化。苏维埃政权由共产党领导，代表生产关系；生产力发展到实现电气化，共产主义是生产力发展到最高阶段，人们生活、社会生产都实现了电气化，这就是列宁电气化和共产主义的定义。①

列宁的话深深印在了徐寿波的脑海里，他受到启发，立下志愿，郑重写下：

> 我认为新中国工业化，首先要有电，使新中国跟苏联一样电气化，我决心要为新中国电气化而努力，使新中国的人民生活过得更愉快更幸福。②

不为名、不为利，年轻人的心愿单纯而美好。大学生活为徐寿波打开了另外一扇门，他从此踏入了一个与以前截然不同的新世界中。

无论是原金陵大学还是原金陵女子文理学院，其校舍在当时的南京都算得上是小有名气的景观，它的美丽在这有着无数名胜古迹的六朝古都——南京城里也是非常有名的。以原金陵大学为例，学校建筑、布局是由学校的首任校长、1886 年由加拿大来华的教育家、文物专家福开森（John Calvin Ferguson）设计的，校园历经多年

① 2013 年 12 月 9 日访谈，徐寿波口述。

② 摘自徐寿波档案材料中的“金陵大学新生入学调查表”（1951 年 9 月），现存于北京交通大学档案馆。

修建完成。校园由一座座中西合璧的华丽建筑群组成，错落有致、精巧可爱。学校里建有体育馆、图书馆、大礼堂、饭堂，许多设施是徐寿波在绍兴从来没有见过的，他觉得自己像一个“土包子”，对周围的一切都感到非常新奇。校园里绿树成荫，幽静舒适，常有学生们三三两两坐在绿草茵茵的草坪上闲适地看书。学生宿舍是两人一间，房间宽敞明亮，设施齐全。徐寿波喜爱这样一所美丽的校园，虽然在生活上还有一些不习惯，但是他很快便融入大学生活中来。

今日的南京大学校园一角

1951 年 9 月 20 日，徐寿波的大学生活正式开启，这一天对他来说是难以忘怀的一天，一天忙碌过后，他在日记中写道：

> 上午上课，今天是进入金大上课的第一天，所感到滋味跟在中学里差不多。所不同的不过是没有一个固定的教室。[①]

大学的新奇和自由让徐寿波深受感染，令他印象最深刻的是

① 摘自徐寿波日记，写于 1951 年 9 月 20 日，未公开发表。

“自觉学习”。当时学校规定，大学生每学期要修满五十个学时的课程。要真正掌握知识，仅靠上课是不够的，学生们课后还要主动复习、预习。徐寿波很快就体会到大学与中学的不同之处，与中学教师对学生严格要求不同，在高等学府里，没有师长时刻在耳边鞭策，大部分依靠学生自觉学习，所以他在大学里学会的第一个知识是：自律！只有自觉学习，才能完成大学里的课程任务。

大学一年级的课程都是基础课，徐寿波要学习的课程包括普通物理、初等微积分学、工程画、政治讲座、社会发展史、机工实习等。一年的学习生活结束之后，他不但跟得上进度，而且成绩不错，在班级里排名靠前。令他感到骄傲的是，当时有一门令许多学生感到头疼的初等微积分学课程，他取得了96分的好成绩。

进入大学高年级后，徐寿波要学习的课程更多了，增加了如电力机械、水力学与水力机械、热力学与热力机械、工业电子学等专业课程。这些课程对他来说，许多内容不但是第一次接触，而且不易理解，学起来难度很大。但他有自己的一套学习方法，他总结如下：一是要多动脑筋，二是对各种公式要记得牢靠，三是有充分的信心，四是要多把精力放在难题上。凭借着中学时期打下的扎实的理科基础，加上他对专业学习的兴趣很大，所以一个学期下来，徐寿波的成绩在班级里继续保持着上游水平。

徐寿波依然记得当初授课教授中一位名叫吴大榕①的教授，他是一名学识丰富又非常严厉的长者。吴大榕在学校主讲电工原理，这是一门难度很大的课程，他对学生的要求非常严格，希望学生多掌握一些知识，因此在授课时准备了内容丰富的教案，有许多甚至

① 吴大榕（1912—1968），江苏苏州人，电机专家、教育家。历任“国立中央大学”、江南大学教授。中华人民共和国成立后，历任南京大学教授，南京工学院教授、动力系主任、副院长，江苏省电机工程学会第一、第二届副理事长。对同步电机理论研究造诣较深。撰有论文《同步机逆序电抗的物理概念》《同步电机基本方程式中各种数量间的方向关系》，编有《直流电机》《交流电机》《电机学》。

已经超出了课本范围。学生们学起来很吃力，必须在课前、课后看大量的学习资料。吴大榕的课程，考试程度之难、之严格在学校里也是有名的。这门课的考试题目覆盖面广且题量大，到了考试的时候，许多学生叫苦连天，很多人因为达不到要求分数很低，不及格人数甚至能占到班级总人数的一半。考试不及格的学生便纷纷找到吴大榕教授求情，希望老师能从宽处理。但吴大榕坚定地认为考试成绩玩不得半点儿虚假，因此总是毫不留情地拒绝学生们的要求。

徐寿波知道吴教授对学生要求严格，便暗暗下定决心，一定要把这门课学好！为了跟上进度，无论是课前、课中，还是课后，他从未有一刻放松，熬夜苦读对他来说是常有的事。他不仅找来大量相关的习题反复练习，还常常向老师提问，功夫不负有心人，他的考试成绩不错。吴大榕教授注意到了这位勤奋的学生，课堂提问、解答难题时便对他多了一些关注，偶尔还会给他开一些小灶。就这样，徐寿波与吴教授的接触便多了。后来，每当想起大学生活时，徐寿波第一个想起的便是这位督促了他勤学苦读的师长，心中充满了对老师的钦佩，他既为老师的学识而倾倒，更钦佩其对学生从严要求、实事求是的精神。

徐寿波在金陵大学学习的时间并不长。在全国上下学习苏联的大背景之下，1952 年 6 ～ 9 月，国家对全国高等学校的院系设置进行了大规模的调整，要把民国时代的现代高等院校系统改造成“苏联模式”的新高等教育体系。经过全盘调整后，全国许多高等学校被分拆。这次的院系调整，清除了旧的高等教育体制中私立、教会、买办残留，建立了新的教育机制，形成了 20 世纪后半叶中国高等教育系统的基本格局。

金陵大学作为曾经的教会学校，原来的校名被取消，学校的专业设置也因此发生了变化。学校的文学院、理学院被并入新南京大学，理学院电机工程系则被并入南京工学院①，也就是后来的东南大学。院系调整之后，国家大力发展独立建制的工科院校，教学安排多是为了适应国家的经济建设需要。在院系调整的洪流中，徐寿波告别了金陵大学，成了全新的南京工学院里的一名学生。南京工学院作为理工院校，致力于培养国家建设需要的专业人才，在教学上抓得很紧。虽然比起原金陵大学来说，南京工学院的校舍环境没有那么优美，宿舍也变成了八人一间，但是徐寿波感到学校里你追我赶的学习气氛更浓厚了。

1991 年东南大学发配电专业 51 届校友合影

（徐寿波位于前排左五）

① 南京工学院即今东南大学。其前身是创建于 1902 年的三江师范学堂。1921 年以南京高等师范学校为基础正式建立国立东南大学，实当时国内仅有的两所国立综合性大学之一。国人称“北大以文史哲著称，东大以科学名世”。1928 年更名为国立中央大学，设理、工、医、农、文、法、教育七个学院。1952 年全国院系调整，学校文理等科迁出，以原中央大学工学院为主体，先后并入复旦大学、交通大学、浙江大学、金陵大学等校的有关系科，在中央大学本部原址建立了南京工学院。1988 年 5 月，更名为东南大学。

大学时代的徐寿波依然身材瘦小，1952年，21岁的徐寿波体重仅有53千克，看起来非常单薄。进入大学之后，他把学习成绩看得更重了，在很长一段时间里，他把分数看成是检验自己学习成果的最重要标准。在学习上，他对自己的要求近乎苛刻，他希望自己的学习成绩总是名列前茅。为了达到这个目标，他几乎把全部的时间都用在学习上了，为了鼓励自己，夜深人静时，他在日记里写道：

> 在考试前必须把每门课的内容全部复习好，重要概念原理必须理解和融会贯通，不能让它有一个空白点。①

为了达到自己预定的学习目标，徐寿波把时间都用在了学习上，从而忽略了身体锻炼。1952年9月，徐寿波感到身体吃不消，因病住进了医院。

一开始，徐寿波只是隐隐觉得身体不适，精神不济的同时还伴有咳嗽和发烧，这些症状并没有引起他的重视，但在连续数日高烧不退后，他被同窗送去了医院救治，经诊断后医生告知徐寿波，说他患了肺结核，被紧急收入住院进行隔离治疗。在医院里休养了一段时间后，医生确认他身体基本康复，他才被允许回到学校上学。但病刚好没过多久，1953年1月，徐寿波又因反复发烧再次住进了医院。因当时的医疗水平不高，这一次诊断病因费了一番波折。在经过多次化验、医生反复会诊后，诊断出他得的是伤寒病。就这样，刚离开医院没多久的徐寿波再一次住了院。因他身体底子差，伤寒病短时间内痊愈不了，因此他大约住了一个多月的医院。这场病令徐寿波感到十分痛苦难熬，他印象很深的事是，医生反复交代，伤寒症既不能多吃饭，也不能不吃饭。因为伤寒症的特殊性质，患者不能过多饮食，吃得多病情反而不容易好；但是不吃饭，营养跟不上，病又不能痊愈。青年人正是长身体的时候，但是为了控制病情，徐寿波每天都不敢吃饱肚子，到了晚上因为饥饿难耐，辗转反侧无

① 摘自徐寿波日记，写于20世纪50年代，未公开发表。

法入眠。有一次到了吃饭时间，他实在肚里空空，饿得受不了，便饱餐了一顿，病情当天就加重了。为了早点儿病愈出院，徐寿波想到了一个办法，他找来一个小本子，详细记录下每天的饮食情况，给自己找出合理的进食方案。这样反复折腾了许久，他的身体终于好转了。

病愈回校后，徐寿波最大的感慨是，自己大难不死，实在是有福气的人！原来，在20世纪50年代的中国，医疗水平还不高，无论是肺结核还是伤寒症都是致命的病症。幸好当时有一种治疗肺结核的特效药问世，才拯救了他的生命，而伤寒症的痊愈也靠了另一种特效药的作用。这些药虽然在今天的中国非常平常，但在当时，国内没有生产这些药的条件，只能通过从国外进口才能得到药源。即使是进口，因数量稀少，许多患者都用不上药。与此同时，徐寿波家乡的一位亲戚，就是因为得了肺病，没有特效药医治而不幸去世的。时隔六十多年的2013年，回想起这件往事，徐寿波感慨万千：

> 那时候国家大学生少，考上大学的都是宝贝，因此生了病以后，学校和医院都照顾很周到，这是多么幸运的事情呀！如果自己没有考上大学，如果没有来到大城市南京，这两场病无论是哪一种都是不治之症！①

尽管徐寿波的病治好了，但还是留下了后遗症，肺结核和伤寒症削弱了他的体质，此后每逢秋冬，他都必须格外注意身体保健。

徐寿波把考试成绩看得很重，但他因为生病耽误了许多功课，心里很着急：如果再不加速赶上，就要落后于同窗了；如果不能如期参加期末考试，或者考试有不合格的科目，也许还要留级。他既不愿意留级耽误时光，也不想错过期末考试，思虑再三，他决定如期参加期末考试。他咬咬牙，还躺在病床上时就捧起了书本，出院以后更是不顾身体还虚弱就加班加点、熬夜看书。因用眼过度，他

① 2013年11月20日访谈，徐寿波口述。

的视力在短时间内急剧减退，他因此变成了高度近视，不得不戴上了眼镜。但是下了苦功的徐寿波最后还是赶上了教学进度，他的努力得到了回报。1952 年度第二学期徐寿波的主要课程成绩如下：俄文 91 分，材料力学 85 分，电工基础 86 分，机械零件 80 分，电机原理 82 分①。

经历了一场大病，徐寿波意识到没有健康，根本无法安心学习，他从此更加重视参加体育运动，通过锻炼身体的方式让自己的体魄强健起来。从出院起，他便每日坚持做早操，还常常跑步，与同学们一起打排球，不知不觉，他便渐渐喜欢上了运动，并养成了坚持运动的好习惯。

徐寿波学习的是发电厂电力系统专业，这个专业除了要学生掌握理论知识外，更需要学生到发电厂亲身实践，掌握实际操作的技能。出院后，尽管在很长一段时间里，他的身体都比较虚弱，但他仍然坚持参加学校组织的各项社会实习。在大学期间，他一共参加过两次实习工作，第一次是在 1953 年暑假，他在常州电厂参加为期两周的认识实习；第二次实习是在 1954 年暑假，他在徐州贾汪电厂及徐州变电场参加了为期六周的生产实习。通过这两次实习，他初步了解到发电厂的基本组织情况，以及发电、电力传输的运作方式。

徐寿波对发电厂热能动力装置和与电有关的高电压电力系统问题很感兴趣，但这两个问题仅靠书本和教师讲授是无法在脑海中形成具体印象的，尤其是各种发电装置，只有亲眼在工厂里看到并实地操作了才能明白其中的机制。他知道在学校里学习的电力知识只是打下了一点儿基础，只有深入工厂了解实际操作才能真正巩固、提高自己的认知。他决定趁着实习的机会，在工厂里好好调研一番。虽然下工厂的时间不长，徐寿波却深感收获良多。他把在课堂上、书本上没弄懂的问题，都积累起来，虚心向工厂里有经验的老师傅

① 摘自徐寿波日记，写于 20 世纪 50 年代，未公开发表。

们请教，电厂职工对这个黝黑瘦小、爱发问的大学生印象格外深刻。在工厂的短暂学习时光中，徐寿波实地看到了发电厂核心的热能动力装置，并了解到了一系列发电装置的操作原理和方法，这也是他后来进行动能研究的重要基础。

这两次工厂实习对于徐寿波来说，是理论联系实际的大好机会。实习中，他和工人们吃住在一起，亲身参加生产劳动的经历让他深刻体会到“纸上得来终觉浅，绝知此事要躬行”的道理。

第四节　融入社会

徐寿波读书时遵循的行为准则是：在学校里做好人，安分守己，埋头读书[①]。随着年龄的增长，他逐渐明白了个人犹如大海里的一滴水，他积极参加学校和街道组织的集体活动来融入社会。

徐寿波擅长书法和绘画，这是他从小便养成的爱好。在父亲的严格要求下，他每天都要写几幅大字，时间一长他就能写一手好字了。写字之余，他还喜欢画上几笔，他用钢笔勾勒出的人物新奇有趣，因为能写会画，大学时期他承担起班级里的文宣工作。每一期的宣传板报，都是他展示才艺的舞台。徐寿波通过这样的方式为同窗们服务，并乐在其中。不仅如此，他还积极参加班集体和学校里举办的各种美术、歌咏、跳舞等文娱活动。除此之外，学校内外举办的各种社会活动，他也踊跃参加，积极学习。

早在 1951 年，徐寿波还没进入大学的时候，就非常关注社会上的事。1950 年 6 月 25 日，朝鲜战争爆发，随着美国的介入，战

① 摘自徐寿波档案中的“学生登记表”（1955 年 4 月 23 日），现存于北京交通大学档案馆。

火扩大到中国东北。为了保护刚成立的新中国免遭战火，1950 年 10 月 25 日，中国人民志愿军奔赴朝鲜战场作战。为了支援志愿军，全国上下发起了爱国运动，社会各界群众纷纷参与。1951 年 3 月 30 日，《人民日报》发表了题为《普及爱国公约运动》的社论，指出：推广爱国公约运动是巩固爱国运动成果的一个好方法。随着舆论宣传，全国各地的人民群众纷纷捐献、增产、节约以支援抗美援朝运动的开展。徐寿波也没有置身事外，通过读书看报，听学校的宣传，以及自身参与，他感受到群众运动的激情和轰轰烈烈，身上的血液也沸腾了起来，1951 年 8 月 8 日，他写下了一首诗——《颂爱国公约》，表达了自己投入运动的强烈感情：

爱国公约，你这光辉的称号，
刻印在每一个人民的心灵。
你不是白纸上的黑字，
你不是好听的漂亮语，
你不是虚伪的称呼。
你是名副其实的金科玉律，
你是四亿人民爱国热情的结晶。
你也是四亿人民行动的纲领。
无论在机关、在工厂、在学校，
在商店、在家庭，在每一个地方
都有着您，你跟毛主席在一起。
无论老的、小的、男的、女的，
都抱着一颗爱国的心，奉敬着您。
您成为他们最宝贵的座右铭。
你照耀着爱国者的心，
发出胜利的微笑。
你穿刺着侵略者的心，
作出垂死的呻吟。

有了您，咱们四亿人民团结得更紧。

有了您，咱们建设得更加起劲。

有了您，咱们消灭美帝蒋匪增加了百倍信心。

有了您，咱们才能得到真正的和平。①

徐寿波心思细腻却又不善言辞，喜欢在纸上写写画画来表达自己的情感。他所作的诗歌辞藻并不华丽，也不引经据典，但朴素的语句透露出的是真挚的感情。徐寿波发自内心写成的诗歌赞颂了当时社会上热烈的爱国气氛，表达了自己坚定的决心。

上大学以后，徐寿波感到自己的思想应该更积极、更进步一些。从思想改造运动到“三反”“五反”运动，徐寿波一直关注着国家大事。那时候政治生活占据了大学生们除专业学习之外的大部分时间，学校的政治学习和各种活动渗透到了师生每天的生活中。以金陵大学为例，学校每学期安排的政治讲座就有 3 个学分。不仅如此，1952 年 2 ～ 3 月，学校在长达一个多月的时间里，教学处于半停顿状态，不断举办大大小小的学习会、报告会，号召教职工和学生们认真学习党和国家的方针政策，同时也宣传先进事迹，曝光反动事例。徐寿波每次学习归来，都要认真写下心得体会，检讨自己思想上的问题，并与教师、同学交流。徐寿波的心得是：

> “三反”是思想改造的运动，“打虎”是一个群众斗争，与它不同。方法：1. 理论联系实际，掌握理论，检查自己学习态度、生活作风、人生态度，面对现实，大胆暴露检查自己。2. 进行批评与自我批评，共产主义的批评，与人为善治病救人的态度。②

徐寿波在给家人的信中说，要响应国家的号召，安分守己，踏实工作，做合格的公民。③

---

① 摘自徐寿波日记，写于 20 世纪 50 年代，未公开发表。

② 摘自徐寿波日记，写于 1952 年 2 月 22 日，未公开发表。

③ 摘自徐寿波日记，写于 1952 年 3 月 16 日，未公开发表。

在思想改造运动后，学校给徐寿波的鉴定意见是这样写的：

优点：1. 能随时展开思想斗争。

2. 有坚持心。

缺点：1. 联系群众较差。

2. 大胆暴露思想做得不够。

3. 有些面子观念。

4. 解放思想问题做得不够。

5. 对问题不够重视。①

徐寿波对新中国、对中国共产党的认识渐渐清晰了。1952 年，学校里有人从苏联考察回来，作了一场全校范围的报告，徐寿波也去听了。这场报告介绍了苏联的一些社会情况，这令他的心里有一些触动，他也因此思考自己的学习目的："学习为了什么？为劳动人民、祖国建设服务！"②他的思想转变了，他倾慕中国共产党，他有一个渴望，那就是入党，成为一名中共党员。为了实现这个心愿，1952 年 7 月 14 日，他郑重填写了入团志愿书，申请加入共产主义青年团，为将来加入中国共产党做准备。

徐寿波工作积极，学习成绩好，很快便被批准入团了。加入共青团后，他的学习劲头更足了，取得优异的考试成绩是他对自己的基本要求。徐寿波担任班级团支部书记，他热情为同学们服务。他一心一意想要加入党组织，在专业学习之外，他认真学习党的方针、政策，参加政治学习的热情高涨，并郑重地写下了入党申请书。以他学习"过渡时期的总路线"为例，他在了解到国家的方针、政策以后，庄重地写下了学习心得和体会：

为什么农业要进行社会主义改造？因为目前小农经济尚占优势地位，分散的一家一户的个体生产潜在力量很有限，收获

① 摘自徐寿波档案中的"金陵大学学生思想改造学习总结登记表"（1952 年 7 月），现存于北京交通大学档案馆。

② 摘自徐寿波日记，写于 1952 年 3 月 13 日，未公开发表。

量受到很大限制。手工业为什么要改造？是为了满足日益增长的工农业生产需求。为什么要改造资本主义工商业？总路线的实质是改变私有制为公有制！①

徐寿波交给党组织的这些思想学习和体会为他入党加了分，他却因为家庭的缘故未能如愿以偿立即入党。原来父亲早年担任过国民政府的保长，这令他和他的家庭成为政治审查对象。这一审查耗时多年，调查结果最后证明无论是徐寿波的家庭还是他个人都没有政治问题。1954 年 11 月 13 日，徐寿波怀着激动的心情，如愿加入中国共产党，成为一名光荣的共产党员。

① 摘自徐寿波日记，写于 1954 年 5 月 15 日，未公开发表。

第三章

苏联岁月

1956年，徐寿波受中国科学院派遣，前往苏联学习。他是新中国“留苏潮”的一员，肩负着学成后回国建设社会主义的重任。在苏联的四年，他过着紧张、快乐而又充实的生活。这一段时光影响了他一生的学术轨迹，令他回味无穷。

第一节　成为留苏研究生

1952年8月，在原东北科学研究所①的基础上，中国科学院成立了长春综合研究所。1953年，为了执行国家第一个五年计划，中国科学院提出了“科学研究首先为解决重工业建设所提出的科学技术问题服务”的方针，认为“各所应以解决矿冶、煤炭、石油、机械、动力……方面的问题……”②，在这一方针下，1954年10月，中国科学院机械电机研究所③在原综合所机械和电机研究室的基础上成立，研究所成立后的任务之一就是致力于为东北电力系统服务。1958年，中国科学院又成立了电工研究所，注重于电力科技和电加工方面的研究和应用。

1955年9月，徐寿波从南京工学院毕业。在国家需要建设人才

① 1948年12月，东北行政委员会在东北科学院的基础上成立东北工业研究所，1949年中华人民共和国成立后更名为东北科学研究所。

② 王扬宗，曹效业，《中国科学院院属单位简史（第一卷・下册）》. 北京：科学出版社，2010年，第750页。

③ 1958年夏改称中国科学院机械研究所，1960年与中国科学院长春光学精密机械仪器研究所合并。

的号唤下，作为新中国自己培养的第一批四年制大学生，徐寿波他们在学业结束后便被分配到祖国最需要的地方去参加社会主义建设。

毕业之际，徐寿波向学校表达了自己的意愿：祖国哪里有需要，我便去哪里！当时国家正在建设东北工业基地，需要大量相关专业的人才。徐寿波和同班的另外两位同学黄志杰、秦曾衍是班级里的优秀生和共产党员，他们被分配到位于长春的中国科学院机械电机研究所工作。徐寿波从研究实习员的岗位起步，走上了新的征程。

在南方潮湿温润的气候中生活了二十余年，初来到干燥而寒冷的北国长春，无论是饮食还是气候，徐寿波都有一些不习惯。例如，南方人爱吃的主食是米饭，东北人吃的是高粱米和玉米面；南方春、夏两季漫长，冬天短暂，而东北恰恰相反，一年有一半的时间是寒冷的冬天，吃不到绿色蔬菜不说，凛冽的北风还令人感到日子单调难耐，许多来到长春工作的南方人最后都因为受不了这样的气候和艰苦的条件而申请调离。但是徐寿波并没有畏缩，年轻人乐观向上，那时候的他有一颗想要克服各种困难的火热之心。

走上工作岗位，徐寿波领到了第一份工资——46 元人民币。这笔钱令他感到欣喜，这意味着他不再需要家庭的资助，在经济上正式独立了。在中国科学院机械电机研究所，他住在单位的宿舍里，吃在食堂，日常没有什么需要花钱的地方，他把省下来的大部分工资都汇给了在老家的父母，补贴父母的生活，支持弟弟妹妹们读书。从这以后，直到他参加工作后的许多年里，徐寿波一直保持着将一部分工资汇回老家的习惯，这是他对父母、对兄长多年支持自己读书的感激，也是他对家庭发自内心的回报。

在研究所里，徐寿波工作积极主动，他向领导表达了自己乐意吃苦，希望能在单位里发挥一技之长，做一番工作的意愿。可惜事与愿违，在研究所工作的第一年，除了熟悉了工作环境外，他感到自己在业务上的收获并不大。

因中国科学院机械电机研究所是在原国民政府组建的东北科学

院的基础上建立的，员工中除了新分配的大学生外，还有一部分人是旧社会的知识分子，其中有一些人是国民党党员。新分配来研究所的大学生作为根正苗红、政治方向正确的先进分子，刚来单位报到便被单位调去参加政治运动。政治运动的一项主题是“打老虎”，即揪出社会主义阵营中的敌对分子和贪污分子。徐寿波等年轻人被分派的工作是：一边通过宣传进行思想教育，动员老知识分子向党靠拢，一边调查其中一些人有没有历史问题和经济问题。单位常派他们去各地出差，主要是做人事调查，有时候还要去监狱里看文书，甚至要参加审查犯人①。因此，徐寿波常常要天南海北地跑，无论是上海的监狱，还是北方的农村，他都去过。出差回来后，他还要根据调查结果起草各种审查材料，这样的工作一干就是好几个月。他名义上是科研人员，实际上大部分的时间和精力都耗在了做政治工作上，参加的科研课题很少。好在这样的时间并不长，1956 年，徐寿波经中国科学院派遣前往苏联留学。

20 世纪 50 年代，中国科学院是向苏联派遣研究生、实习生等留学人员最多的科研机构之一。早在 1955 年之前，中国科学院就通过高教系统或者工业系统派出过留苏研究生。1955 年 4 月 5 日，中国科学院呈请国务院考虑扩大中苏两国在科学技术领域的合作范围，并解决科学干部的培养问题，以促进中苏两国的科学合作。1956 年 2 月 3 日，中国科学院“院干部培养局根据高等教育部由机关干部中选拔留苏预备研究生的通知，向院属各研究机构发出在本院干部中选择留苏研究生的相应通知。”②1956 年 6 月 26 日，中国科学院院务常务会议召开，在听取了科学院干部培养部的陈泽副主任在苏联所了解到的苏联科学院培养科学干部情况汇报后，讨论实施 1956 年留苏研究生计划的办法，常务会议上决定组织一个小组，由陈泽领

① 2013 年 11 月 20 日访谈，徐寿波口述。

② 樊洪业主编，《中国科学院编年史 1949—1999》，上海：上海科技教育出版社，1999 年，第 71-72。

导，负责进行留苏研究生的选拔和其他各项准备工作。1956 年由中国科学院派往苏联科学院学习的研究生一共 129 人，于 8 月底和 9 月初启程赴莫斯科。

1956 年 5 月，研究所领导通知徐寿波，告诉他将要被派遣到苏联学习的消息。徐寿波听到此事，第一反应是不敢相信自己的耳朵，他愣了半天才回过神来。当着领导的面，他极力克制自己雀跃的心情，但一跑回宿舍，便迫不及待写信将这个好消息告诉了家里人。他感到自己一下子实现了两个梦想，一个是得到出国深造的机会，另外一个就是能够去到自己向往已久的国家——苏联，这对他来说真是莫大的鼓舞！刚得知消息的那几天，他激动地一连几晚都没有睡踏实，脑子里翻来覆去想的都是自己未来去苏联学习的情景。

当时中国向苏联选派留学生，选拔条件和程序非常严格，说是万里挑一也不为过。1956 年，研究所里一共选拔了十七人去苏联留学[①]，徐寿波是其中的一员。被选派留学的人，除了要求是正规大学毕业生、所学专业是国内紧缺专业之外，还必须要政治方向正确，身体素质良好，只有这样才能通过初级选拔。从教育部的一份文件中就可以看出当时对留苏学生的选拔条件严格的程度：

> 选拔对象，应具备下列条件：
>
> （一）政治条件：拥护共产党的领导、拥护社会主义制度、愿意全心全意为人民服务、历史清楚、政治可靠、道德品质优良、有培养前途的。
>
> （二）学业条件：
>
> 1. 高等学校本科毕业，有从事和原学专业相近的科学技术工作或教育工作二年以上的实际工作经验的（国家特别急需的某些专业不受此限）；或者，虽然未曾在高等学校毕业，但有

① 根据中国科学院档案（Z382-142），“经审查同意出国的计有：秦增衍、谭作武、姜昌、瞿寿生、赵群增、许镜明、周景濂、单藩圻、于传瑾、黎蕊秀、陈忠义、徐寿波、沈鼎新、林诚格、谢国良、黄志杰、丘宗旭”。

十年以上从事报考专业相近的科学技术工作或教育工作的实际工作经验，经本人工作单位证明，确实具有相当于高等学校本科毕业程度和从事科学研究工作的能力的。

2. 外国语文程度已经达到能阅读专业书籍、听懂专业讲授，能够较正确地表达（口头或书面）出自己的基本意见水平；或者，外文水平虽未达到上述要求，但政治、业务、身体条件较好，经一年补习后，能达到上述要求者。

（三）身体条件：按照卫生部规定的“留学生身体检查不合标准的规定”经当地卫生厅（局）指定的医院检查合格的。

（四）年龄条件：限40岁以下。[①]

徐寿波在大学里学的是电机工程学专业，正属于国家急需专业。他是中国共产党党员，政治立场坚定，参加工作近一年以来表现良好。不仅如此，徐寿波的俄文有一定的基础：他在大学里就学习过俄语；在长春参加工作以后，单位开办的俄语速成班，他回回都参加，也学得不错；业务方面，因当时国外的参考资料主要是来自苏联的俄文专业书，徐寿波或借或买，阅读了不少。鉴于上述情况，他被单位选拔出来作为赴苏学习动能经济专业的留学候选人之一。他顺利通过了政治审查，并被通知将要接受身体检查。然而，在体检这一关，徐寿波遇到了一些波折。

原来，徐寿波在大学里曾经罹患过肺结核和伤寒症，虽然早已痊愈，但负责体检的医生对他的身体情况仍然存有疑虑，质疑他的身体能否经得起长途出国跋涉，能否在冰天雪地的苏联坚持学习和工作。体检这一关他被刷下来了，这件事令他十分焦急，出国留学是他的梦想，单位推荐和政治审查都过关了，如果在体检关被淘汰，那太令人惋惜了。徐寿波一再向医生陈述自己的身体早已康复，并且为了提高身体素质，他每天都在锻炼身体，非常健康。但最终仍

① 根据北京市档案馆档案（002-010-00228），“教育部关于58年选拔留学生的通知及有关文件”。

没有在当地医院取得体检合格的证明。国家对留苏生的身体素质要求很高，这是为了保证被派遣出去学习的人员能以较好的状态学习，以学成回国建设祖国。在体格检查上，国家也有明确规定，个人既往病史是作为合格与否的参考条件，像肺结核一类的疾病需在痊愈后并经过一年以上观察无变化者方可算作合格，可以赴苏留学。[①]于是徐寿波申请去北京做一次复检。他清楚地记得，复检是在北京第四人民医院做的，检查的结果表明他的肺结核早已痊愈，身体健康，完全可以接受赴苏留学的考验！就这样，徐寿波成为一名留苏研究生，并在北京参加了为期约三个月的俄语培训。

第二节　在苏联留学

语言培训结束以后，徐寿波启程前往苏联。出发的那一天是1956年8月20日[②]，青年学子们满怀快乐和憧憬，从北京乘坐专列火车，经沈阳、长春，从满洲里出境，前往莫斯科报到。他们经西伯利亚，穿越伏尔加河，沿途饱览异域国土的秀美风光。经过连日的火车奔波后，徐寿波一行人终于抵达莫斯科。

中国留苏学生主要被分配到苏联科学院各研究所，莫斯科大学、列宁格勒大学、莫斯科动力学院、莫斯科石油学院、莫斯科钢铁学院、莫斯科地质学院、莫斯科航空学院、莫斯科矿业学院、莫斯科有色金属学院、莫斯科黄金学院、列宁格勒加里宁工学院、列宁格

① 李滔主编，《中华留学教育史录（1949年以后）》，北京：高等教育出版社，2000年，第215–220页。

② 根据中国科学院档案（Z382–142），“等待出国时间约在八月二十日左右，出国前集中北京学习俄文问题另行通知”。

勒电工学院、乌拉尔工学院，以及苏联其他城市的高等院校和实习单位里学习。根据《1956—1967年全国科学技术发展远景规划》提出的要发展我国急缺学科的要求，留学生的学习内容包括有机化学、高分子化学、固体物理、磁学、金属学、半导体、燃烧理论、机械、动力学、声学、电机制造、计算机、冶金等国内急需、实践性强的专业。徐寿波等由中国科学院派出的留苏研究生是中苏两国科学院合作计划的一部分。他被选派到苏联科学院能源研究所学习动能经济专业，这门科学后来被称为综合能源工程学，目标是学成归国后在国内开展这门新学科的研究。关于他学习这门学科的由来，2010年，徐寿波在《我亲身经历的我国综合能源研究四起四落》中写道：

20世纪50年代，徐寿波在莫斯科大学前留影

> “动力研究”被列为国家重点研究项目。根据规划要求，中国科学院从电工研究所派我和黄志杰两人去苏联科学院动力研究所学习综合动力工程学专业[①]。这是一门新学科，它是十月革命后由列宁的亲密战友、电力工程师、首任苏联国家计委主席克尔日柴诺夫斯基在制订著名的俄罗斯电气化规划中创建起

① 根据中国科学院档案（Z382-142），徐寿波当时是以学习电能学的名义被派出国，在苏联期间学习动力学。

来的，他后任苏联科学院院长和动力研究所[①]所长，科学院院士。[②]

在苏联留学是徐寿波与综合能源学结缘之始，他投入并爱上这门科学，就是从此时开始的。

徐寿波在苏联安顿下来后，对莫斯科的气候和吃住条件适应得很快。苏联天气寒冷，得益于出国前国家给了留学生每人一笔置装费用，还给大家列了一张购物清单，徐寿波按图索骥，在留学生服务商店里购买了许多御寒的衣物，从而能够顺利度过苏联的寒冬。徐寿波还记得在苏联吃黑面包的滋味，尽管同去的许多同学都吃不惯这种略带酸味的异域食物，但是他却吃得津津有味。至于住宿，徐寿波这批留学生被安排集体居住在一栋大楼里，两人住一间，设施齐全，暖气供应充足，比国内的单位宿舍要舒适许多。徐寿波很满意这样的生活，他很快就投入学习和工作中。

在苏联的四年时间里，令徐寿波受益终身的第一件事便是他的俄语水平有了突飞猛进的提高，听、说、读、写，样样在行。可是他最初在面对语言关的时候，也曾经被难倒过。虽然已经有俄语基础了，日常会话问题不大，但是在专业写作上他感到困难还有很多，词汇量也不足。出国之前徐寿波参加过突击式语言培训，但一来培训时间短，二来当时学习俄语主要以学习书面语言为主，专业术语、词汇掌握得少，口语练习也不够。以至于刚到苏联，他在和苏联朋友们交流时感到有很大的困难。但是他不怕出丑，敢于开口，抱着不怕出错的态度，勇敢地和实验室的苏联同事交谈。用错了词汇，他便虚心向苏联同事请教。工作之余，不拘泥于是专业书还是小说，他捧着砖头厚的俄文书籍，对比着字典一个单词一个单词地阅读。另外，他还上了专门给留苏中国学生开设的俄语课程。授课

① 即苏联科学院能源研究所。

② 徐寿波，《我亲身经历的我国综合能源研究四起四落》，http://www.igsnrr.cas.cn/sq70/hyhg/kyjl/。

教师是一位优雅的苏联老太太，她非常喜欢这群来自中国的青年学子，为了缓解学生们羞于开口的紧张情绪，她常常把学生们召集到自己居住的别墅里去，用美味的巧克力来招待他们，一边讲授语法，一边引导学生们用俄语对话。学生们三三两两闲适地坐在华丽的大客厅里听讲，真是一种享受！老师为人慈祥，授课水平高超，上课的时候旁征博引，学生的学习兴趣浓厚。很快，徐寿波的俄语水平有了显著提高，尤其是口语，他很快就冲破了语言障碍。在留学生俄语考试中，他取得了满分五分的好成绩。徐寿波的俄语基础打得牢、学得好，一直到 80 多岁，他还能熟练地使用俄语会话、写作。

留学生与苏联老师一起参观农业展览馆（徐寿波位于左一）

在学习俄语的过程中，徐寿波认识了几位要好的苏联朋友，其中有一位名叫西沃林的同事，是他在苏联最好的朋友。西沃林和徐寿波年纪相仿，已经在能源研究所里工作了好几年。徐寿波向西沃林介绍中国，西沃林帮助徐寿波练习口语，向他介绍苏联的风土人情；徐寿波用俄语写的文章，也常常交给西沃林帮忙修订语法上的错误。苏联朋友们常常邀请徐寿波去家里吃饭，他们在一起唱苏联的民歌，畅谈对未来的美好向往。徐寿波曾经得到了许多苏联朋友的热心帮助，为当时苏联人民对中国人的友好而感动。但是令他深感惋惜的是，1960 年以后，因为中苏两国关系恶化，他与苏联朋友们就没能再有只字片语的联系了。时过境迁，至今徐寿波仍然感怀当年他与苏联朋友们之间的深情厚谊。

徐寿波感到，在苏联的生活是很有保障的，留苏研究生每个月都能领到一笔生活补贴，这笔钱高达 700 卢布，相当于国内 300 多元人民币的购买力，这真是一笔巨款，因当时国内工厂的工程师一个月工资只有 56 元人民币。[①] 但是这笔钱不能寄回国内，只能在苏联使用。对节俭惯了的徐寿波来说，每个月的生活费真是太充裕了。伙食费用不了多少，他一不买高级衣物，二不买奢侈的电器产品，他对这笔钱早已规划了用途，打算尽可能多地置办一些用得上的书籍。于是，他一有空闲就去逛书店，有时候还去旧书摊上逛，只要看到专业书他都买回来，剩下的钱他就交了党费[②]。即使后来徐寿波的生活经历了一些变故，几经搬迁，但他依然尽力保留着自己在苏联留学的纪念——几大箱原版俄文书籍。

留苏学生们的主要任务是学习，他们肩负着要把在苏联学习到的科学技术带回国内，帮助国内社会主义建设的重要任务，因此学习和工作占据了他们在苏联的大部分时间。国家对留苏学生无论是生活上还是政治上，都管理非常严格，要求留学生珍惜这来之不易的学习机会，原则上不允许留学生与苏联姑娘谈恋爱。党员们每周还要过党组织生活，定期做书面或口头思想汇报。在苏联的中国留学生可以从大使馆提供的报纸，与国内亲朋好友的通信中了解到国

① 2013 年 12 月 9 日访谈，徐寿波口述。

② 《作祖国的钱粮师爷——访中国综合能源工程学主要开拓者和奠基人、中国工程院院士徐寿波教授》，《绍兴日报》，2007 年 12 月 6 日。

内的情况。总的来说，徐寿波感到在苏联的生活方式和在国内读大学时差别不大，而且生活更有规律。

徐寿波深知自己被派出留学肩负了很大的责任，他在苏联的生活很充实，几乎把能用的时间都用在了学习上，用他自己的话来说，他每天睁开眼便是两点一线：办公室—宿舍。除了处理必要的生活琐事之外，他大部分时间都在办公室里工作。他每天伏案看各种枯燥的专业资料，一心一意学习。因为每天花在学习上的时间太长了，研究所里的德国研究生公开对他的生活方式表示了不赞同，批评徐寿波说他只算是“半个人”，意思是说他只会学习，不会玩乐，没有享受到生活的乐趣，人生是不完整的。但徐寿波不以为然，他坦然过着在外人看来十分枯燥而自己却乐在其中的生活。

苏联科学院在假期会组织留学生去苏联各地观光，但除了参加这些活动之外，放假的时候，徐寿波既不和同伴出去逛街，也不爱旅游，唯一算得上的爱好便是冬天与苏联的朋友们去滑雪。

徐寿波（左二）在苏联学习滑雪

滑雪课是苏联科学院为研究生开设的一门体育课程，徐寿波选修了这门课。学会滑雪是来自中国南方的徐寿波在冰天雪地的苏联的又一大收获。他很喜欢这项运动，虽然一开始学滑雪的时候，他因为没有掌握平衡的诀窍而一次又一次摔倒在雪坡上。但是他不怕摔跤，在哪里摔倒，便在哪里爬起来。几番练习下来，他便摸索到了滑雪的门路，没多久就敢和苏联朋友们比赛了。徐寿波喜欢滑雪这项运动，他享受着在茫茫雪地中滑行带来的快乐。即使后来离开了苏联，滑雪这项运动也作为他为数不多的几个爱好之一一直保留了下来。

第三节　对蔡普林经验公式的质疑

徐寿波在苏联的指导教师是苏联科学院的魏以茨院士。魏以茨继承了列宁的亲密战友——克尔日柴诺夫斯基[①]的衣钵，是苏联著名的学者，他的专著《苏联动力工程的进步》早在 1951 年便被译成中文在中国出版。这部专著介绍了苏联动力工程的产生和发展情况，作为学习苏联的范本，受到过中国学术界的推崇。在 20 世纪 50 年代的中国和苏联学术界，魏以茨享有很高的声望。徐寿波在国内就读过魏以茨的著作，得知自己被安排跟随魏以茨院士学习，他感到自己非常幸运。他了解到魏以茨的研究方向，对老师在学术研究上的大局观和综合观表示了由衷的钦佩，时隔半个多世纪，他还记得当年老师的高瞻远瞩：

我的导师是克尔日柴诺夫斯基的学生，克尔日柴诺夫斯基

① 苏联电气工程师，曾担任苏联科学院第一任院长，能源研究所所长。

参加了苏联电气化的规划，督促了来自苏联各行各业的二三百位专家制订规划。在制订这个规划的时候，我的导师提出：动力研究不光是要研究煤炭，也不光是要研究西伯利亚的水电。能源不光是指煤炭、石油，也不光是指水电，所有的能源都要均衡发展。苏联资源丰富，但是在西伯利亚地区资源分布不均匀，所以带来了运输等问题。要把较远地方的能源、资源，运送到发达的地区，这就是能源的输送。不光是要发展能源生产，还要发展能源运输，因为电气化最后还要到用户那里才能实现，所以要研究输电的问题。我的导师提出能源不是孤立的，而是要进行综合研究，这就是后来被称为综合能源的研究问题。[①]

魏以荻对学生倾囊相授，并不因为徐寿波是外国人便有所歧视或者藏私。他提出的“选择好题目是论文成功的一半”这句话，对徐寿波启发很大：在开展工作之前必须要确定一个好的题目，好的题目一方面来源于前期细致、认真的调研工作，另一方面来源于敏锐的学术直觉。徐寿波在自己的学术生涯中一直遵循着导师的教诲，每次转入一个新的研究方向时，他都会花费大量的时间和精力做好调查研究，认真选题、从容研究的观点也是后来徐寿波对学生和晚辈们最真诚的勉励和忠告。

徐寿波在苏联学习的知识比过去更宽泛。在魏以荻的建议下，徐寿波将研究方向确定为中国各地区电力系统发展建立的理论以及火电站在中国的发展问题，他为自己拟定了研究题目——中国能源地区化问题的研究。他知道开展这项研究面临重重困难，因为这个题目所包含的研究范围很大。从能源角度来说，中国地大物博，能源的种类很多，如煤炭、天然气、石油……要按照地区对能源进行划分，进而研究如何对能源进行开发和利用、消费以及输送等，问题就更复杂了。研究从哪里入手是他面临的第一个难题。徐寿波和

① 2013年12月9日访谈，徐寿波口述。

导师都明白，这个论题可以自由发挥的余地很大。他下决心要把这篇副博士论文认真写出来，要选取最值得钻研的点和面作为自己的重点研究对象。为此，徐寿波阅读了大量文献，并制作了大量表格进行数据对比。

徐寿波在苏联学习期间的学生证

在对这个论题深入钻研的过程中，徐寿波的研究思路产生了变化，他受到水电站设计中对水文、水流量计算理论方法的启发，联想到了冬季采暖时热电厂供热的问题：室内暖气片设置是否合理？在现有的设计下，采暖供热是否有能量的浪费？中国的集中供暖制度始于20世纪50年代，其间初步建立了住宅锅炉供暖体系。这个体系建立参照的是苏联的模式，根据苏联的气候计算方法规定，把室外温度5℃以下定义为冬天。徐寿波认为，中国和苏联，因地理位置和冬季气温不同，在暖气片采暖设置问题上也应有所差别。这个问题虽然看起来毫不起眼，却涉及能量的消耗、转化等多方面的问题。在大量调研的基础上，他大胆提出：采暖热电厂设计（包括建筑设计）中室外空气计算温度的确定要采用新的理论和方法，因为气温的变化与水流量的变化性质有很大的相似性，常规的研究方法并不能解决中国的实际问题。

当时无论是在苏联还是在中国，学者普遍采用蔡普林经验公式和苏联的建筑规程来计算室内所需暖气片的片数等问题，这是学术界通行已久的权威方法。为了调研蔡普林经验公式是否适用于中国，1958年，徐寿波曾向中国驻苏联领事馆申请回国，去北京气象台调研。他收集了北京市历年的气象资料和数据后，通过一系列的比较，发现使用蔡普林经验公式和建筑规程计算暖气片片数的方法对于北京地区来说，能耗较大，并不适用。

到底是听从权威？还是遵循自己的研究数据？徐寿波再三考虑，决定遵循真理，以事实说话。在进行了大量的热力学运算后，他指出：北京冬天的最低气温纪录是-15.9℃，但如此低的温度出现的概率很低。当时，我国采用苏联方法计算出室外平均最低温度是-12℃（按照苏联建筑规程方法）和-13℃（按照蔡普林经验公式方法），并根据这两个数字来设置室内暖气片的片数。但徐寿波按照北京的气象记录计算出的室外平均最低温度应为-9℃，两种方法计算结果差距很大，相应的温度需要的室内暖气片片数也不同，于是徐寿波在大量调研和计算的基础上提出了自己的观点：苏联的建筑规程方法和蔡普林经验公式对苏联适用，但并不适用于中国国情。

徐寿波在苏联留学时参加管道保温劳动

但令人遗憾的是，徐寿波花费了大量心血得出的研究结果并没有通过魏以茨院士和研究所其他教授的审查，原因是他的做法挑战了苏联的学术权威。苏联方面认为权威绝对不能由一个中国人来打破。无奈之下，徐寿波只好“曲线救国”，他把自己的文章中与“蔡普林公式”相悖的字句删去，只提及计算方法，这才得以公开发表了自己的研究成果。在这些研究的基础上，回国后，根据在苏联的工作，徐寿波在北京市电机工程学会1962年学术年会上发表了论文《关于我国采暖供热系统的设计标准问题》，他在这篇论文中明确提出：苏联的数值“对于我国具体情况来说都是偏低，这是因为我国的具体气候条件和苏联有所不同，另外这些经验公式的获得在本身理论方法上也是不完善的”。徐寿波的这一研究成果于1962年被北京市电机工程学会推荐为科学发明创造奖。

徐寿波在苏联期间发表了许多科研成果，他在《苏联科学院通报》1959年的第6期上发表了俄文的学术论文《热电站最大采暖负荷的确定方法》。1960年又在苏联《综合动能学论文集》（第三集）中再次发表俄文论文《在热电站和水电站设计中水量和热量计算连续曲线的选择》。他的《热电站最大采暖负荷的确定方法》和《中国复杂动力系统中热电站最佳容量的选择方法》两篇论文被苏联科学院能源研究所评为“青年科学二等奖”，这也是徐寿波获得的第一个科学成果奖励，捧着大红的获奖证书，他心中既激动，又兴奋，这个奖项鼓励着他在科学的道路上勇往直前。

留苏时期的徐寿波

徐寿波在苏联取得了不错的成绩，但他并不满足于此，他一心上进，并暗暗在心中计划，想直接拿到博士学位。[1] 但苏联的博士学位并不是那么容易拿到的，徐寿波所知道的留苏学生中，像后来担任清华大学副校长的高景德、中国科学院院士谷超豪这样获得了苏联博士学位的人真是凤毛麟角。[2] 尽管徐寿波以取得博士学位的标准来要求自己，但鉴于取得苏联博士学位的难度很大，他的留学时间已经所剩无几，无法再投入更多的精力，所以他最后是拿了副博士学位回国，这也是令他感到遗憾的事情之一。

徐寿波在苏联的研究成果得到了导师、同事们的一致好评。他的副博士论文是《中华人民共和国动力地区划分的若干基本理论问题》，导师魏以茨院士在仔细阅读之后，认为资料翔实、论点丰富、水平较高，他专程给中国科学院写了一封信反馈了学生在苏联的学习情况，建议中国科学院重视这篇副博士论文，并予以在中国结集出版。[3] 遗憾的是，魏以茨对学生的厚望并未实现。徐寿波在苏联的研究为他日后的发展打下了坚实的基础。

第四节　毛主席的到来

在苏联的四年时间里，令徐寿波深感鼓舞的一件事便是 1957 年 11 月 17 日毛主席访问苏联期间，在莫斯科大学接见了中国留学生。徐寿波有幸现场聆听了毛主席的讲话，这件事令他备受鼓舞并铭记终生。

根据当年留苏的中国学生回忆，毛主席到莫斯科大学访问时的情景是这样的：

①② 2013 年 12 月 9 日访谈，徐寿波口述。

③ 摘自徐寿波档案中的“徐寿波同志的先进事迹”（1964 年 5 月），现存于北京交通大学档案馆。

这是一个星期天的清晨，莫斯科刚刚下过一场大雪，整座城市银装素裹，在明澈的阳光下奕奕生辉。

就在前一天晚上，莫斯科各大学的中国留学生得到通知，第二天上午全体同学在莫斯科大学大礼堂集合，由中宣部部长陆定一向大家做国内外形势的报告。一个令人无比振奋的消息如同一缕清风，刹那间掠过所有的校园：毛主席有可能会来看望大家！

大家都知道，11月2日毛主席率中国政府代表团访问苏联，参加十月革命四十周年庆祝活动，并出席六十四国共产党和工人党代表会议。自从毛主席踏上苏联的国土，大家就像过节一样，兴高采烈地关注代表团每天的活动。每天上课头一件事，就是买一张《真理报》看看有什么新消息。

……

下午六点刚过，大礼堂里已是人山人海。大厅的座位上坐满了人，两厢、廊柱之间也都站满了人。在前几排，一个座位上甚至挤进了三个人，有的人干脆在走道上坐了下来。一部分同学实在坐不下，被安置在旁边的学生俱乐部听实况广播。

苏联的电工们正忙着在场内拉电线，安装拍电影用的强光水银灯，大厅里灯光也全部亮了起来。整个大厅被照耀得如同白昼，更加显得金碧辉煌。而来自中国的摄影记者则背着照相机，台上台下跑来跑去忙个不停。所有人的心都悬了起来，等待着那激动人心的一刻。

突然间，如疾风般跑进来两个同学，大声说道："毛主席的汽车已经到门口了！"大厅立刻静了下来，大家不约而同地站了起来。又隔了两三分钟，匆匆忙忙又跑进两个同学通报道："毛主席已经到前厅了，脱大衣呢，就来了！"再隔一分钟，又有同学跑进来喊道："毛主席来了！"话音未落，前台入口处的同学一下子向两旁闪开。

毛主席伟岸的身材出现了！[①]

徐寿波清楚地记得，11月17日，早上8点刚过，他便和同学一起赶到了莫斯科大学。他们是在前一天晚上得到大使馆通知的，被告知第二天全体同学要去莫斯科大学大礼堂聆听报告。徐寿波赶到的时候，莫斯科大学大礼堂里已经聚集了来自四面八方的留苏学生，报告会由当时驻苏大使刘晓主持，大家首先聆听了陆定一同志关于国内形势的讲话，在听到毛主席将亲临会场和大家见面时，会场一片欢呼，他形容当时在场的学生们都“欢天喜地”，他自己更是喜出望外，高兴地手舞足蹈，一个劲儿地鼓掌，手掌都拍红了。这对徐寿波来说，真是异常的幸福，虽然他从报纸上和大使馆的宣传中已经知道毛主席于11月2日率中国代表团访问苏联，并参加“十月革命”四十周年的庆祝活动，但他没想到自己居然有机会见到敬爱的毛主席。在大家焦急的等待中，毛主席等人出现在莫斯科大学的大礼堂，全场沸腾，掌声雷动，所有的人都兴奋地又跳又笑，高呼着“毛主席万岁”，毛主席走到讲台的前沿和两端，频频向学生们招手致意。有文献这样记载：

> 中宣部部长陆定一同志先给大家讲国内形势。他边讲边等，一直讲到下午2点左右，毛主席走上了讲台。这时全场一片欢腾，“毛主席万岁”的欢呼声震耳欲聋。毛主席看到这种场面也很激动，随手从讲台上拿起凉水瓶向杯中倒水。刘晓大使见此情形急坏了，情急之下也没找到热水。就在这时，毛主席举起水杯说了声“同学们好”，就一饮而尽。[②]

毛主席的举动令在场的留学生们都倍感振奋。没想到主席竟然这样亲切，徐寿波暗暗地想。他坐的位置在礼堂中间的过道处，离

① 单刚，王英辉：《岁月无痕——中国留苏群体纪实》，北京：中央编译出版社，2007年，第124-126页。

② 徐明华，《在莫斯科听毛主席做报告》，选自高永中主编，《中国共产党口述史料丛书 第1卷》，北京：中共党史出版社，2013年，第170页。

主席台不远，所以看得、听得都特别清楚。他看到毛主席穿着一件中山装，讲了一个多小时，情绪很高。毛主席的湖南口音很重，一开始徐寿波听不大习惯，但他聚精会神，越听越入迷，最后把每一个字都听懂了，他清楚地听到毛主席说："世界是你们的，也是我们的，但是归根结底是你们的。你们青年人朝气蓬勃，正在兴旺时期，好像早晨八九点钟的太阳。希望寄托在你们身上。"① 毛主席的一番话令徐寿波和在场学生幸福感极强，他们受到了很大鼓舞，现场响起了雷声般的欢呼："毛主席万岁！中国共产党万岁！"

毛主席和党中央对留学生的深切关怀，激励了他们在异国他乡努力学习的热情。在聆听了毛主席的讲话后，徐寿波感到自己投入学习的劲头更足了。他们这批留苏学生时刻都准备着用自己的所学回报祖国。20 世纪 50 年代的留苏学生，在经过一系列的学习、深造后返回祖国，承担了中国现代学科建设、人才培养、技术研发和科学研究的重要任务，他们把在苏联所学到的知识运用到中国的社会主义建设中，填补了国内科学技术和教育等领域的一些空白。在后来的工作中，他们或是专注科研，或是教书育人，大多取得了卓越的成就，其中不少人后来都成为国家科学技术事业和产业的带头人和组织者。

1960 年以后，中苏关系走向破裂。随着两国关系的恶化，在苏联学习的留学生都受到了一些影响。因中国和苏联不再是亲密战友，苏联国内舆论中对中国的态度发生了转变，徐寿波所在研究所的同事们对待中国的态度也渐渐发生了变化，从最初的热情到后来的有所保留，有的人甚至还对中国人产生了一些敌意，有的留学生回国前想索取一些学习资料带走也遭到了苏联方面的拒绝，徐寿波等留学生渐渐感到了来自苏联官方的冷淡。不仅如此，1960 年在徐寿波快要离开苏联的时候，他亲眼看到自己住的宿舍

① 《毛主席接见留苏学生》,《人民日报》，1957 年 11 月 20 日。

楼外常常有行为极端的苏联人闹事，用打、砸和喊口号等行为反对中国，导致留学生不堪其扰，一到晚上就不能出门。但在徐寿波看来，朋友还是朋友，同事们在一起工作了好几年，大家对彼此的性情、人品都有了解，人与人之间的关系因为两国政治关系的恶化而疏远实在是太可惜了。

第四章

数度起落的动能研究

尽管徐寿波感到中国科学院对动能研究这项“非主流”研究工作不太重视，在研究机构多次起落的过程中，这项工作并未得到大发展，但他是一个确定了目标就不回头的人，他坚持不懈，用自己的方式，向着既定目标努力。

第一节　动力研究的兴起

徐寿波留学苏联，是为了在苏联学习综合动力工程学，这项研究在《1956—1967 年全国科学技术发展远景规划》中被列为国家的重点研究项目。

1956 年 1 月 31 日，国务院召开由中国科学院、国务院各有关部门、高等学校领导人和科技人员参加的制订《1956—1967 年全国科学技术发展远景规划》的动员大会。会上宣布成立以范长江为组长的“十人科学规划小组”[①]。从1956年3月起，规划小组以中国科学院物理学数学化学部、生物学地学部和技术科学部为基础，集中全国 600 多位科学家，按照“重点发展，迎头赶上”的方针，采取“以任务为经，以学科为纬，以任务带学科”的原则，对各部门的规划进行综合。当时，国家根据经济发展的需要来规定科学任务，“每一项重要科学技术任务，都分别针对这经济建设中的某种重大的技术要求。这些要求，不是一个学科，而是要许多学科共同配合起

① “十人科学规划小组”由范长江、张劲夫、刘杰、周光春、张国坚、李登瀛、薛暮桥、刘皑风、于光远、武衡组成，范长江担任组长。

来才能够解决的，而各个学科的理论研究，都是围绕着这些任务来进行。这样就使得国家生产建设的需要和科学的发展紧密地结合起来。”①

在这样的方针指导下，1956年4月，国家邀请了16位来自苏联科学院的相关专家到中国参加规划的制定工作。同年8月，《1956—1967年全国科学技术发展远景规划（草案）》出台，确定了12个科学研究重点，分别是：①原子能的和平利用；②无线电电子学中的新技术；③喷气技术；④生产过程自动化和精密仪器；⑤石油及其他特别缺乏的资源的勘探，矿物原料基地的探寻和确定；⑥结合我国资源情况建立合金系统并寻求新的冶金过程；⑦综合利用燃料，发展重有机合成；⑧新型动力机械和大型机械；⑨黄河、长江综合开发的重大科学技术问题；⑩农业的化学化、机械化、电气化的重大科学问题；⑪危害我国人民健康最大的几种主要疾病的防治和消灭；⑫自然科学中若干重要的基本理论问题。为了最迅速、最有效地实现科学规划，周恩来总理提出，“对于我国最急需的学科门类，迅速派人到苏联和其他国家学习，回国后立即在科学院和政府各部建立发展这些门类科学和技术的基础。对于一部分学科，可以请苏联专家负责在最短期内帮助在科学院和有关各部门建立科研机构，培养干部。”②

在这样的措施下，中国科学院作为国家最重要的科学部门，积极响应国家的方针政策。苏联专家建议在我国成立动力研究的机构，“动力研究”因国家经济建设的需要，被纳入当时国家重大科学技术任务之中。当时的“动力研究”主要指“燃料和动力”问题。《1956—1967年全国科学技术发展远景规划》指出，“燃料工业和电

① 杜润生，《十年来自然科学的重大进展——为庆祝中华人民共和国建国十周年而作》，《科学通报》1959年第19期，第619-626页。

② 王扬宗，曹效业，《中国科学院院属单位简史（第1卷）》。北京：科学出版社，2010年，第7页。

力工业都是先行工业……我国特别需要在这两方面努力，来赶上先进国家。……规划全国各地区各种燃料的利用方向和它们在冶金、化工、运输、发电、农业、国防和人民生活等各方面用途上最合理的分配，是一个重要和必需的研究工作。”并要求在全国展开“能源合理利用和动力技术的研究”工作。动力研究在当时的中国既是急需的，也是一项全新的研究领域。

1956年，在吴仲华[①]先生的领导下，中国科学院和清华大学合作，开始筹备动力研究室。动力研究室的建设，是为了积极开展在热力工程和动力机械方面的研究工作，为发电和各种交通运输用动力机械的发展服务。研究室成立之初，仿照了苏联动力研究所的模式，并希望在该研究室基础上进一步扩大人员、规模，发展成动力研究的相关研究所。除了筹建机构外，培养人才也是发展这门学科的重要方式。当时动力研究室的主要研究人员由清华大学动力机械系教师兼任，他们既要满足清华大学的日常教学需要，又要兼顾动力研究室的工作，业务非常繁忙；因人手不够，研究人员中也有专业不对口的，研究室的科研力量严重不足，满足不了研究室的日常科研工作及未来发展。人才从哪里来？因此，1956年，中国科学院、清华大学关于筹建中国科学院动力研究室的协议中规定了研究室的发展方向：“培养研究力量，为进一步开展更多的工作打下基础。”[②]这是很重要的一条。研究室一方面通过招考研究生的方式培养人才；一方面要求中国科学院帮助争取归国留学生参加工作，尤其是急需从苏联归来的专门人才。以上是新中国成立以后，进行动力研究的早期探索。徐寿波正是因为国家的需要，才投入这门学科的研究中来的。

① 吴仲华（1917—1992），生于上海，原籍江苏省苏州市，中国工程热物理学家，中国科学院院士。1956年，他参与创建中国科学院动力研究室，担任研究员和研究室主任。

② 《中国科学院、清华大学关于筹建中国科学院动力研究室的协议》（附：关于中国科学院与清华大学合作筹建中国科学院动力研究室工作计划），《中国科学院年报（1956年）》，第224页。

第二节　从动力到动能

20世纪50年代，动力研究在国内属于急缺专业，这一学科在中国的发展起起伏伏，经历了一番挫折，徐寿波本人的学术生涯也因此多有波折。

1958年5月，中共八大二次会议提出要“鼓足干劲、力争上游、多快好省地建设社会主义”的总路线，席卷全国的“大跃进”运动随即展开。燃料动力研究是国家建设急需的专业，在“大跃进”运动中，全国各地陆续成立了大量的相关研究机构。但随之而来的是1959～1961年因“大跃进”运动以及牺牲农业发展工业导致的粮食短缺，中国遭遇了严重的经济困难。在这种情形下，为了节省经费，全国许多机构被调整或撤销。中国科学院动力研究室也因此在1960年被合并到中国科学院力学研究所。这是动力研究在中国面临的第一次跌落。

徐寿波被派到苏联留学，本是作为动力研究室未来从事研究的中坚力量来培养的。1960年10月，回国以后的徐寿波本应去动力研究室报到，从事能源方面的研究工作，但此时动力研究室已经被撤销，这意味着他的工作没了着落。

20世纪50～60年代，在美国的核威胁以及“冷战”的形势下，为保卫国家安全，中国决定独立自主研制“两弹一星”。在国家大力发展国防军事的形势下，许多相关专业的科研人才都投入这项伟大的事业中。中国科学院希望徐寿波去中国科学院力学研究所工作，并让他到力学所位于北京怀柔的研究基地从事导弹的动力经济方面的研究。相关负责人就此征询徐寿波的意愿。

新的任务是国家急需的，但徐寿波考虑后，还是希望能将在苏联所学应用于实际工作，他向中国科学院有关部门表达了自己想要从事动能方面研究的意愿。鉴于当时并没有对口的研究机构和项目，中国科学院原则上决定让徐寿波“从哪里来，到哪里去”，安排他回到原单位工作。但此时，原单位中国科学院机械电机研究所已经不复存在，而中国科学院电工研究所很欢迎他前去工作，从1961年中国科学院的一份材料中，可以了解到当时的情况：

> 1956年我所（机械所电力室）根据科学发展12年规划配套，派往国外进行培养动能经济专业研究生，即徐寿波、黄志杰二同志，黄志杰同志学全国电力系统建立的理论及水电站在我国的发展问题与全国水力资源的开展等；徐寿波同志学全国各地区电力系统发展建立的理论及火电站在我国的发展问题，他们二人所学的专业合起来才能构成我国整个动能经济的整体。如分开即会在工作中发生困难。现在黄、徐二同志已经回国。据了解，徐寿波同志分配到力学所13研究室工作，所做工作与其本人所学专业毫无关系，为了便于今后动能经济工作的开展和适应科学事业的发展，请求将徐寿波同志调电工所参加动能经济研究工作。如果力学所13室需要实习员，建议能调一接近专业刚毕业的大学生去做较妥当，这样即能照顾国家动能经济研究工作开展，又能满足力学所13室的工作需要。[①]

这样，徐寿波就被分配到中国科学院电工研究所，担任助理研究员职务，从1960年10月工作到1962年2月。

徐寿波从苏联回国之初，国家正遭遇三年经济困难时期，工作以外，他面临的紧要问题，就是要想办法把肚子填饱。

在苏联的时候，留学生的吃喝由国家负责。为了让他们将全部的精力都投入学习中，无论是苏联还是中国，对留学生都十分优待。

① 中国科学院文书档案（1961-17-014-11），“关于请将徐寿波调电工所参加动能经济研究工作的函”。

当时留学生的生活条件很好，每餐饭面包敞开量供应。可是回到国内，因为赶上了国家经济困难时期，粮食不够吃，对每个人都限量供应，即使口袋里有余钱，市面上也买不到什么吃的。徐寿波回国后，先是在北京参加了为期两个多月的培训，培训内容主要是讲国内的困难形势。尽管已经有了心理准备，但是他仍然觉得有点儿吃不消。二十多岁的青年人正是精力旺盛的时候，但是徐寿波每天都觉得肚里空空，半夜因饥饿睡不着觉是常有的事。他知道在条件艰苦的地区，困难的时候有人要靠吃树叶来填饱肚子，因此他也没有怨言。国家每月配给的粮食有限，徐寿波就估算工作强度，劳动强度大的日子就吃干的，劳动强度小的日子便吃稀的，用这样的方式来平衡体力，缓解因粮食不够带来的饥饿感。他常常回想起那时候的一件事，让他深深体会到初回国时候生活的不容易。当时中国科学院电工研究所在中关村，有一天徐寿波去前门大栅栏办事，路上看到有家店铺卖点心，这在当时是非常罕见的，因为困难时期即使拿着钱也没地方买东西吃。他便前去排队，想买一些点心来填饱肚子。但是一份点心要搭配一杯青梅酒来卖，为了吃到点心，滴酒不沾的他只好同时买了酒。徐寿波狼吞虎咽地吃完了这不多的一些点心，但还是感到肚里空空的，他便把酒也喝了。一杯酒刚下肚，没有酒量的他立刻感到脑袋晕了起来，四周的景物开始旋转，他形容那是一生中唯一一次喝醉酒。他扶着墙从点心店的二楼勉强走到一楼大街上，身体便不听指挥了，他只好紧紧抱着街边的电线杆不放，否则人就要倒在地上了。过了好一阵子，等他的头不晕了，才敢放开电线杆坐电车从前门回到中关村。[①] 困难时期醉酒的经历令徐寿波终生难忘！

在中国科学院电工研究所工作期间，徐寿波开始了他的第一段婚姻生活。无论是在大学时代还是参加工作以后，在很长一段时间

① 2013 年 11 月 20 日访谈，徐寿波回忆。

里，徐寿波都很少考虑个人问题。回国以后，他成了单位里的大龄未婚青年。远在老家的父母在来信中多次提起儿子的人生大事，他们对儿子孤身一人在外工作表示了担忧，希望儿子在工作之余能花一点时间解决个人问题，尽快找到人生的伴侣。

年近三十的徐寿波相貌堂堂，家庭和个人背景清白，是留苏归来的副博士，在中国科学院电工研究所里又是单位重点培养的青年。领导和同事都很牵挂他，衷心希望这位年轻有为的小伙子能够生活幸福，因此常有热心人士为他介绍对象。一位北京女孩——贺思贤，便这样走进了徐寿波的生活。

贺思贤，1933 年出生于北京的一个中医世家，她的父亲贺惠吾是一名老中医，担任北京中医院针灸科主任，在针灸科学方面有较深造诣。贺思贤从北京师范大学毕业之后，被分配到青海参加工作。徐寿波和贺思贤是通过媒人介绍认识的，对彼此的学历和家庭都感到满意，于是很快就结婚了。婚后，贺思贤调回北京，在国家经济贸易委员会工作。二人生育了一子一女[①]。

结婚之后，徐寿波和妻子在中国科学院电工研究所位于北京中关村的宿舍里组建了一个小家庭，有了家庭，他对北京渐渐产生了归属感，个人问题解决了，也可以把更多的精力投入工作中来了。但他的事业并非一帆风顺，主要原因是电工研究所里没有和徐寿波专业对口的研究项目，在相当长的一段时间里，他一直做着和专业不相干的工作，对自己的专业知识荒废一事深感担忧。他只能一边做着电工研究所里安排的工作，一边寻找机会，看是否有途径能让他一展所学。

20 世纪 50 ～ 60 年代初，我国的石油产量不足，发现和开采的矿产资源也不多，国家能源紧张。以用电为例，电力供应满足了工业需求就满足不了民用，因此当时北京市经常停电。不仅仅是电力

① 长女贺红缨，出生于 1963 年 1 月 8 日，后定居美国。长子贺清，出生于 1966 年 3 月 11 日，定居北京。

问题，其他的能源供应也十分紧张，在冬季天气最寒冷的时候北京常常不能正常供暖。对能源问题十分敏感的徐寿波看到了国家的现状，他开始思考，希望能用自己的专业知识为国家做一些事情。他想到的第一件事，便是把自己所知道的苏联的情况，介绍给我国人民。

1961 年 8 月 4 日，徐寿波与一同留苏的老同学、同在电工研究所工作的同事黄志杰联合署名，在《人民日报》上发表了题为《综合动能学在苏联》的文章，这篇文章大部分的调研工作是由徐寿波完成的。综合动能学当时在中国被称为动力学，他在文中详细介绍了这门学科在苏联的产生和发展，以及应用情况。他在文中指出了这门学科的重要性，即是“研究社会主义经济规律在动力方面的专门表现形式，和社会主义动力生产部门发展的经济规律性，找出解决动力事业发展的最经济的方法和途径”，因为我国能源匮乏的现状，所以他提出，希望能以苏联为镜，在我国也大力发展这门学科。徐寿波介绍道：

> 动力事业是一个由各种动能资源、动能发生设备、动能输送设备、动能变换和储藏设备，以及各种动能用户的设备组成的极其复杂的综合动能整体。

在这里，徐寿波把在我国通用已久的“动力”一词换成了“动能”，他指出，

> 一般叫的动力事业，严格地说应该称为动能事业，因为动能包括了动力和能量的意思，它的含义比动力全面。在俄文中энергетика 这字，既有动力的意义，又有能量的意义。

在徐寿波的理解中，“动能”一词有双层含义，比起“动力”，它的包容性更强。他认为，用“动能”来解释这门科学更能概括出它的专业本质。从“动力”到“动能”，徐寿波的认识更加深刻了，这是他对“能源”概念思考的一次重要探索。徐寿波和黄志杰在《人民日报》上的发文，引起了学界的重视，1962 年，他终于等到

了一展所长的机会。

早在1961年年底，中国科学院自然资源综合考察委员会（以下简称综考会）给中国科学院党组提交了一份报告，要求开展动能方面的研究工作，徐寿波在报告中建议成立一个专门从事综合动能学方面的研究室，并在1961年12月得到了中国科学院的肯定：

> “综合动能学”在我国还是一门薄弱的学科，它研究我国动力事业发展的客观规律，并给国民经济中整个动力系统的发展提供较充分的和合理的科学理论根据。这是一门新的综合性的学科，它与电力系统、变压工程、直流输电、电工、热工、水工、工业经济等学科都有着密切的关系，可以互相促进；同时，它也是一门直接为生产建设服务的学科，对于我国整个动力事业的建设和电气化事业的发展，可以发挥重要的作用。目前，随着社会主义建设的发展，生产部门在进行我国动力事业的规划和设计等生产实践时，已提出了一些有待于研究和急于解决的理论性问题。但由于机构调整，原承担这一任务的动力研究室已取消，工作因而停顿，人员也都分散，目前就没有一个综合动能学的专门研究机构。鉴于以上情况，无论从当前或者长远的科学事业的发展与国家建设的需要看，调动我院有关研究力量，建立一个专门从事综合动能学方面工作的研究室，实属必要。①

1962年，中国科学院成立综合动能研究室，主要研究燃料动力方面的基本技术经济问题；动能研究室成立以后，挂靠在综考会下面，要为将来成立动能研究所做准备。这便是徐寿波所知道的动能研究经历第二次起落的开始。

至于把动能研究室挂靠在综考会下面，徐寿波认为，这主要是因为当时中国科学院里没有合适的研究所可以挂靠，动能研究与大

① 根据中国科学院文书档案（1961-17-014-13），“关于同意徐寿波对建立一个专门从事综合动能学方面工作的研究室的建议方案并提出几点意见的函”。

多数研究所的研究方向都不吻合；综考会整体的工作方法在于考察中国的资源，而能源是资源的一部分，两者有相似的工作方法。从这样看，动能研究室挂靠在综考会比较妥当。2013 年，徐寿波又一次想起当时的往事，他提到，动能研究室能顺利挂靠在综考会下是费了一番周折的。当时中国科学院认为应该到力学所下面创建动能研究室，徐寿波得知以后向中国科学院汇报，认为动能研究室挂靠在综考会下面比较合适。他向院里反映情况说，动能不光是研究电，还有其他的能源，所以不适合挂靠在电工所。之所以认为挂靠在综考会比较合适，是因为综考会是中国科学院已有的研究单位，和动能研究在研究性质上比较接近。综考会研究的是资源，包括水资源、土地资源、能源资源。同时综考会要出去考察，动能研究室也有野外考察，例如要到西南考察天然气，但还有技术方面的综合考察工作，考察后提出基础理论，并讨论能源如何合理利用。而在当时我国处于困难时期，独立成立一个单位进行动能研究是不可能的，但是挂靠在综考会下是合适的，所以徐寿波主动提出要把研究室挂靠在综考会。①

动能研究室在成立后配备了 23 名研究人员，其中包括 4 名助理研究员，以及 19 名初级研究人员和办公人员。1964 年，黄志杰被任命为综合动能研究室业务第一副主任，徐寿波被任命为研究室业务第二副主任。动能研究室成立初期，考察工作集中在沿海和东北地区的大中型城市，主要进行燃料动力方面的基本技术经济研究，并没有参加综考会组织的考察队工作。

从综考会向中国科学院建议成立动能研究室开始，徐寿波就积极参与了各种筹建工作。他为研究室的成立付出了很大心血，那段时间，他白天黑夜都在忙碌，考察新的办公地点，接收研究室人员，制订研究计划，等等，他常常忙得连家都顾不上回。在动能研究室正式成立后，徐寿波决心要把学问用在新的岗位上，他积极参加学

① 根据 2013 年 12 月 9 日访谈整理而成，徐寿波口述。

界举行的各种活动。他的努力被同事们看在眼里，得到了同事们的一致好评，赢得了一定的声望，并得到了综考会领导的书面表扬：

在研究室成立后，他担任室的负责人，当时没有国家任务，他（徐寿波）和其他同志一起拟订了室的研究计划、培干计划等，并立即投入了研究工作。当年我室就参加了有关的各种学术会议，提出了不少报告，为我室在社会界赢得了一定的地位，这是与徐寿波同志的精心业务组织工作分不开的。①

第三节　动能研究室的撤销

为了克服“大跃进”以来造成的国民经济严重困难，中共中央开始讨论对国民经济进行调整的可能性。1960 年 9 月 30 日，党中央在转批周恩来审定的国家计委②党组《关于 1961 年国民经济计划控制数字的报告》的批语中首次提出，要使各项生产、建设事业在发展中得到“调整、巩固、充实、提高”，提出了调整国民经济的八字方针。随之而来的是纠正不讲经济效益的倾向，并开展了一系列关于社会主义经济效果的讨论。随着《1956—1967 年全国科学技术发展远景规划》所确定的主要任务基本完成，国家决定在此基础上，根据我国社会主义建设的任务，并参照世界科学技术的发展情况，制定第二个国家科学技术发展规划，即《1963—1972 年科学技术发展规划纲要》（以下简称“十年科学规划”）③。这份规划是中国科学

① 摘自徐寿波档案中的“徐寿波同志的先进事迹”（1964 年 5 月），现存于北京交通大学档案馆。

② 即中华人民共和国国家计划委员会，现已更名为国家发展和改革委员会。

③ 关于“十年科学规划”的内容，将在第五章第二节中详述。

工作的一个新起点，对指导我国科技事业的稳定发展，发挥了重要的历史作用。

在“十年科学规划”中，有一条重要的规划便是要考察西南、西北地区。联系综考会的工作任务来看，即是要从生产建设的实际需要出发，从之前对未开发地区进行考察，转向对半开发、开发地区的研究，工作方式也从过去着重野外路线考察转向考察与研究并重。[①] 挂靠在综考会下的动能研究室成立之初的工作，便是要配合综考会完成其拟在十年规划中承担的任务，即“与其他研究室一起担负起地区资源开发利用的综合考察工作”。同时，“进行从学科出发的其他研究任务，通过这两方面的任务，发展综合动能学。”[②]“十年科学规划”中提到，要“合理开发和利用燃料动力资源”，将动能研究纳入“十年科学规划”，成为规划中的重点研究项目。

1962 年，徐寿波被国家科学技术委员会（以下简称国家科委）聘为可燃矿物综合利用专业组组员，任务是按照国家科委的要求负责起草《全国可燃矿物综合利用研究纲要和规划》，该规划得到中共中央和国务院的正式批准，现摘录部分内容如下：

> 燃料动力的构成和利用状况，是衡量现代科学技术水平的一个重要标志。能源不断扩大，利用技术日新月异，推动着生产力的迅速发展。半个世纪来，全世界燃料动力构成，不断地发生变化。……我国目前燃料动力的构成状况还很落后，煤炭占的比重为百分之九十二，石油、天然气和水力不到百分之八。燃料动力构成的这种状况，影响着工农业生产力的发展，限制了技术进步，造成交通运输和劳动力的紧张，成为国民经济发展中一个突出的问题。

① 张九辰,《自然资源综合考察委员会研究》，北京：科学出版社，2012 年，第 154 页。

② 张九辰，《从动力到能源：中国科学院能源研究的兴起》，《自然科学史研究》，2010 年第 29 卷第 2 期。

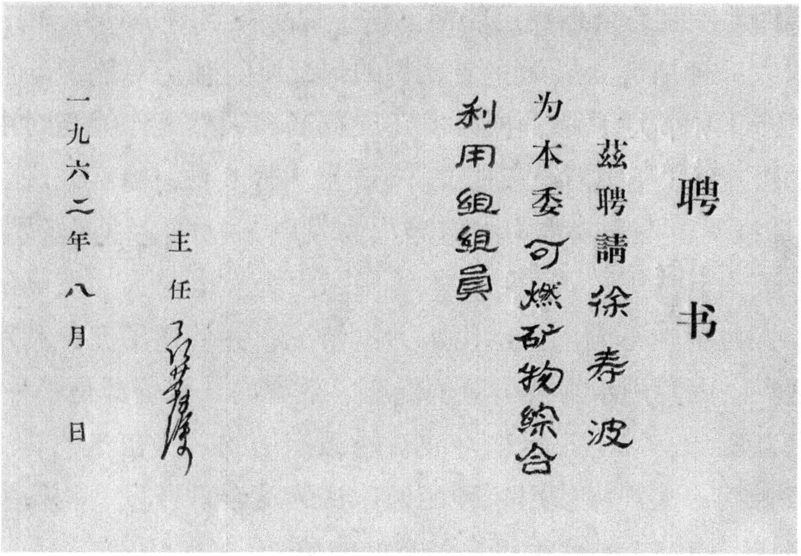
聘书

兹聘请徐寿波
为本委可燃矿物综合
利用组组员

主任

一九六二年八月 日

徐寿波被聘为可燃矿物综合利用组组员

在此期间，根据“十年科学规划”的要求，徐寿波将研究重心放在了如何合理利用能源的问题上。他提倡使用更经济的燃料，呼吁合理使用资源。在如何推广这项研究上，他遇到过很多困难。为此，他还根据自己的考察和研究结果，在《人民日报》上发表了多篇相关文章，提出要在生产中合理利用能源，要使用更经济的能源，希望通过舆论来呼吁国家和社会对这个问题加以重视。

20世纪60年代，随着大庆、大港油田等大型油田的陆续被发现，我国的石油产量大幅度提高。因地质部门的努力，全国各地均有新的矿产资源被探明和发现，我国的能源产量也随之增加。在实地考察的基础上，徐寿波产生了一个想法，他认为开发和使用新能源有利于提高能源的使用效率。

基于这个想法，徐寿波认为，有必要向民众介绍一下中国的能源状况。1962年5月25日，他与黄志杰在《人民日报》上共同署名发表了题为《燃料工业构成的一些情况》的文章，援引了苏联、美国、英国、法国、西德、日本等国家有关燃料工业的数据，并着重以美国为例，讨论美国以天然气作为新能源的经济性，他的观点是：要因地制宜，合理利用能源。这个观点在当时是具有前瞻性的。在全国大部分地区以煤为主要燃料的情况下，他们对能源均衡使用问题进行了创新性思考，探讨了发展石油和天然气作为当时中国新能源的可能性。在这个基础上，1963年3月6日，徐寿波进一步在《人民日报》上发表《水力发电与火力发电》一文，他调研了苏联、美国、英国、法国、西德、日本等国家水力发电与火力发电的发展情况，探讨了在不同国家运用水力的情况，并传递了充分利用水资源的观点，因为用水力发电造价低廉、效率高，水资源是一种经济、合理的新能源。以上都是徐寿波对能源使用的一些初步的看法。他不赞成长期、大规模使用一种能源，认为从合理开发、均衡发展的角度来说，应寻求并使用更多种类的能源。

徐寿波考虑的另一个问题是，在合理使用能源之外，能不能搞一些废物利用。原来，在发现大庆油田后，我国的石油资源基本实现了自给，但在石油开采和提炼中，因技术问题，石油炼制后的副产品——重油[①]大量被抛弃，造成了很大的资源浪费。在这种情况下，能源学家们提出，是否能有效利用这些重油资源？国家便动员全国相关行业免费使用重油，这种措施节约了石油资源，有效利用了原本会被丢弃的重油，取得了较好的经济效果。

是不是所有的重油都可以被利用起来呢？利用重油除了可以实现节约之外，又有哪些好处呢？为了合理利用和分配数量有限的重油资源，国家科委部署了相关的课题调研任务。1963～1964年，徐寿波作为主要成员之一，承担了国家科委关于如何合理利用重油的课题。他用了大量时间，在东北和西北地区进行调查，跑了多家工厂和油矿，搜集了大量的样品和数据。他既对重油样品做了相应检测和分析，也询问了许多石油提炼与分析方面的资深专家，调研了对重油利用取得成效的单位，重点了解使用重油的方法，以及如

① 重油，是原油提取汽油、柴油后的剩余重质油，其特点是分子量大、黏度高。

何更合理地使用重油，以解决资源优化利用的问题。在这个课题开展的基础上，徐寿波曾撰文介绍什么是重油，重油的性质和构成，重油有哪些用途，为什么要合理利用重油等。他的部分工作成果以《重油的合理利用》为题，发表于1964年12月19日的《人民日报》上：

> 重油是石油炼制中的副产品，也就是原油经过加工后所剩下的较重的油品。过去，我国的重油没有得到充分的利用，有人曾把它视为无法处理的“废物”。但是，近几年来，随着我国科学技术的进步，重油已成为我国国民经济建设中的一种很重要的物资。它对国民经济的发展，起着重大作用。
>
> 按照重油用途的性质来分，重油的利用大致有以下四种用途：第一，作为燃料使用。第二，作为化工原料使用。第三，综合利用。第四，属于其他方面的用途。
>
> 利用重油有很大的优越性。归纳起来，有以下几大好处：第一，利用重油可以减少煤炭和煤气的用量。第二，利用重油可以节约煤炭资源。第三，利用重油可以节约厂内卸煤、运输、加工、上煤、操作、除灰、运灰等各种人力及其相应设备的检修维护人员。第四，利用重油可以节约设备的检修材料和延长设备的使用寿命。第五，利用重油能减少占地面积。第六，利用重油能提高产品的产量和质量。第七，利用重油能减少基本建设物资和费用消耗，缩短建设期限。此外，利用重油可以使劳动强度大大减轻，并使周围空气洁净。

重油可以利用，但并不是所有相关行业都能够大量使用重油。那么，重油使用在哪些行业更利于资源的优化？徐寿波提出了一套行之有效的合理利用重油的方法，他的观点总结为“按需使用，提高效率”。根据“如何合理利用重油”的研究成果，国家科委于1965年出版了徐寿波等人所著的《我国重油资源的合理利用和分配》，文中阐述了这样的观点：

> 必须对重油的各种用途进行排队，然后按照次序进行分配。

第一是满足社会的需要，第二是经济效果的大小。

“如何合理利用重油”课题因其经济效益和创新性，其研究成果获得了1965年中国科学院举办的第一届科技成果优秀奖①，这个奖项属于国家级奖项，徐寿波的研究成果排名第一，这也是徐寿波在国内获得的第一个科学成果奖励。但令人遗憾的是，徐寿波的研究成果虽然受到好评，但是推广起来却困难重重，因为涉及各部门的利益分配，所以遭到了用户的抵制，推广起来十分困难。根据时任中国科学院副院长竺可桢的回忆，重油使用推广遇到困难是因为：“这工作发展后和石油发生矛盾，因为许多单位统向石油部要重油了，和石油部唱了对台戏。”②

1964年，徐寿波被委派了新的任务，那就是跟着综考会在西南一带开展考察，这是基于当时“三线建设”的需要而展开的一项任务。

20世纪60年代初期，中苏关系交恶，美国在中国东南沿海虎视眈眈，国防问题成为国家的重中之重之事。1964年5月，在北京召开的中共中央会议上讨论了农业规划和第三个五年计划，提出要进行三线建设，要考虑全国工业布局不平衡的问题，要搞一、二、三线的战略布局，尤其要加强三线建设，防备敌人入侵。此后，国家强调要将国防建设放在首位，加快三线建设。就这样，以调整工业布局、加强国防为主要目的的大规模建设运动便在全国展开了。1964～1980年，三线建设历时十五年，被称为我国现代史上一场大规模的战备工程。

随着三线建设的展开，国家在西南地区开始了大规模的建设工作。这一时期，动能研究室的基本任务是配合三线建设的需要，与综考会组织的考察队重点在西南一带开展工作。徐寿波此时也需要

① 科技成果优秀奖是中国开创科技奖励的第一个奖项的名称。

② 竺可桢，《竺可桢全集》（第18卷），上海：上海科技教育出版社，2010年，第646页。

经常出差，和考察队的同事们一起开展调查，主要进行的是天然气开发与利用的综合研究工作。动能研究室的主要任务是致力于推广使用天然气，但在实际中，因为人们的观念限制和地方的利益保护等原因，工作开展初期遇到的阻力相当大。例如，1965 年，动能研究室在四川进行“能源平衡利用”调查，根据调研结果，动能研究室的同事们主张在四川地区，地方政府应配合工业部门，合理利用天然气。但当时我国使用的主要能源还是煤炭资源，推广使用天然气无论从经济上还是工业布局上，都有一定的难度。因为这个问题，当时动能研究室和西南地质局在观念上产生了分歧，甚至还闹起了矛盾。①

在综考会工作期间，徐寿波把全部的精力都投入了动能研究工作中。在妻子怀孕、产子、休产假期间，他一边忙着照顾妻子和新生的女儿，一边还不忘记抽出时间来撰写研究报告，为此，他没少遭到妻子的埋怨。但徐寿波此时正干劲十足，他希望能在学术界推广动能学科，并能做出一番事业来。功夫不负有心人，他的勤勉得到了回报，1964 年 5 月，综考会召开了先进工作者表彰大会，徐寿波受到了综考会表彰：

> 到综考会两年来所写的研究工作报告共十篇，并在报刊上发表文章 9 篇，他是在同行中研究成果最多的一个。他所写的报告和文章得到了有关方面的好评。……到综考会后他所写的报告，如“关于水火电方案比较中的技术经济计算方法”的研究工作报告，水电部上海勘测设计院水能组来函认为，提供的方法比现行方法更趋完善并考虑在实际工作中推广应用。“我国热力管道经济保温厚度及其材料选择”的研究工作报告，据水电部东北电力设计院来函说，其成果对指导电厂管道保温设计工作有较大作用。他所写的“关于我国热化发展情况”“关于我

① 竺可桢,《竺可桢全集》(第18卷)，上海：上海科技教育出版社，2010年，第646页。

国采暖供热系统设计标准问题”“燃料工业构成的一些情况”“关于我国电力工业发展速度问题的研究”等报告和文章，也都在有关部委受到重视并做参考或采纳。……文章发表后收到全国各地很多来信，读者在来信中提到，这篇文章对他们工作有很大的帮助、启发和推动。①

徐寿波的工作取得了成绩，并得到了单位领导、同事的肯定。这和他珍惜光阴，把别人休息、玩乐的时间都用在了工作上不无关系，用现在时髦的话来说，他当时就是一名“工作狂人”。他常常挂在嘴边的一句话就是：“我总想多做工作，就是时间不够用！”综考会对徐寿波的鉴定，充分说明了他这一特点：

徐寿波同志孜孜不倦的顽强精神是他学术水平和业务能力提高很快的主要原因之一。他的“坐功”好。上班的八小时几乎全能充分利用，不说闲话；路上乘车只要条件允许，总是持书攻读，尽心思索；晚上回家除做一些必要的家务外，也还能抽出三个小时左右的时间进行研究工作，有时工作直至深夜，星期日他也总是照样加班加点。他一天当一天半用。因此，有较多的时间博览群书，他的基础不但打得牢，而且知识领域比较宽，看问题深入和全面。②

尽管徐寿波积极开展动能研究工作，但动能研究在中国的发展却并非一帆风顺，而是遭遇了一番挫折。动能研究室本有成立研究所的计划，却难以落实。早在 1963 年 11 月，由原国家科委可燃矿物综合利用组提出了关于将中国科学院综考会“综合动能研究室”扩大为“中国科学院动能研究所”的建议，但因当时的动能研究在中国科学院里并不属于主流研究范畴，因而领导认为没有必要专门成立研究所进行这方面的研究。得知这个情况后，徐寿波的心情十分低落，他感到扩大动能研究的希望落空了。

①② 摘自徐寿波档案中的“徐寿波同志的先进事迹”（1964 年 5 月），现存于北京交通大学档案馆。

在“文化大革命”开始后，综考会被宣布为“苏修”[1]翻版而遭到解散，并被改以“连队”的组织形式，研究工作基本停顿。1972年，中国科学院把原综考会合并到中国科学院地理研究所，动能研究室作为综考会的旧部门，以“动能研究组”的新身份出现在地理所的经济地理研究室中。1972 年 11 月 27 日，国家计委领导给中国科学院去函，要求动能研究组承担我国二次能源利用、重油合理利用、锅炉改造、电能合理利用、煤矸石利用五项科研任务。但是，1973 年 11 月，中国科学院认为地理所不适合搞动能研究，“动能研究组”被撤销。就这样，动能研究再一次停顿。

① “苏修”，即“苏联修正主义”，又称“社会帝国主义”。赫鲁晓夫上台后大力批判斯大林主义与苏联共产党前领导人斯大林，并对中华人民共和国大力施压以攫取利益，苏联的做法已经背离了社会主义路线形成了新的帝国主义，于是称之为“苏修社会帝国主义”。

第五章
转战技术经济学

20世纪60年代，从事动能研究的徐寿波，在偶然的情况下，进入一个新的学科领域——技术经济学。在当时的中国，这还是一片未经开发的处女地。虽然历经波折，但是徐寿波也因此得以一展抱负，并由此开启了一个更新、更广阔的天地。

第一节 “一切为了国家的需要”

徐寿波走上技术经济学之路离不开于光远[①]的启发。20世纪50年代，于光远提出了“重视经济效益”的理论。他参与组织了有关商品经济、价值规律、社会主义再生产、经济效果、经济发展速度与比例等重要经济理论讨论会。20世纪70年代，他参加组织了全国按劳分配理论讨论会。从20世纪80年代起，他致力于哲学、社会科学多学科的研究。于光远积极支持新学科的创立，如生产力经济学、国土经济学、经济社会发展战略学、技术经济学等学科，并对经济效益学、教育经济学、消费经济学、环境经济学、旅游经济学等学科的发展提出了指导性见解，还先后发起组织了

① 于光远（1915—2013），上海人，原名郁锺正，著名的经济学家。早年在上海大同大学学习，后转学到清华大学物理系，师从叶企孙、周培源等著名物理学家，并和“两弹一星”元勋、著名物理学家钱三强以及光学专家王大珩是同班同学。1937年加入中国共产党，历任中共中央图书馆主任，北京大学图书馆系教授，中共中央宣传部理论宣传处副处长，中国科学院哲学社会科学部委员、常委，国家科委副主任，国家计划委员会经济研究所所长，中国社会科学院副院长兼马列主义毛泽东思想研究所所长，中共中央顾问委员会委员，中国社会科学院顾问，《中国大百科全书》总编委会副主任等职务。

与上述学科有关的学术研究会、学术团体和学术活动，创办了有关刊物。

于光远和徐寿波结识于20世纪60年代初，那时候于光远在中宣部主管科技工作，徐寿波难忘当时的情景，他回忆道：

> 中宣部在沙滩的红楼办公，就是以前北大的红楼，于光远在那里工作，他的正对面是我工作的单位，我俩是门对门。当时我们综考会里有一个同事是他的亲戚[①]，所以我知道他在对面办公。[②]

徐寿波和于光远的办公地点非常近，从邻居变成为朋友，起始于于光远“想办技术经济所，做矿物综合利用”[③]的想法。

技术经济学在中国的产生并非偶然。在第一个五年计划期间，苏联在援助我国的156项重点建设项目的设计文件中，就谈到了技术经济方面的问题。国内也有一些专业设计院中有从事相关行业的人员，但当时的理论和研究方法十分粗浅，并没有作深入研究，更谈不上形成一门学科了。1959年11月13日，于光远在《人民日报》上发表了题为《用最小的劳动消耗取得更多的剩余价值》一文，谈到提高劳动生产率、技术应用效果等问题，这是于光远对发展“技术经济”的一次酝酿。徐寿波在他的专著《技术经济学》中提起了当时国家面临的困难：

> 第一个五年计划期间，前苏联帮助中国建设了156项重点工程，经济发展取得很大成就。但在1958～1962年第二个五年计划期间，由于“大跃进”、大炼钢铁、大搞群众运动，又遇到自然灾害、中苏关系破裂，天灾人祸导致了经济大幅下滑。[④]
> “大跃进”中因为不重视生产技术和经济规律的结合导致了

① 经徐寿波回忆，于光远的这名亲戚名叫邹其陶（女）。

② 2014年1月20日访谈，徐寿波回忆。

③ 竺可桢,《竺可桢全集》(第18卷)，上海：上海科技教育出版社，2010年，第645页。

④ 徐寿波,《技术经济学》，北京：经济科学出版社，2012年，第1页。

国家严重的经济困难。有识之士在吸取经验和教训的基础上，深感生产技术的发展必须考虑经济规律，技术和经济必须结合。①

技术经济学，顾名思义，既不是纯技术方面的学问，也不是纯经济方面的学问，而是将这两者相结合起来进行研究的一门学问。于光远想搞技术经济，需要结合一门科学知识来研究，于光远认为动能是一个非常好的选择。通过在综考会的亲戚介绍，于光远了解到徐寿波是从苏联留学回来的副博士，专业也对口，于是他便向徐寿波发起了邀约，请他抽空去自己的办公室晤谈一番，这便是徐寿波和于光远的第一次会面。

时间已经过去了半个多世纪，徐寿波仍然记得与于光远的这一次会面，他和于光远见面的情景十分愉快，这是一场既和谐又激发起了自己无穷斗志的谈话。于光远对刚刚结束的“大跃进”心有余悸，他感慨不遵循经济规律给社会、给经济带来的巨大危害；徐寿波也赞同科学和生产结合不能偏离经济发展道路的观点。这两位有着共同奋斗目标的学者兴致勃勃，在“技术经济”这个话题中找到了共同的兴趣，他们就这门学科的前景谈论了许久。

徐寿波谈到了自己的观点，他从他的观察说起了技术与经济可以结合起来。徐寿波是绍兴人，绍兴师爷有一特点，那就是精打细算。徐寿波喜欢计算，从小便养成了记账的习惯，每天的衣食住行产生的花销是他注意到生活中的“经济学”的开始。参加工作以后，他的工作是计算能源利用发挥最大效益的问题。他因此对经济问题十分敏感。从苏联回国以后，国家经济困难给徐寿波的内心带来了巨大的触动。他开始思考，在能源利用过程中，除了要寻找新的储备能源外，在开源的同时一定要注意节流。令他印象深刻的是，20

① 徐寿波，《技术经济学》，北京：经济科学出版社，2012年，第1页。

世纪 60 年代初期，国家能源紧张，停电、停暖都是常事。那时候工厂里“停三开四”，即因为没有电力供应，工厂生产得不到保证，一周七天停工三天，开工四天。在这样的情况下，不但国家经济发展遇到困难，民用所需的供电、供暖问题也难以解决。徐寿波尝试着从经济的角度出发，从能源节约的角度为国家提一些建议，比如要怎样节约能源？怎样合理利用资源？如何安排有限的能源使用，才能多方面发挥作用？ 这就是技术与经济结合的体现。徐寿波的想法与于光远不谋而合。这次谈话之后，于光远便带领徐寿波闯入了“技术经济”这个全新的领域，他从此迈入了一片新的天地。徐寿波把于光远看成是自己的伯乐，因为他的赏识和帮助，徐寿波在技术经济这条路上走了下去。

说到技术经济学的命名，有一段故事。原来，在和于光远第一次会面时，于光远便为徐寿波布置了任务，那就是：调查国外有没有专门研究技术和经济相结合的学科。

徐寿波欣然领命，并开始了细致的调查，他尽可能多地搜集了国内外大量的相关资料，一一研读。他了解到，当时国际上并没有被冠以“技术经济学”这样名称的学科，与之相近的是“工程技术经济学”。他知道苏联的莫斯科有一所工程经济学院，这所学院专门作工程技术和经济对接方面的研究，但是学院里并没有专门开设工程经济学这门课程；美国也有一些工程经济学方面的理论研究。在当时的情况下，我国与国外学界交流较少，有关国外研究的图书和资料数量有限，徐寿波只能一步一步自己摸索。根据调研的结果，他向于光远提出建议：中国人有必要，而且完全可以自主研究这门科学，给它取个名字，就叫作“技术经济”。

第二节　起草《“技术经济”科学技术发展规划纲要》

“技术经济”为学界所接受是在《“技术经济”科学技术发展规划纲要》制定以后。1962 年春季到 1963 年春季，在党中央和国务院领导下，动员和组织了我国各方面的专家、学者，参与制定了《1963—1972 年科学技术发展规划纲要》。“十年科学规划”包括六个部分：纲要，重点项目规划，事业发展规划，农业、工业、资源调查、医药卫生等方面的各种专业规划，技术科学规划，基础科学规划，共 77 卷，其中重点研究试验项目 374 项。规划阐述了我国科学技术发展的方针、任务和重要措施，概括说明了各专业、各学科的任务和发展方向。1962 年，徐寿波在于光远的推荐和支持下，作为专家之一，参与了其中《“技术经济”科学技术发展规划纲要》的起草工作。

接到这项任务，徐寿波既感到自豪，又感到责任重大。因为据他所知，“十年科学规划”中的其他学科规划都是由各学科的老专家起草的，其中许多人曾在欧美留学多年，而且个个都是相关行业里的顶尖人物，学识渊博、经验丰富。

一开始，徐寿波并没有独立承担并完成这样艰巨任务的把握，虽然他已经工作多年，但对于技术经济，他没有什么经验，他怕搞砸了于光远的计划，于是提出：中国科学院有经济研究所这样专业的研究队伍，这个所里的专家对经济发展的规律更熟悉，由他们来负责起草这项规划比较好。中国科学院经济研究所听了徐寿波的诉求后，经过一番郑重考虑，给出答复：所里的研究人员多半是研究政治经济学出身，并没有搞技术出身的学者，对技术一窍不通，无法将技术和经济结合起来研究，所以承担不了这个任务。没有合适的人选，徐寿波只好硬着头皮自己上了。

留给徐寿波的时间非常紧迫，1962 年春季，为了心无旁骛地投入工作，他收拾了简单的行李便住进了友谊宾馆苏联专家楼，一住就是 4 个月。

没有任何现成的经验可以借鉴，也没有帮手，徐寿波只能靠平时的积累和查阅资料来完成这份报告。在他印象中，那段日子过得很辛苦：没日没夜研究资料，在厚厚的稿纸上反复打草稿、演算公式；笔不知道用坏了多少支，每天都是熬到两眼通红才能休息，睡不了几个小时又要起床继续写作；报告初稿拟出来之后，改了一次又一次。无论是吃饭，还是休息，甚至在梦境里，徐寿波脑子里满满的都是报告的影子。但他不怕辛苦，反而越干越有劲，困难压不倒他，用他的话来讲：

> 我的家乡绍兴是出师爷的地方，绍兴师爷的特点就是胆大心细，这些我都继承了，我有压力但是不怕。①

功夫不负有心人，他终于在规定的时间内完成了这份规划。于光远在看过这份报告后，认为内容翔实，真实反映了技术经济在科学技术发展中占据的重要地位。徐寿波参与起草的这篇规划被顺利纳入了“十年科学规划”中。

“十年科学规划”提出了国家要重点开展的七大研究方向，即自然条件和资源调查研究、农业科学技术、工业科学技术、医学科学技术、技术经济、技术科学、基础科学。技术经济名列其中。可以看到的是，在“十年科学规划”中技术经济与其他研究方向的不同点是，它没有被定义为“科学”。追究其原因，徐寿波说：

> 因为当时“技术经济”理论方法还是空白，因此不能用“技

① 陈圣莉，《一生勇作开拓者》，《财经界》，2009 年 5 月 1 日总 196 期，第 82-90 页。

术经济科学技术”或“技术经济科学”的名称，只能用“技术经济”名称，这充分体现了实事求是精神。[1]

在报告开篇，徐寿波点明了技术经济研究的重要性和推广技术经济的意义，他指出：

> 一切生产技术，必须既具有技术上的优越性，又具有经济上的合理性，才适宜于推广和应用。所以，生产技术研究成果，应该经过技术经济分析，才能在生产中推广，才能成为国家制订技术措施、技术政策和国民经济计划的完整的科学技术依据。对各项技术的具体内容进行经济效果的计算和分析比较，即进行技术经济的研究，是科学技术工作的一个重要组成部分，是促进科学技术多快好省地服务于社会主义建设的一个重要中间环节。[2]
>
> ……
>
> 技术经济的研究花钱不多，但是对于节约科学技术研究和生产建设的人力和物力，能起巨大作用。我国正处于农业和工业技术改革的时期，需要迅速发展新技术和更新技术装备，加强技术经济研究，就更加显得重要。[3]

徐寿波意在节约，在生产力水平有限的情况下，他提出的观点对于缓解当时国内的经济困难是具有积极而重要的意义的。不仅如此，他还在规划中详细指明了需要加强十一个方向的技术经济问题研究，即：① 合理利用土地的技术经济研究；② 农、林、牧、副、渔综合经营的技术经济分析；③ 农业技术改革的技术经济研究；④ 食物营养构成的技术经济研究；⑤ 燃料动力的技术经济研究；⑥ 原料、材料选择的技术经济研究；⑦ 采用新工业、新装备和发展产品品种的技术经济研究；⑧ 建筑工业的技术经济研究；⑨ 综合运输的技术经济研究；⑩ 工业生产力的结构、布局和生产规模技术

① 徐寿波，《技术经济学》，北京：经济科学出版社，2012 年，第 4 页。

②③ 《1963—1972 年科学技术发展规划纲要》(技术经济部分)。

经济研究；⑪ 加强技术经济的理论和方法的研究。

这份规划纲要的出炉，并不代表技术经济这门学科已经在中国建立起来了。一个学科的真正建立，还需要有其完整的研究目的、研究方法和研究意义。但通过规划纲要，技术经济已经引起了国家、学术界的重视。徐寿波下一步的工作计划，则是建立起一套研究方法，让技术经济在中国生根、发芽，成长为一门真正的科学。

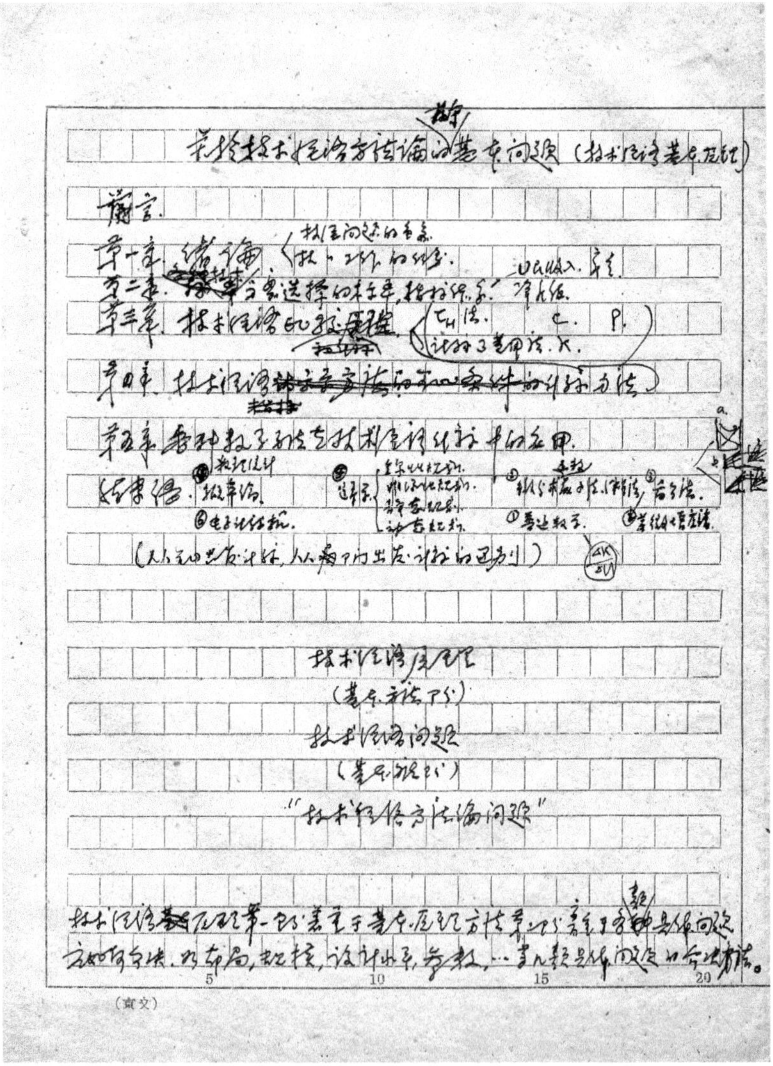

徐寿波关于技术经济的手稿

徐寿波当然知道其中的难处，他知道时下大多数人认为“技术”和“经济”分属于两个不同的学科，技术是工科的范畴，经济则是文科和理科的研究内容，几乎没几个人会想到要把这两门看起来风马牛不相及的学科捆绑在一起进行研究。当时国内了解技术经济的人寥寥无几，大多数学者对于这个题目所知不多。徐寿波敏锐地发现了“技术”和“经济”两者之间有直接和必然的联系，他试图在“技术”和“经济”之间架起一座桥梁，让技术在经济理论的指导下和谐创新，构建一条适宜的发展道路。他虽然已经有了一些可行性的想法，并搭好了一套基本的框架，但尚缺乏理论依据和研究方法的指导。如何才能为这座“技术经济”之桥添砖加瓦，是徐寿波要进一步考虑的问题。为此，他开始了长达数年的细致调研工作，以求寻找解决之道。

1963 年 5 月，徐寿波参加了全国可燃矿物会议。来自全国各地的学界代表参会，徐寿波作了一篇题为《关于技术经济方法论的一些问题》的报告，向学者们介绍了什么是“技术经济”。他的报告丝毫不晦涩，而是援引了不少生产和科研中的实例，通过深入浅出的讲解，从生产过程中的节约出发，阐述了技术和经济的关系。“技术经济”这个新颖的题目当时便引起了与会专家的极大关注，报告引发了参会代表们的讨论，许多人对“技术经济”表现出了极大的兴趣，会上会下拉着徐寿波问个不停，徐寿波推广“技术经济”的第一炮就此打响了。

这次会议后，考虑到当时这门学问在国内属于新的研究范围，为了扩大其影响力，让更多的人了解技术经济，也为了利用技术经济的理论，在生产实践中用经济的方法来节约成本，提高效率，促进社会生产力的提高，1963 年 9 月 19 日，徐寿波在《人民日报》上发表了题为《积极开展技术经济的研究》一文。经过多番交流，他的思考更成熟了，他在文章中强调了开展技术经济研究的重要性：

技术经济的研究一般能够在每项技术措施方案还没有在国

民经济生产建设中实现以前，估算出它的经济效果，事先分析比较不同的技术措施和方案的经济价值。这种分析和比较，可以帮助我们选用那些符合我国资源特点和自然、经济条件的技术，使已成熟的各种科学技术的应用更好地结合我国实际；可以帮助我们下决心在生产建设中推广技术经济指标更好的新技术去代替旧技术，促进技术的进步；可以帮助我们判断什么技术值得重点加以研究和发展，成为制订科学技术研究计划和确定研究方向的重要依据。

徐寿波的撰文，以简单易懂的语言向民众普及了为什么要开展技术经济的研究。他指出，技术经济学不是脱离生产、闭门造车的一门学问，而是和实践紧密结合的。该研究是为了解决社会经济中各部门在生产中遇到的复杂项目，他在文章写道：

社会主义生产是一个有机的整体，生产各部门之间有着相互依存的关系。任何一个技术方案的取舍不仅会引起本部门内部生产的变化，而且必然会牵连到其他部门生产的变化，所牵连的部门越多，问题就越复杂。

与此同时，由于这门科学存在于国民经济的各个部门，所以，“技术经济”应是一项需要全社会各行业结合起来的综合性的科学。徐寿波详细地提出了技术经济学的研究方法：

为了积极开展技术经济的研究，一方面应该提倡和鼓励各方面有关人员，特别是科学技术工作者，规划设计工作者，经济计划工作者学习和运用解决技术经济问题的科学方法，结合工作任务，广泛地进行技术经济的研究。另一方面应该充实和建立专业的研究机构，培养专门人才，组织起专业的技术经济的研究队伍，并对具有重大国民经济意义的、因素错综复杂的、综合性很强的技术经济问题进行系统的研究，为我国社会主义建设事业做出贡献。

这篇文章发表后引发了热烈的讨论，没多久，徐寿波便收到了来自全国各地读者的许多来信，这些读者有的是奋战在生产第一线的职工，有的是对他的研究颇感兴趣的学者，他们在来信中一致认为：徐寿波的建议对他们在生产中制定经济、有效的方案是有帮助、启发和推动作用的。就这样，徐寿波在推广技术经济理论和方法的道路上迈开了一大步。

徐寿波的目光不仅聚焦于学术圈，他希望通过专家们的研究工作取得技术经济的研究进展，他更希望把技术经济的研究方法推广到具体的生产部门中去，在实践中节约生产成本，取得更大的经济效应。

除了发表文章外，徐寿波还承担了国家科委关于技术经济理论方法和实际应用的研究任务，他花了三年（1962 ～ 1965 年）的时间，完成了一份约二十万字的《技术经济方法论的研究报告》，这是基于“十年科学规划”中所列的第十一项任务。

徐寿波在大学里学习的电机工程专业是技术方面的专业；在苏联期间，他学习的是动能学科，后来又在相关行业内工作多年，因此，他对技术方面的问题了如指掌。他知道自己的薄弱项是对经济学理论知之较少。为了把这项任务做好，他加班加点，学习经济学的知识。

徐寿波尽可能多地查阅资料，几乎翻遍了图书馆里能找得到的所有参考资料，从入门的经济学理论学起，一直读到了大部头的经济学著作，他形容那些年自己读过的书，简直可以装满一间不小的屋子了。遇到问题，他既积极向于光远等资深经济学家请教，又乐于低下头来和年轻的学生们讨论，谁掌握的知识多，谁就是他的老师。随着对专业知识了解得越来越多，他的想法也越来越多，他要找出合适的办法，把技术和经济结合起来共同研究，并形成一门真正的学科！他考虑的问题是：技术经济形成一门学科以后，能解决什么样的问题。为了解答这些难题，他又过起了在苏联苦学的日子——成为不会娱乐的“半个人”。他一边进行案头工作，一边参加实地调研，无论是北京的工厂还是外地的，只要有出差的机会，他都积极要求前往。每到一个地方，他都要详细向厂方询问生产流程，并询问生产中是否有经济有效节约成本、提高效益的办法。

功夫不负苦心人。在技术经济学这门学科的理论和研究方法日益成型的基础上，徐寿波在1964年第7期的《科学通报》上发表了他的研究成果——《技术经济研究的目的、任务和方法》。他在文中首度明确了技术经济学的研究目的和任务，他提到，技术经济学是一门应用性学科，研究的任务和目的很明确，即为国民经济发展服务。现摘录其中的部分内容如下：

> 发展科学技术的目的是为了现代化建设。一切技术，包括已经在实践中广泛采用的完全成熟的技术，刚刚在实践中开始采用的新技术和尚在研究实验中的技术，要能有效地服务于现代化建设，就必须进行技术经济学的研究。技术经济学的研究是整个经济建设工作和科学技术工作中不可缺少的一个重要组成部分。它是科学技术和服务于生产建设的重要中间环节，各项科学技术的研究成果一般都要经过技术经济的计算分析，才能为国家制定技术措施、技术政策和国民经济计划的完整的科学技术依据，技术科学的研究和技术经济学的研究共同为解决国民经济建设中的各种问题，提供技术和经济方面的科学依据。①

徐寿波对于技术经济研究的思路越来越清晰，工作方向也越来越明确。在明确了技术经济学的研究任务后，他初步提出了技术经济学的研究方法应有以下几个步骤：

> 第一步，列出各种可能的技术方案。
>
> 第二步，分析各种可能的技术方案在技术经济方面的内部和外部的利弊关系。
>
> 第三步，建立各种技术方案的经济指标和各种参变数之间

① 徐寿波，《技术经济学》，北京：经济科学出版社，2012年，第21页。

的函数关系，列出相应的经济公式和方程式，在技术经济优缺点的分析基础上，我们就能够用相应的数学公式和方程式来表达每个技术方案的不同经济指标的计算公式及其与各种参变数之间的函数关系。

第四步，计算求解经济公式和方程式。

第五步，技术方案的综合技术经济的评价。[①]

这是徐寿波早年进行技术经济研究的“五部曲”，是他的研究方法的经验和总结，这几个研究步骤具有逻辑性和连续性。在更深入的研究之后，他进一步思考，这是一门综合性很强的科学，它结合了若干分支学科，并渗入生产和生活中的多个部门，值得进行更深入，并更细致、具体的研究。他进而提出了“工业技术经济”“农业技术经济”“交通运输技术经济”“建筑技术经济”这些概念。他预见这门学科在成形后，将有广阔的发展前景，在社会经济生活中将有很强的实用性。

徐寿波所建立的技术经济的理论方法体系是在进行科学探索后得出的一套方法，在其他已有学科发展的基础，在生产实践中不断发展和提高，并对生产实践产生了影响，发挥了作用，它具有六大特点：

1. 以马克思主义和毛泽东思想的经济理论为指导；

2. 以社会主义基本经济规律、有计划按比例发展规律和价值规律为依据；

3. 以多快好省建设社会主义的要求为目标；

4. 以定性和定量相结合的方法为手段；

5. 以结合中国的社会主义现代化建设的具体实际为基础；

6. 以认识和争取处理技术同经济之间的矛盾统一及其发展变化关系为目的。[②]

①② 徐寿波，《技术经济学》，北京：经济科学出版社，2012 年，第 21 页。

围绕这六大特点，徐寿波欣慰地看到：这门学科基本的理论和方法已经初步建立起来了，可以被称为一门真正的学科了！技术经济学由此在中国建立起来，接下来，徐寿波打算动员更多的力量去研究、发展这门科学。

徐寿波总结，技术经济学是经济学的分支学科，是在自然科学、技术科学和社会科学、经济科学的发展过程中交叉而形成并发展起来的一门学科。每当回忆起这门学科在中国的诞生，徐寿波总是深感骄傲，因为它既不是20世纪50年代从苏联搬来的，更不是20世纪80年代从西方搬来的[①]，而是中国人自己创立的一门学科，具有独创性；其产生和发展的过程是自然而然，顺应生产力发展规律的。徐寿波在《技术经济学》一书中如此写道：

> 现代科学技术的发展有着两个明显趋向，一方面科学技术的分工越来越细，专业性很强的学科越来越多；另一方面，各个学科之间的交叉、渗透和综合越来越发展，大大小小的交叉学科也越来越多。这就是科学技术发展的专业化和综合化，两方面相辅相成，共同促进。……技术经济学的产生符合现代科学技术发展规律，它既是科学技术发展专业化的产物，也是科学技术发展综合化的产物。[②]

第三节　风雨飘摇　艰难岁月

徐寿波一边从事动能研究，一边探讨技术经济学的理论和研究方法，虽然前进的道路上也遇到过挫折，但总体上，他感到自己在

①② 徐寿波，《技术经济学》，北京：经济科学出版社，2012年，第7页。

科学的道路上越走越平坦，他准备大展拳脚，在这片广阔的天地中施展抱负。但令人想不到的是，等待他的却是一场猝不及防的“暴风骤雨”。1966 年，一场席卷全国、长达十年的“文化大革命”运动开始了。在这场浩劫中，国家经济建设、文化生活都遭到了不同程度的破坏和停顿，无数机构和知识分子都受到了牵连。作为一名普通的知识分子，徐寿波的命运也在时代洪流中经历了一番不小的波折。徐寿波还记得，自己最初被卷入运动是因为自己所在的综考会提倡“经济为纲”，这一方针当时受到来自中国科学院内部和群众的广泛批判。

综考会提出“经济为纲”这一方针，起源于 1961 年 1 月 6 日在《科学报》上发表的一篇题为《资源综合考察工作的初步经验》的文章，文中提出“政治挂帅、经济为纲、科学论证”，要求综合考察工作开展要“从资源开发着想，为国民经济服务，而不是偏重于理论研究”。当时，写这篇文章是为了介绍综考会开展工作几年来的经验，也曾得到过好评和认可，但时过境迁，从 1966 年开始，综考会倡导的这一思想受到了冲击，单位里的许多学者也遭遇到了不公正的对待，徐寿波便是其中之一，他受到了很大的冲击。

徐寿波曾在 1963 ～ 1965 年写过一部约 20 万字的《技术经济方法论的研究报告》，这份报告原定于完成后立即作为技术经济学方面的开创之作在全国出版。但正是这本书稿，给他招来了一场横祸：这部书稿成为他走资本主义道路的一条“黑罪状”，他因此被戴上了“反动学术权威”的帽子。

徐寿波在运动中被“戴帽子”，还有一部分原因是缘于他与于光远交好的关系。当时北京有一个“批斗于光远黑帮分子联络站”，还有一个“批判技术经济联络站”，是北京市高等学校和研究单位联合组织起来的批斗站，许多高校都有人参加。于光远被称为“阎王殿黑帮分子头儿”。徐寿波是紧跟于光远步伐的，因研究技术经济学被批为是“走资本主义道路”。

那时候，综考会里的科研工作早已停顿，徐寿波每天做的事就是写检讨和挨批斗。批斗会上，个头不高的他戴着高帽子，被反剪着双手押到台上，他被迫低下头接受“群众”的批判和唾骂，他们让徐寿波坦白交代“罪行”，徐寿波没什么可交代的，只好低垂着头，一言不发。等批斗会结束了，他还要参加劳动改造。

徐寿波的妻子贺思贤在国家经济贸易委员会分管企业的思想政治工作，在丈夫被打成“臭老九”之后，便被要求和他划清界限。在巨大的压力之下，贺思贤希望徐寿波向现实低头，放弃自己所倡导的理论，批判技术经济学。但无论妻子怎么劝说，徐寿波都不肯答应，他坚定地说：“我不能颠倒黑白！”妻子无法理解徐寿波的坚持，因为在贺思贤看来，屈从于形势、少受一些折磨才是最好的选择。两人的谈话每一次都不欢而散。夫妻二人为这件事一次又一次争吵，家庭的气氛越来越紧张，贺思贤提出了离婚。1967 年 3 月，她带着两个孩子离开了徐寿波，1968 年 7 月二人正式办理了离婚手续。

在那个特殊的年代里，徐寿波受到了肉体和精神上的双重折磨，但这些都远远比不上妻离子散的痛苦。可是即便如此，他也绝不愿意承认自己研究的学问是“毒草”。虽然身处逆境，他也没有放弃自己的理想，他坚定地相信技术经济学是有利于国家和社会发展的。

在那些艰难的岁月里，徐寿波孑然一身，他迅速憔悴了，体重直线下降，原本就不壮实的身躯更加瘦弱了；曾经他意气风发，如今却是白发悄悄爬上了鬓角。清锅冷灶的家里没有了孩子们的欢声笑语；单位里往日相处和睦的同事如今不敢对自己多说一句话；在批斗会上被各色人等轮番辱骂，受到各种指责……徐寿波从一开始被错误对待时感到无比委屈和愤懑，到后来渐渐变得麻木起来，年近中年的他意志消沉了。在无数个清冷难眠的孤寂深夜里，他不由自主地想起童年时和父母在庄稼地里避难的情形：那时候的天空昏暗晦涩，母亲憔悴的脸上写满了愤怒和忧伤……此时此刻他心情压抑，他不知道明天要面对的是什么，对未来满怀数不清的恐惧和担忧。在悲伤和抑郁中，徐寿波吃不下，睡不好，身体迅速垮了下来，不幸罹患上了慢性肝炎。可是在那样的社会环境下，因为还戴着“帽子”，医院里的医生都对他退避三舍，不愿意给他积极治疗，常常是随便开一些药就把他打发走了。生活不安定，疾病得不到好的医治，他的身心备受摧残。

所幸，徐寿波的亲人都非常关心他。在得知他离婚了的消息后，在亲人们的热心张罗下，徐寿波迎来了他的第二段婚姻。1969 年 11 月 3 日，他与同乡的周爱珍（1942—）女士再婚了。没有花前月下，也没有举办隆重的婚礼，两位新人用自己的方式默默许下了牵手共度一生的珍贵誓言。周爱珍的温柔和耐心，渐渐抚平了徐寿波心灵上的创伤。因周爱珍当时在绍兴工作，而徐寿波在北京，所以结婚之初，两人只能在假期作短暂团聚，婚后两地分居长达 11 年。一直到 20 世纪 80 年代初期，因为徐寿波在综合能源和技术经济学方面做出的杰出贡献，由国家相关部门出面特批解决了周爱珍的北京户口和工作，从此以后徐寿波彻底没有了后顾之忧，得以安心工作。夫妻二人都是对感情格外看重的人，他们非常珍惜这得来不易的新家庭。婚后，徐寿波主外，周爱珍主内，二人生育了一子[①]，彼此携手，相依相伴，互相关心、爱护，走过了近半个世纪的美好时光。

1970 年 1 月，中国科学院革委会作出了撤销综考会的决定。综考会被撤销，挂靠于综考会的动能研究室自然也不复存在。徐寿波辛苦的努力再一次彻底化为乌有。1970 ～ 1971 年，原综考会成员被“连锅端”，人员被分批下放到湖北等地的“五七干校”参加劳动。“五七干校”是“文化大革命”时期兴办的农场，是集中容纳国家党政机关干部、科研文教部门的知识分子参加劳动改造和思想教育的地方。中国科学院“五七干校”成立于 1969 年年初，地处江汉平原，原为劳改农场，与石油部的“五七”油田毗邻。

① 次子徐文清，生于 1970 年 9 月 2 日。

随着综考会的解散，徐寿波感到自己再一次成了没有组织的人，他的理想又一次受到了重击。1971 年 8 月，徐寿波被安排到中国科学院“五七干校”担任马列主义辅导员，成为全国千千万万“五七战士”中的一员。离开北京的那一天，没有亲友相送，徐寿波孤寂地背上简单的行囊，混在人群中，坐上了火车，一路颠簸着和大部队一起下乡锻炼。

“五七干校”采取军事化管理，原综考会被编为三连，有连长，有辅导员，也有学员。徐寿波担任的辅导员实际上就是一边给被改造的老干部讲思想政治课，一边参加劳动改造。参加劳动、接受改造才是在“干校”生活的重点。在“五七干校”的几年中，徐寿波干的是完全脱离了专业的事：用惯了笔杆子的双手，改拿了铁锹，他从知识分子变成了体力劳动者。

“五七干校”位处偏远的农村。从北京来到乡村，农田、草屋……入目的是完全不同于城市的风景。房子要用自己烧的砖坯重新盖，吃的菜也需要自己亲手种。十几个人住在一间集体宿舍里，老老少少住在拥挤的床铺上，徐寿波感到自己调回北京的希望太渺茫了。但他只消沉了数日，便放下心结，决心踏实度日：既来之，则安之，此处安心便是吾乡，大不了余生便留在此地当一个农民！每天政治学习之余，他开始学习盖房子、做木工、放鸭子、帮厨、种菜、间苗、挑粪……徐寿波的双手变得粗糙，皮肤晒得更加黝黑了。但是，白天参加体力劳动，夜晚睡得香甜，心情反而平静了许多。

1972 年，随着中国科学院的“五七干校”陆续撤点，5 月 6 日，综考会全部人员离开“五七干校”，返回北京，中国科学院开始着手解决原综考会职工的安置问题。一部分人被分配去了中国科学院内的其他单位，另一部分人则被安排去了农村和基层以及三线。在询问徐寿波的意愿时，他考虑到自己长期与妻子两地分居，且近几年来屡屡受挫，一度有些心灰意冷，虽然对北京有所留恋，但他还是提出了想回到老家绍兴工作的意愿。此时，中国科学院化学所党委书记白介夫[①]阻止了徐寿波调回家乡的决定。

白介夫和徐寿波在一个连里，他们白天在一起劳动和学习，一来二去两人便熟悉了。在几番交心之后，白介夫认为徐寿波是个可造之材。在得知他萌生回乡之意后，白介夫严厉批评了徐寿波：党和国家培养你这么多年，不是让你回老家的，北京需要你的专业！白介夫认为徐寿波的专业对国家发展有很大的作用，且徐寿波只有留在北京才有好的发展前途。白介夫的一番话重新激发了徐寿波的斗志，他心中的那簇火苗又活跃了起来，最后决定依旧返回北京工作。1972 年，中国科学院地理所经济地理研究室设立了一个动能经济研究组，同年 6 月，徐寿波调回北京负责这个组的工作，并担任助理研究员。

从“五七干校”回到北京，一开始徐寿波干的还是老本行——动能研究。虽然他如惊弓之鸟，一时半刻不敢再提起技术经济学，但他从未忘记这门学科的发展，并做好了随时展开工作的准备，暂时将精力放在研究能源问题上。他的想法很美好，但是在当时，许多人认为动能研究不是科学，没有理论，属社会经济科学范围，中国科学院搞不合适；尽管百废待兴，但国家能投入的经济、人力十分有限，主流的观点是应该优先发展基础学科和大方向的科学研究，因此当时反对扩大动能研究的呼声很高。[②]另外，中国科学院院党组认为，中国科学院地理所主要是做地理、自然等方面的调查研究，但动能研究主要是关注于能源方面，考虑到动能研究与地理所的组织方式不太切合，1973 年 11 月，中国科学院院党组宣布撤销地理所的动能组，徐寿波又一次成了没有“组织”的孤雁。

动能研究的火苗才露头便被熄灭，但这项研究的发展却是刻不

---

① 白介夫（1921—2013），陕西省绥德县人，历任中共通化市委书记，营口市市长，中共营口市委书记，中国科学院大连化学物理研究所、北京化学研究所副所长，北京市科委主任，中共北京市委常委，北京市副市长、市人民政府顾问，北京市第六、第七届政协主席等职。

② 2013 年 12 月 9 日访谈，徐寿波口述。

容缓的，徐寿波决定再努力一次，他说服了其他同行和他一起支持这门学科。1973 年 12 月，他和黄志杰两人一起给袁宝华、李人俊、谷牧和余秋里、刘西尧等领导同志打报告。徐寿波和黄志杰费了很大一番工夫，用缜密而诚挚的语言写成了两份报告——《关于在科学院加强动能科研工作的建议》以及《关于要求尽快解决原综考会动能经济人员归口分配问题的报告》。报告详细阐述了动能科研工作的重要性，并希望目前研究停滞的情况能妥善得到解决。现摘录《关于在科学院加强动能科研工作的建议》内容如下：

袁宝华、李人俊同志并转余秋里、刘西尧两同志：

动能（包括燃料和电力）对国民经济的发展有直接的重要影响。新中国成立以来，煤、石油、天然气和电力工业有了很大的发展，但目前燃料动力仍不能满足整个国民经济发展的需要。为了解决我国的燃料、动力问题，我们认为，研究我国燃料动力的合理构成；各种燃料的合理利用和综合利用；提高各部门热能利用效率，改造现有热力设备，研制高效率的热能动力装置；开辟新的能源途径（如地热、沼气、风能、太阳能）等问题是十分重要的。由于这些问题的科学研究对我国社会主义建设的密切联系和重大影响，所以，在我国十二年（1956 ～ 1967 年）科学规划和十年（1963 ～ 1972 年）科学规划中，均被列为国家重点研究项目。“文化大革命”以来，我国经济和科学发展形势大好，实践已经证明，这方面的科学研究极为重要，必不可少。但是，目前研究组织和力量与它很不相称，至今我国还没有这方面的专门研究机构，许多重要问题得不到研究。因此，我们建议，在全国应该有领导、有组织、有规划地加强这方面的科学技术研究，并建议科学院保留现有动能研究组的力量，继续开展动能科学研究工作，并在此基础上，有计划地加强力量，健全机构，使我国动能科学研究工作，尽快适应社会主义经济建设和科学技术发展的需要，为赶超世界先进水平，为高速度发展国民经济做出贡献。

以上意见是否妥当，请领导审示。

科学院地理所动能组

徐寿波，黄志杰

1973.12.7[①]

报告在提交给上级领导之后，受到了重视。1974 年 1 月 20 日，报告获得袁宝华同志的批示："动能研究，十分重要，急待加强。" 1974 年 1 月 25 日，余秋里同志也批示："这个意见很好，拟可同意，请考虑。" 谷牧同志认为应加强动能研究，"我认为是个好的意见"，并提出了三点意见：①中国科学院应加强动能研究；②对动能研究应有一个统一规划；③保留现有中国科学院动能研究力量。同年 1 月 30 日，刘西尧同志批示："请科学院与有关方面研究，提出意见。"

1974 年 12 月 14 日，中国科学院党组会经过一番讨论后，决定恢复综考会，但当时并未把综考会列入所一级的行政单位，仅把综考会纳入地理所管理，称之为"中国科学院自然资源综合考察组"。1975 年 4 月 14 日，中国科学院下文恢复"动能研究组"，挂靠在中国科学院自然资源综合考察组下进行管理，成员有二十多人，徐寿波从此回归到动能研究的老路上来。不久之后，综考组便从地理所分离出来，成立所一级建制，归属中科院生物地学局领导。与此同时，在徐寿波的积极奔走下，综考组向中国科学院提交了《关于能源研究问题的报告》，提出改动能研究组为能源研究室，并要求加强能源方面的研究。当时，国家计委也建议中国科学院开展有关的研究工作，但因为能源科学在中国科学院不属于数、理、化等基础科学范畴，所以动能研究还是没有得到应有的重视。科研经费不多，也没有合适的科研任务，能源科学成为边缘学科已久，徐寿波的同事们感到自己是在坐"冷板凳"，灰心丧气之下许多人向上级提出了

① 摘自中国科学院文书档案（1975-29-0003），"关于在科学院加强动能科学研究的建议"。

调动申请，希望能到其他单位或部门工作。渐渐地，人便越来越少。随着动能研究成员的相继离去，到 1976 年前后，只剩下徐寿波在孤独地坚守。[①]

第四节　扬帆新征程

“文化大革命”结束后，国家百废待兴。党和国家把工作的重心转移到经济建设上来，技术经济学被提到科学发展的议程上来，徐寿波重新捡起了这门学科。

在总结技术经济学的发展史时，徐寿波总结：技术经济学在我国的发展分为三个阶段，即开创发展、全面破坏和第二次发展。[②]第一个阶段是从 1963 年到 1966 年“文化大革命”之前，第二个阶段是“文化大革命”期间，第三阶段则是“文化大革命”结束之后到 1988 年。1989 年之后，徐寿波又将技术经济学的发展划分出了一个新时代：技术经济学应用发展时期。

在第一个阶段，在对这门新的学科进行了初步思考，对能源进行了深入研究之后，徐寿波对工程、技术和经济能否相结合产生了看法。他最初的研究目的是如何合理利用能源，不浪费能源，研究这门学科的发展前景，探讨这门学科的发展能为国家创造多大的经济效益。渐渐地，徐寿波对这门学科的研究目的、研究方法有了更多的见解。为此，他结合自己的专业知识与实际，发表了《关于我国采暖供热系统的设计标准问题》《重油的合理利用和分配问题》等论文。

① 徐寿波，《我亲身经历的我国综合能源研究四起四落》，http://www.igsnrr.cas.cn/sq70/hyhg/kyjl/。

② 徐寿波，《技术经济学》，南京：江苏人民出版社，1988 年，第 2 页。

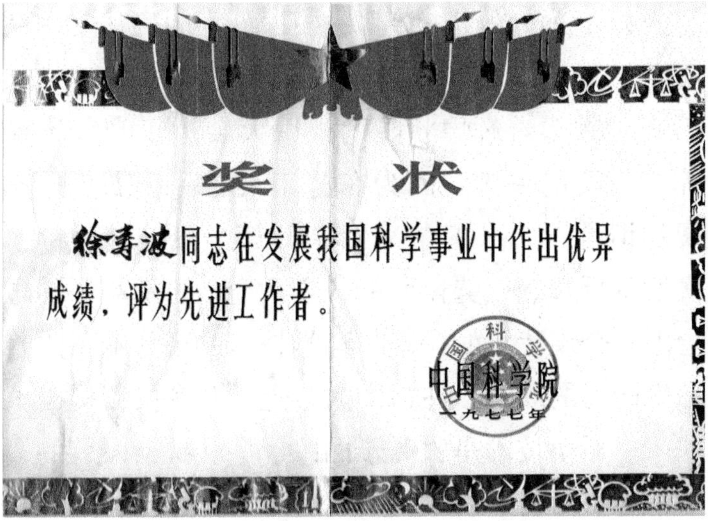

1977 年，徐寿波被中国科学院评为先进工作者

在第二阶段，国家秩序遭到严重破坏，科学、文化事业和工业生产都无法正常运转。在这种情形下，技术经济这门科学也毫不例外地遭到前所未有的打击。在起伏中，徐寿波离开了他心爱的科研岗位，放弃了他的专业。

“文化大革命”结束以后，党的十一届三中全会提出了把党和国家的工作重点转移到社会主义现代化建设上来的根本方针。在努力恢复和发展国民经济的过程中，技术经济学得到了重生，焕发出前所未有的活力，在新时代里快速、健康发展起来。

1978 年 3 月 17 日晚，徐寿波辗转反侧、夜不能寐——因为第二天一早，他就要去人民大会堂参加全国科学大会了。这是“文化大革命”结束后在科学界影响深远的一次大会，这次大会的召开意味着正常科研工作的复归和重建。徐寿波很清楚科学大会的召开对于科学家意味着什么，这将是大转折的一天。为了这一天的到来，他做了许多充分的准备。但越是临近会议召开，他心中的激动之情越发难以抑制。作为来自全国各地六千名科技英豪中的一员，徐寿波心情澎湃起伏。3 月 18 日天还没亮，他便早早起床，细心整理了衣冠之后，精神抖擞地赶往天安门广场。

晨曦初露，不远处的天安门城楼在薄暮中闪耀着一片片金色的光芒。呼吸着清晨清新而微凉的空气，徐寿波神清气爽，觉得全身都充满了活力。眺望着辉煌壮阔的人民大会堂，他满怀雀跃。这是他人生中非常重要的一天：因为在这一天之后，技术经济学便走上了蓬勃发展的坦途。

在这次拨乱反正、气势恢弘的科学大会上，邓小平同志发表了重要讲话，指出四个现代化的关键是科学技术的现代化，并着重阐述了科学技术是生产力的观点。在这次大会上，党和国家提出了发展中要重视经济规律。科学技术是服务于国民经济和社会发展的，经济规律不仅是调节市场，对科学技术发展也有重要作用。科学大会上提出了《1978—1987 年十年科学技术发展规划》，这个规划中再一次指出要发展技术经济学，并把技术经济学研究列为 108 个重点研究项目之一，强调和确定了技术经济学是一门有益于社会主义经济建设的学科，并制定了《技术经济和管理现代化理论和方法的研究规划（1978—1987）》。这次大会的召开无疑在很大程度上促进了技术经济学这门学科的发展。会议结束后，全国各地相继成立了技术经济学科的相关研究机构，许多大专院校也先后开设了技术经济学的专业课程，并设立了硕士点、博士点，致力于培养专业人才。

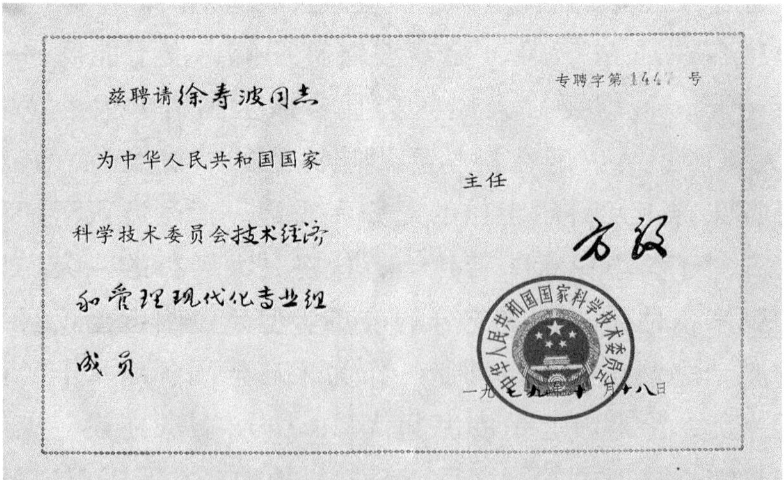

徐寿波被聘为技术经济和管理现代化专业组成员

全国科学大会结束之后不久，在于光远的发起下，1978 年 11 月 15 日，中国技术经济研究会[①]成立。中国技术经济研究会是全国技术经济工作者自愿组成并依法登记成立的学术性、公益性法人社会团体，是发展我国技术经济学科事业的重要社会力量，是中国科学技术协会的组成部分。徐寿波在中国技术经济研究会的成立过程中参与了许多实际工作，包括明确研究会成立的目的、讨论研究会的初步人员构成，等等。因徐寿波在业内的影响力和在技术经济学科上的首创贡献，顺利当选为研究会的第一届总干事。这个职务，他一干就是八年。在这八年时间中，他带领研究会成员积极推广并发展技术经济学，并在研究会的章程制度制定、工作方向确定以及管理方面做了很多具体的工作。

1980 年，徐寿波调到中国社会科学院工作，开始了他研究技术经济学的新征程。

中国社会科学院成立于 1977 年。这一年的 5 月 7 日，中共中央批准了中国科学院哲学社会科学学部递交的“关于哲学社会科学学部改变名称的请示报告”，决定将哲学社会科学学部改名为“中国社会科学院”，地位与中国科学院相同。中国社会科学院成立以后成为中国哲学社会科学研究的最高学术机构和综合研究中心，首任院长和党组书记是胡乔木[②]，于光远担任党组副书记。

---

① 中国技术经济研究会直属于中国科学技术协会管理。经中国技术经济研究会第五次全国会员代表大会决定，2011 年 6 月改名为中国技术经济学会。包含 11 个分支机构：中国技术经济学会企业技术经济分会、中国技术经济学会农业技术经济分会、中国技术经济学会运输技术经济专业委员会、中国技术经济学会化工技术经济专业委员会、中国技术经济学会煤炭技术经济专业委员会、中国技术经济学会林业技术经济专业委员会、中国技术经济学会标准化技术经济专业委员会、中国技术经济学会通信技术经济专业委员会、中国技术经济学会价值工程专业委员会、中国技术经济学会可行性研究与项目评价分会、中国技术经济学会技术管理专业委员会。

② 胡乔木（1912—1992），本名胡鼎新，笔名乔木，江苏盐城人。清华大学、浙江大学肄业。1930 年加入中国共产主义青年团。1932 年加入中国共产党，是杰出的马克思主义理论家、政论家和社会科学家，曾担任中共中央顾问委员会常务委员、中共中央党史工作领导小组副组长、中国社会科学院院长等职。

中国社会科学院成立之后，在机构组建和学科发展问题上做出了一系列规划。1978 年 1 月 11 日，在科研计划和规划动员会上，胡乔木认为，中国社会科学院现有的研究所尚不完整，不能满足社会科学发展的需要和国家需要，提出要增加一批新的研究所的构想。他认为，应该从马克思主义思想研究、社会学研究和经济工作的角度出发，从这三个方面考虑，看需要新增加哪些方向的研究所。在胡乔木亲自拟定的《八年内拟新建的研究所（草案）》中就有设立技术经济研究所的构想。

1980 年，在胡乔木和于光远的倡导下，中国社会科学院开始筹建技术经济研究所。于光远提出徐寿波的专业背景很合适，邀请他来帮助筹备成立技术经济研究所，并把他调到了中国社会科学院工作，从此，徐寿波告别了已经工作二十余年的中国科学院，来到了新的工作单位，开始了新的征途。

在中国社会科学院，徐寿波负责的是许多实际的筹建工作，包括研究所领导班子的成立、办公地点的选址、人员和办公设备的配置、学科方向的设定、研究生培养方案的制订等。在他的积极努力之下，技术经济研究所成立了，并很快开始正常运转，展开了研究工作。1982 年，技术经济研究所改名为数量经济与技术研究所。1980 年 1 月～ 1986 年 6 月，徐寿波担任中国社会科学院研究生院 1983 届数量经济与技术经济系主任。

中国社会科学院数量经济与技术经济研究所发展到今天，已经是中国社会科学院经济学部八个经济类研究所之一，也是国内唯一一家集数量经济与技术经济理论方法和应用研究为一体的综合性国家级研究机构。发展 30 余年来，数量经济与技术经济研究所已

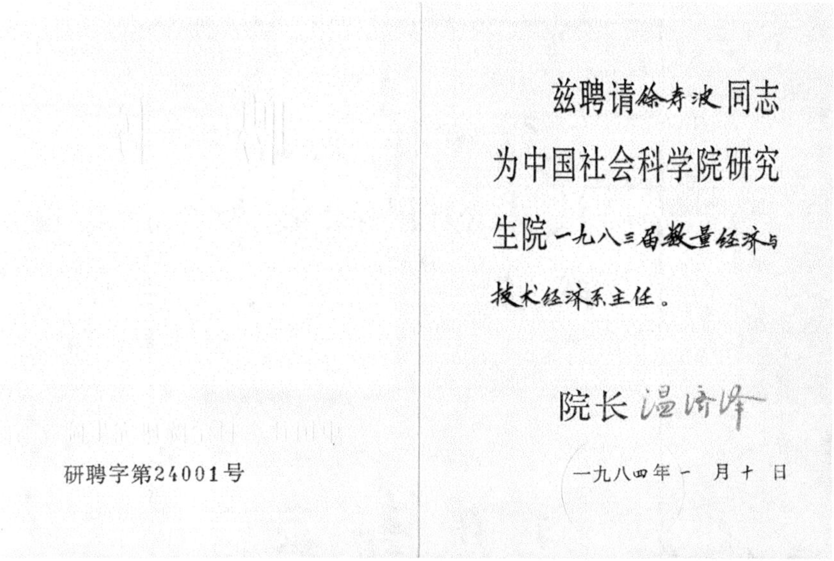
研聘字第24001号

兹聘请徐寿波同志为中国社会科学院研究生院一九八三届数量经济与技术经济系主任。

院长 温济泽

一九八四年一 月十 日

徐寿波被聘为中国社会科学院1983届数量经济与技术经济系主任

经成为拥有10个研究室[①]的综合性研究所，完成了许多重要的研究项目和课题，其中国家级重点课题20多项，部级重点课题30多项，与国外著名研究机构和大学合作研究课题20余项，出版了一批在国内外颇有影响的成果著作。

在中国社会科学院技术经济研究所筹建的同时，国务院也成立了技术经济研究中心，徐寿波因在学科建立和发展上的影响力和较强的组织、工作能力，被任命为国务院技术经济研究中心能源组负责人，并承担了组里的日常事务和学术研究方面的管理和组织工作。1986年以后，徐寿波调至国家计划委员会工作。自1989年起，他连续多年被任命为国家计委技术经济研究所所长职务。

在从事技术经济研究期间，让徐寿波倍感欣喜的一件事情是

① 包括经济系统分析研究室、经济模型研究室、环境技术经济研究室、资源技术经济研究室、技术经济理论方法研究室、数量经济理论方法研究室、信息化与网络经济研究室、数量金融研究室、综合研究室以及产业经济研究室；行政和科研辅助部门设有办公室、科研组织处、《数量经济技术经济研究》编辑部和网络信息中心。其中，环境技术经济研究室的前身是能源技术经济室，1987年更名为工业技术经济室，1994年中国社会科学院学科调整时，更名为环境技术经济研究室。

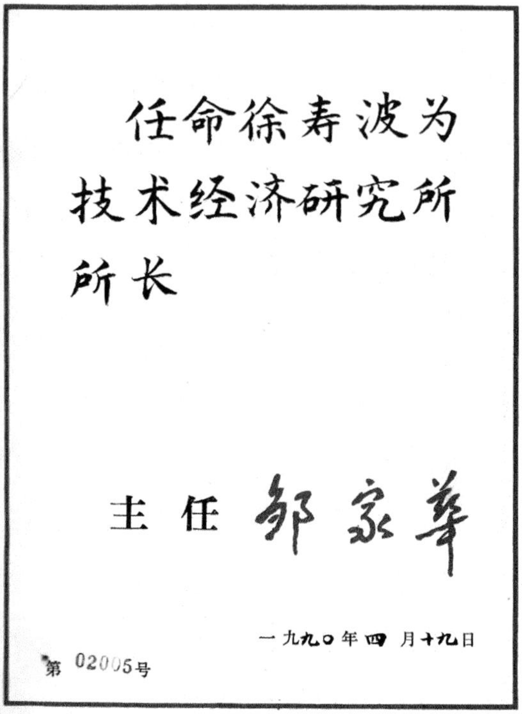
任命徐寿波为
技术经济研究所
所长

主任 邹家华

一九九〇年四月十九日

第 02005号

徐寿波被聘为国家计划委员会技术经济研究所所长的聘书

1980年《技术经济学概论》由上海科学技术出版社出版。这本书是在徐寿波于1963～1965年所写的《技术经济方法论的研究报告》的手稿基础上完成的，全书共5篇26章，约24万字。这部书稿原定于1966年出版，但因为时代风波几经周折，直到1980年，这部奠定了徐寿波在技术经济学研究领域地位的专著才得以问世。

《技术经济学概论》出版后，在国内外学术界引起了巨大反响，技术经济学被誉为由中国学者创立的、有中国特色的学科。这部著作问世后深受读者好评，曾荣获《光明日报》社全国“光明杯”优秀学术著作二等奖，并成为全国大学里技术经济学或相关专业的指定教材。1982年第2期的《技术经济》杂志上刊登了龙富的《评徐寿波同志的〈技术经济学概论〉一书》，文中写道：

徐寿波同志的《技术经济学概论》（以下简称《概论》）一

书，自上海科学技术出版社1980年3月出版（1981年9月再版）以后，引起了国内外的关注。这是我国第一本比较系统比较完整的技术经济专著。一些部门把《概论》作为培训技术经济工作者和经济管理人员的课本，一些高等院校把《概论》作为经济系和管理工程系的教材。许多读过此书的同志认为，《概论》一书从社会主义经济效果理论出发，运用数学演算和理论评述相结合的方法，提出了一整套对各种技术方案进行技术经济论证的计算公式和方法。它沟通了著名经济学家于光远所提出的经济效果评价的理论方法，与现实社会生产领域的大量技术经济问题的联系，推动了经济效果理论的实际运用，对这一学科的建设迈出了重要的一步。

《技术经济学概论》的出版，标志着徐寿波的有关技术经济学的学术思想确立。瑞典学者埃里克·达克在其发表于美国《亚洲概观》（1981年9月号）上的《中国的技术经济学》一文中，提到并高度评价了徐寿波的研究成果，并称他为中国当之无愧的“技术经济学之父”。

《技术经济学概论》出版后多年一直广受好评，先后五次再版。1984年，徐寿波受中国科学技术协会委托，在《技术经济学概论》第一版的基础上，补充了技术经济学的十大特点、六力理论、多快好省评价原理、综合评价原理及其定量计算方法、经济效果系数确定的新方法、进出口商品合理价格、合理税率和利率的确定方法以及应用实例等部分内容，完成了约45万字共24章的《技术经济学》（上、下册）第二版[①]。1986年，由江苏人民出版社出版了约60万字共8篇35章的《技术经济学》第三版，在这一版中，徐寿波增加了微观技术经济学理论、方法和应用方面的内容。1988年，《技术经济学》第四版出版，在这个版本里，为了适应工程技术人员和理

① 由中国科协讲师团和中国科学与技术政策研究会出版。

工科大专学生的学习需要，徐寿波对内容进行了精简，把总篇幅压缩到了40万字，全书包含4篇19章，以较好地适应读者的需求。2012年，在增加了新时期的研究成果的基础上，包含4篇25章总字数达100万字的《技术经济学》第五版[①]问世，这是最新版的《技术经济学》，也是《技术经济学》最完善的一个版本，既包含技术经济学的原有研究基础，也包括徐寿波在每一个阶段的研究心得，可谓凝聚了他半生的心血。《技术经济学》每次再版时，徐寿波都会将取得的新成就和最新的研究成果补充进来，因此每一版书中，无论是形式还是内容，都有较大的差异。2014年1月4日，第三届中国出版政府奖图书奖揭晓，《技术经济学》获得了提名奖。

2012年6月，徐寿波（站立者右一）与北京交通大学党委书记曹国永（站立者左一）共同出席《技术经济学》第五版出版发布会

① 由经济科学出版社出版。

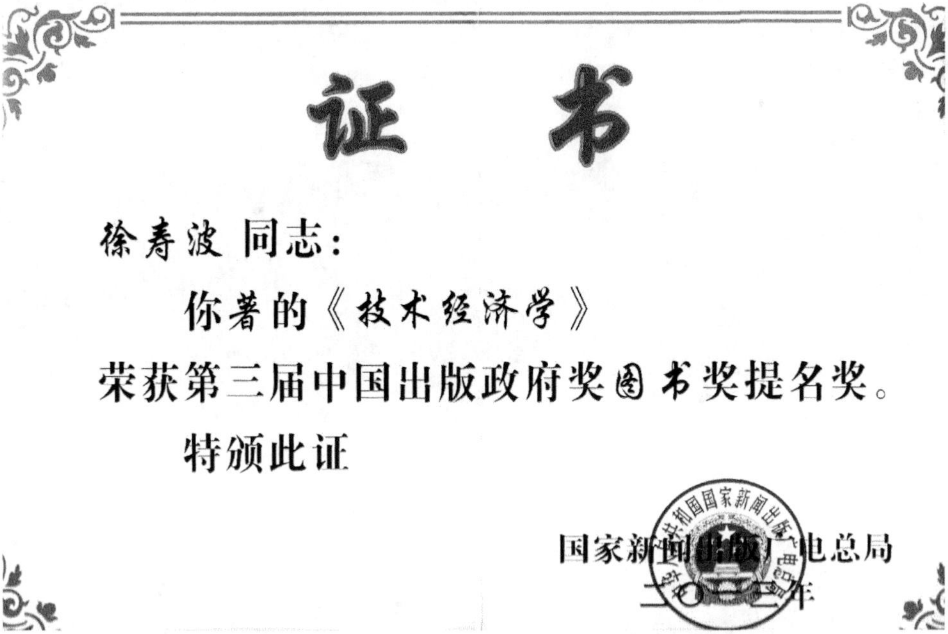
证书

徐寿波 同志：

你著的《技术经济学》

荣获第三届中国出版政府奖图书奖提名奖。

特颁此证

国家新闻出版广电总局

二〇一三年

《技术经济学》荣获第三届中国出版政府奖图书奖提名奖

中国出版政府奖是我国新闻出版领域的最高奖，每三年评选一次，旨在表彰和奖励国内优秀出版物和个人，即在本学科领域、本行业或在全国有较大影响，具有较高的知名度和品牌效应；对于传播、积累科学技术和文化知识，促进经济发展和社会进步有较大贡献；具有重要思想价值、科学价值或者文化艺术价值。前两届分别于 2008 年、2011 年正式揭晓并颁奖。我国著名学者厉以宁、萧灼基、袁贵仁、许庆瑞、潘云鹤等都曾获得过该奖项，该奖项的含金量很高，获得这个奖也是令徐寿波心中感到自豪的一件事。

第六章

探索节能新时代

冬天已经过去，春天不再遥远。1978年科学大会的召开，令全国的知识分子普遍感到了扑面而来的温暖春风。响应新时代的召唤，接受新任务的挑战，徐寿波感到自己全身充满了力量。在新时期，徐寿波继续研究能源问题。倡导节约能源，提高能源利用效率。节约和效率并重，是他优先考虑的问题。

第一节 聚焦能源问题

徐寿波耗费了半生心血，致力于能源研究。早在1978年科学大会召开以前，徐寿波就在中国科学院科学规划会议上提出要加强能源科学研究的建议，受到国家科委[①]能源局领导的高度重视，他被任命负责起草全国能源科学技术规划，后来能源规划被国家批准列为八大科学技术研究领域之一[②]。国家重视能源问题的研究，研究项目和经费增加了，相关的研究人员也逐渐多了起来，徐寿波回忆道：

从此，原来动能研究室的人也回来了，我负责的“综合能源研究室”的人又多了。[③]

徐寿波看到了发展能源研究新的希望，坚信能源研究有进一步发展的空间。

1978年科学大会召开以后，徐寿波趁热打铁，向中国科学院提交了报告，建议在中国科学院加强能源研究，并在原来能源研究室

---

① 即国家科学技术委员会，1998年改名为中华人民共和国科学技术部。

② 根据《1978—1985年全国科学技术发展规划纲要（草案）》，八大科学技术研究领域分别为：农业、能源、材料、电子计算机、激光、空间、高能物理、遗传工程。

③ 徐寿波,《我亲身经历的我国综合能源研究四起四落》，http://www.igsnrr.cas.cn/sq70/hyhg/kyjl/。

的基础上成立能源研究所这样所一级的机构，以便于发展这门学科。但是这份报告没有通过，主流的观点是认为能源研究包含了经济问题，不适合在搞纯技术、自然学科研究的中国科学院中发展，因此徐寿波的建议没有被采纳，他的愿望落空了。但他并没有气馁，他是学能源出身的，时常关注能源和民生之间的关系。他总是说，人类社会的发展和能源是紧密相连的：没有能源，便没有人类社会的向前发展。

20 世纪 70 年代，世界工业生产主要使用的能源是石油，而随着 1973 年“中东石油战争”爆发，中东等产油国家采取了石油禁运和提高石油价格等措施，引发了世界能源危机。受世界范围的能源危机的影响，以及受制于长期以来能源供应不足的现状，能源问题成为我国国计民生中的重要问题。1975 ～ 1977 年，徐寿波所在的动能研究室承担了国家计委清仓节约办公室交予的研究任务，把工作重点放在了研究解决能源短缺问题上来，由此动能研究室开展了对太阳能、风能、地热等新能源利用的研究工作。

徐寿波不断发表自己对能源问题的见解。1978 年，他在《能源》①杂志第1期上发表了题为《大力加强能源利用科学技术的研究》一文，文中强调了能源对国家发展的重要性，他明确指出“能源是发展工业、农业、国防、科学技术和提高人民生活水平的重要物质基础”，并且认为“能源的开发和利用、对经济和技术的发展有重大意义”。正因为这样，所以需要合理开发和利用能源。他提出国家有关部门应重视这个问题，并在我国建立与能源相应的科学方案和技术政策，指导能源的开发和使用。1978 年 10 月，徐寿波随团赴日本考察，在仔细调研了日本的能源使用和发展情况并对比我国的现状后，他感到，我国在能源使用上存在很多问题，日本的经验值得我们借鉴。考察结束以后，他写下《日本的能源——日本考察报告》一文，发表于 1979 年 3 月的《能源》杂志上。在文中，他记录了自

① 后改名为《中国能源》。

己在日本考察了解到的能源政策，并通过查阅最新的研究资料，对比日本和其他主要国家，如美国、西德、法国、英国的能源利用情况，总结了日本能源政策的实施情况，借此希望能为中国能源的合理利用提供参照和借鉴。

1978 年中国能源利用考察团赴日本考察时合影留念
（徐寿波位于前排左三）

中国能源利用考察团

团长	赵志萱	中国科学院电工研究所所长
付团长	高　博	国家计划委员会节约办公室处长
团员	马元骥	中国浙江大学教授
团员	廖少葆	中国科学院电工研究所二室付主任，付研究员
团员	徐寿波	中国科学院自然资源综合考察委员会能源室付主任，付研究员
团员	王　海	中国科学院自然资源综合考察委员会能源室付研究员
团员	于国祥	国家经济委员会技术局付处长
团员	单人秀	国家计划委员会经济工程师
团员	龚公岐	第一机械工业部电工局工程师
团员	居滋象	中国科学院电工研究所助理研究员
团员	王积铠	第一机械工业部电工局工程师
团员	王晓鸣	中国科学院外事局干部

中国能源利用考察团人员名单

1979 年 12 月在浙江杭州召开的全国第一次能源政策座谈会上，徐寿波宣读了《我国能源存在的问题和看法》一文，获得了国家科委的高度重视。在这篇文章中，他说，我国因“文化大革命”的破坏，“大量的能源需要得不到满足，已经到了能源供应的紧张时机。这个‘能源紧机’影响了我国整个国民经济的发展，造成国民经济比例的严重失调。”他呼吁国家和社会要正确认识和对待这个问题。

徐寿波查阅了大量的资料，总结了国内外对能源利用的成果、经验和教训，在调研的基础上，通过思考，他向国家有关部门提出了一系列建议，包括提高能源利用率、增强国家能源储备、加强能源科学技术的研究、制定合理的能源政策和规划、成立相应的管理机构，等等。

1981 年，国家能源委顾问团成立合影（徐寿波位于后排右四）

在半个世纪的调查研究工作的基础上，徐寿波对能源的认识不断提高，他提出了“综合能源”的概念，从最初的“动力”发展到“动能”，从“动能”再扩展到“综合能源”，这是他认识上不断深化的结果。他选择以“综合能源”一词概括了自己对能源问题的看法。

他认为，综合能源工程学的研究对象，不单单是煤炭、石油、天然气和水力等常规资源，还包括由核能、太阳能、风能、生物质能、地热能、氢能、潮汐能、波浪能等新能源以及二次能源等多种能源组成的综合能源体；能源问题既包括能源的勘探、开发、生产、转换、加工、储存、输送和分配，还包括能源的多种用途以及综合利用等。不仅如此，研究综合能源不仅要把眼光放在能源本身的问题上，还必须密切关注能源、资源、环境、人口、经济等多方面的互动。他认为，综合能源工程学是一门综合性的科学，而且这门学科既新又老。新是因为这门学科在中国发展已有多年；老是因为随着时代的变迁，不断有新的内容注入，增添了新的活力。他感到，要做好这门学问需要不间断学习，要掌握多方面的知识，要具备综合素质。在《综合能源工程学》专著中，徐寿波曾提出过这门学科从属的领域以及研究所需要的基础知识：

> 着重于生产力方面问题的研究……应该从属于工程技术科学范围，并且这门科学的研究，最重要的是要有能源技术的知识基础，不是文科的知识基础。……需要有一些经济理论、数学、计算机、资源、环境和社会等方面的知识。这是因为它是一门多交叉性的综合学科的缘故。

正因如此，他认为，在中国，这门科学“应该名正言顺地归属于工程科技领域”。①

徐寿波在技术经济领域和能源科学领域都有深入的研究。随着改革开放以来国家对能源工业的重视，越来越多的人认识到能源对国家发展的重要性，从而投入对这门科学的研究中来。从 20 世纪 50 年代开始，徐寿波从事能源工作已经超过了半个世纪，对能源问题的研究有着独特的见解和研究积累。随着新时代的来临，他下定决心要把自己对能源问题的看法写下来出版，让更多的人关注他

① 徐寿波，《综合能源工程学》，南京：江苏人民出版社，1997 年，再版前言。

的研究。1988 年，江苏人民出版社出版了徐寿波的《能源技术》一书，这是徐寿波对综合能源学科上工作的一次综合性的总结。关于撰写这部专著的初衷，徐寿波这样说道：

> 为综合能源部门以及单项能源部门从事能源规划、设计和生产的惯例干部与工程技术人员；为能源工程技术方面的科研人员、教学人员以及研究生和大学生提供参考；能够引起社会各方面对综合能源工程学的重视，从而促进这门新学科在中国的更大发展；能够得到读者的批评和指教，那么，这就是作者最感快慰的事！①

在这部专著中，徐寿波全面阐述了能源学科在中国的历史变迁、这门学科的研究目的和研究意义，并发表了自己的见解。徐寿波认为，综合能源和单项能源是两个不同的问题，“综合能源工程学是一门研究综合能源工程问题的科学”，且“着重于生产力方面问题的研究”②。这门科学从属于工程技术科学范围，对综合能源问题的研究，除了要具有能源工程技术方面的知识外，还需要多方面了解经济、数学、计算机、资源、环境和社会政治等相关专业。在《能源技术》一书中，徐寿波多方面探讨了综合能源工程方面的问题，如能源系统工程问题，能源利用工程问题，能源效率工程问题，能源综合利用工程问题，综合节能工程问题，综合能源平衡工程问题，能源发展工程问题，能源基地建设规划工程问题，能源经济增长方式转变工程问题，能源、资源、环境、人口经济多元组成的综合能源大系统工程问题，等等。

《能源技术》一书出版后，社会和学界反响很好。此后，徐寿波结合时代变迁与新技术的研发，于 1997 年补充了新的内容后，更名为《综合能源工程学》再次出版。原国家能源部部长黄毅诚在阅读过徐寿波的专著后，给予了极高的评价，他提到：

①② 徐寿波，《综合能源工程学》，南京：江苏人民出版社，1997 年，再版前言。

《综合能源工程学》一书总结了徐寿波同志长期来的成果，凝结了他四十年的心血。这本书的出版，是很有现实意义的。它对中国能源利用工程科技和综合能源工程科技的发展，对能源、环境和经济的可持续发展，将起到积极的作用。①

徐寿波的眼光很长远，他始终认为，能源和经济问题是密切结合的。在能源开发和使用中，如何通过分析、比较，以达到最经济的效益，使能源可持续性地为人类社会服务，这是科学家应该密切关注的重要问题。他对能源使用效率尤其关心。他把综合能源学科应用于实践的一个例子是20世纪70年代的京、津、沪、辽四地区余热利用综合能源工程问题。当时，他担任这项工程技术方面的总负责人，在各地调查研究，为综合能源工程的理论建立和实际应用而奔走。

徐寿波清楚地记得，因为当时能源浪费问题严重，能源的使用效率很低，国家计委为此成立了节约能源办公室，简称节约办，目的是为了指导节能工作。当时社会上有一句口号是“废气要回收，余热要利用”，也是基于这个要求，徐寿波应节约办的要求，参加了余热利用项目，调研的第一站便是天津。

徐寿波和工作组成员走访了冶金、化工、机器、建材、轻工、纺织等行业的相关工厂，主要调研煤炭、石油和天然气的使用情况，详细记录下生产中被浪费掉的能源数量，再调研这些被浪费的能源是否可以再利用。调研之后，他们写了一份详细的报告，指出能源燃烧后除了供给生产以外，还有大量的余热被浪费掉了，这些余热资源是可以回收利用的。后来，徐寿波在国家计委节约办召开的节约工作会议上宣读了这个报告，并作为文件发给了全国各省市相关部门参考，希望他们提高能源利用效率，减少能源浪费。工作组在天津打响了第一炮，此后，继续在其他地区做调查，详细调研和讨论每个行业的余热资源有多少，怎么利用，怎

① 徐寿波，《综合能源工程学》，南京：江苏人民出版社，1997年，序。

样做到对余热资源的经济回收。[①]对于北京地区的余热利用，徐寿波想起自己在苏联时看到的情况，苏联使用过一项“热电联产”技术，即发电厂既生产电能，又利用汽轮发电机在发电过程中产生的蒸汽对用户供热，这是一种同时生产电、热能的工艺过程，比分别生产电能和热能的方式更节省燃料，他认为这种方式也适用于中国。为此，他在各种场合提倡中国也要大力发展热电联产，因为这样工业生产的效率可以提高一倍。徐寿波在对北京地区的企业进行考察以后，提出了一个方案：北京冬季又要供暖，又要发电，用发过电以后的蒸汽来供暖，就可以较为高效地利用能量了。有一个例子，徐寿波曾经多次去首都钢铁公司调研，他在考察的时候看到，冶炼钢铁时使用的是冷却了的焦炭。方法是：把烧得火红的焦炭取出放到水池里迅速冷却，用冷却后的焦炭炼钢、炼铁，这样的结果是焦炭冷却的热量都白白损失掉了。徐寿波对首都钢铁公司建议：冷却焦炭的水温度很高，蕴含了大量的热能，完全可以用来取暖。首都钢铁公司采取了这个方案，用冷却水的热能来供暖，效果良好。在余热利用问题上，徐寿波不断取得新的进展，并收获了许多能源节约和合理利用的可以借鉴的经验。

1988年12月，徐寿波（前排右二）在首都钢铁公司参观考察

① 2014年4月17日访谈，徐寿波口述。

徐寿波（前排左三）与北京能源学会理事考察首都钢铁公司

除了节能外，徐寿波还关注能源的利用和平衡问题。1982 ～ 1983 年，他担任山西能源重化工基地综合规划研究总顾问，参加了山西能源基地建设工程的前期工作。

党的十一届三中全会以后，随着全国开展的大规模社会主义现代化建设，生产中对煤炭、电力的需求越来越大。能源问题是关系到国家长远发展前途的大事。山西是全国煤炭大省，能源储量丰富，合理开发山西的资源，促进山西的经济发展是山西省面临的大事。早在 1979 年，国家便提出计划，要把山西建设成一个强大的能源基地。国家计委、建委、煤炭部、电力部、铁道部、水利部组织了联合调查组到山西、内蒙古一带进行调查，并向中央上报了《山西内蒙是两个很有发展前景的大能源基地》的调查报告。鉴于煤炭资源的开发和利用，将带动如电力、化工、冶金、交通运输、机械工业等的发展，从长远看，发展能源也将促进山西经济的发展，同时对国家经济发展做出贡献。1979 年 9 月 19 日，中共山西省委、山西省革命委员会向中共中央、国务院呈报了《关于把山西建设成为全国煤炭能源基地的报告》①。1980年7月30日，山西省政府向国务院

① 中共山西省委党史办公室，《中国共产党山西历史第三卷（1978—2011）》（上册），北京：中共党史出版社，2012 年，第 60 页。

报送了《山西能源基地建设规划纲要（草案）》，提出以能源为龙头，带动山西经济发展的战略。

1980 ～ 1982 年是山西煤炭能源基地建设的开始阶段，经过一系列的筹备工作，山西省无论是在新矿建设、旧矿改造，还是在电厂建设和输变电建设方面，都取得了很大的进展。1982 年，徐寿波受山西省政府之邀，来到山西，参加山西能源基地建设中的综合规划研究工作。山西能源重化工基地建设综合经济规划研究是一个综合性很强的项目，从 1982 年 4 月正式开始到 1983 年下半年完成，包含全国和山西省的数十个单位 1400 多名专家参加。徐寿波被任命为山西能源基地建设综合经济规划研究总顾问之一①，并担任了综合平衡组的顾问之一②。

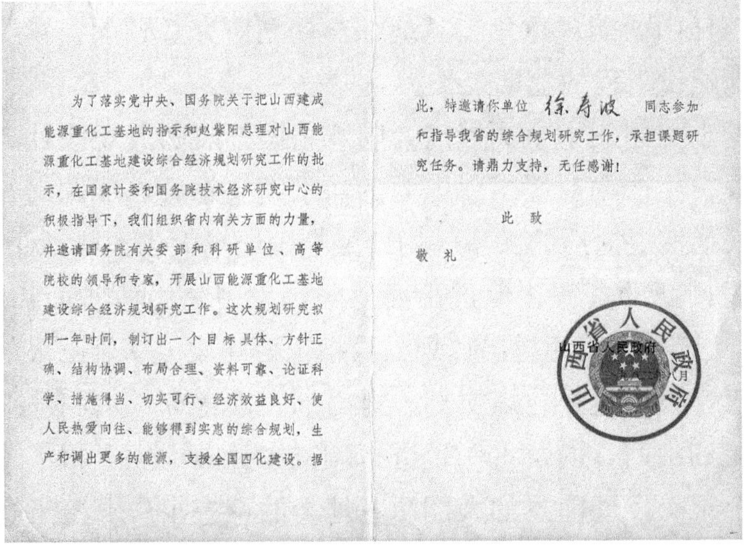

为了落实党中央、国务院关于把山西建成能源重化工基地的指示和赵紫阳总理对山西能源重化工基地建设综合经济规划研究工作的批示，在国家计委和国务院技术经济研究中心的积极指导下，我们组织省内有关方面的力量，并邀请国务院有关委部和科研单位、高等院校的领导和专家，开展山西能源重化工基地建设综合经济规划研究工作。这次规划研究拟用一年时间，制订出一个目标具体、方针正确、结构协调、布局合理、资料可靠、论证科学、措施得当、切实可行、经济效益良好、使人民热爱向往、能够得到实惠的综合规划，生产和调出更多的能源，支援全国四化建设。据此，特邀请你单位 徐寿波 同志参加和指导我省的综合规划研究工作，承担课题研究任务。请鼎力支持，无任感谢！

此致

敬礼

山西省人民政府

徐寿波参加山西能源基地建设工程的邀请函

---

① 山西能源基地建设综合经济规划研究总顾问为时任国务院技术经济中心常务干事、教授王慧炯，时任中国社会科学院技术经济所负责人、副研究员的徐寿波和时任中国社会科学院工业经济所副研究员的黄载尧。

② 除了徐寿波外，综合平衡组顾问还有时任中国社会科学院经济研究所副研究员的张守一、时任中国科学院地理研究所副研究员的李文彦、清华大学副教授夏绍玮以及中国科学院综考会副研究员容洞谷。

1982年4月23日，在山西省的工作即将展开之际，徐寿波写下了题为《关于山西能源基地建设综合经济规划研究的几点建议》[①]的文章，对整个综合经济规划工作提出了设想，并对各专业组的工作提出了具体计划。他在文中指出，"'目标明确、资料可靠、论据科学、措施得当、切实可行、经济效益良好'，这就是综合经济规划研究的总要求。"他对山西能源基地建设综合经济规划十个专业规划方面[②]提出了具体的工作要求，要求他们在工作基础上编制一个全省规划，以他担任顾问的综合平衡组为例，他提出了具体的研究方案，提出工作组要调研的内容包括：

（1）煤炭总产量、外调量（包括出口量）及其对国家和各省经济发展的应用（国民收入增加，速度加快）；

（2）全省总产值；

（3）全省农轻重比例、积累消费比例；

（4）全省国民收入；

（5）全省上交国家的利润税收；

（6）全省净国民收入；

（7）全省资金、劳动力、主要物资（能源、钢材、水泥、木材等）需要量；

（8）全省国民经济效果（资金国民收入率等）；

（9）城乡人口比例、就业人口和各部门科技人员；

（10）人均国民收入；

（11）人民生活消费水平和结构；

（12）环境质量；

（13）国土利用方案；

① 山西省计划委员会，《1981—2000山西能源重化工基地综合规划资料汇编（第1册）综合部分》，1985年，第60-67页。

② 这十个方面分别是：综合平衡、能源生产和加工工业、农业、水资源、煤炭综合利用工业和其他工业、交通运输和邮电、环境保护及城镇建设、科技文教卫生、人民生活和社会环境、财政金融。

（14）山西在全国的地位；

（15）主要政策措施和管理体制。

鉴于各个规划组所做的工作不同，要协调彼此之间的关系，徐寿波指出，还应注意几个关系问题，即“规划和研究之间的关系；经济、社会和技术之间的关系；全国、本省和人民三方面利益之间的关系；需要、可能和经济效益之间的关系；现在的规划工作和规划研究之间的关系；已有研究成果和这次规划研究之间的关系；已有技术和国内外先进技术之间的关系；现状和将来之间的关系”等。他甚至为各个规划组排出了具体的工作时间表，以专业的眼光，提出应按照各个类型研究同时进行、平行作业、相互之间随时联系的方式开展工作，并且应按照从部门和地区规划研究或从综合规划研究开始的顺序开展工作。这是徐寿波以总顾问身份对整体工作提出的方案，他的建议得到了采纳。

徐寿波主要研究应用能源 2E、3E 系统平衡工程技术，提出煤炭规模、结构和煤电运综合平衡方案等成果，这些研究方法在国家能源基地规划建设中被利用，做出了贡献，其中关于山西大中小煤矿综合发展、煤炭国家补贴等建议被国家采用，经济效益显著，为国家节约投资 20 亿元以上。在实际开展工作的基础上，徐寿波将其理论成果集中在论文《山西省煤炭能源开发方针的综合评价研究——综合评价方法的应用》中，他指出：

> 煤炭是我国主要能源，山西煤炭能源基地是我国最大的能源基地。
>
> 山西煤炭能源的开发方针是一个很复杂的问题，涉及面很广，因此评价开发方针的适合与否，需要采用比较科学的方法，它既要有质的分析，也要有量的分析。[①]

① 徐寿波，《山西省煤炭能源开发方针的综合评价研究——综合评价方法的应用》，选自山西省计划委员会编，《1981—2000 山西能源重化工基地综合规划资料汇编（第 2 册）煤炭、电力》，1985 年，第 56–70 页。

徐寿波采取了五分法，从“政治评价、国防评价、社会评价、技术评价、环境生态评价、自然资源评价、经济评价”七个方面分别对山西煤炭传统的开发方案进行评分（五分为满分，一分为最低分，零分为否决分），最后得出要综合评价开发山西煤炭资源的方案：

1. 山西省大方案（指大型、技术先进的国统矿）同全国同类煤矿相比有着很多优势，经济效益是全国最好的。……国家大力投资开发山西大型煤矿基地是完全正确的。

2. 由于国家既缺能源，又缺资金，如果只开发山西省大型煤矿，那么要到2000年实现经济战略目标是根本不可能的。最好的出路就是大力发展少花国家资金、又能多出煤炭快出煤炭的山西地方矿和社队矿。

3. 归纳起来，山西省到2000年或更长时期的煤炭能源开发方针，应该是大中小结合，先进、中间和传统技术结合以及国统、地方和社队矿结合的“三个结合”的方针。更明确地说就是实行“三个大力发展”的方针，即大力发展以国家投资为主、采用先进技术和中间技术的大露天矿和大中型矿，大力发展以地方自筹资金为主、采用中间技术为主的中型矿，大力发展社队自己出资金为主，采用农民适用技术的中小型矿。

截止到1983年6月，山西能源重化工基地建设综合经济规划研究项目已经是硕果累累，共完成459个专题成果及其规划，150余幅图和26个经济数学模型，其中，徐寿波亲自参加并完成科技成果14个（其中有10个是与他人合作）。在该项工作基础上，他参与编写了《山西能源重化工基地建设综合规划研究》报告，这份报告建立在大量的实践工作基础上，内容翔实，有理有据，获得了1985年中国社会科学院优秀研究报告奖。

1998年，徐寿波（前排左七）参加山西煤炭经济发展战略研究论证会和与会代表合影留念

除了参加山西能源基地建设工作以外，1984年，徐寿波还承担了国家社科基金“六五”重点项目——“中国能源发展战略问题研究”的课题。作为项目研究组组长，他负责总体设计工作，组织了全国34个单位共63名专家，历时5年，完成了45个成果，1个总成果，17个专题成果，27个地区成果，1本专著。这项研究是新中国成立以来我国能源发展战略研究的第一个集体攻关成果，取得的成果数量之多、参加单位和人数之众在当时都是比较少见的。该项目完成后于1991年获得国家计委科技进步二等奖。

在长期从事能源工作的基础上，徐寿波总结，能源要合理利用，持续发展，才是长久之道，因此，国家应该制定符合能源发展的战略，他提出：“能源发展战略应该指一个比较长的时期内，能源发展符合客观规律性的设想。”① 并指出，应该从四个原则出发，制定全国能源发展战略，即要考虑能源发展的目的性、长期性、全面性和合理性。徐寿波认为，“中国的资源能源利用潜力巨大，提高资源能源的利用效率，提出能源梯级利用、综合利用，发展全能量利用系

① 徐寿波等,《中国能源发展战略问题研究》，选自《技术经济学》，北京：经济科学出版社，2012年，第381页。

1992年9月9日，国家计委宏观经济院赴德代表团参观鲁尔煤矿（徐寿波位于前排右四）

统。21世纪中国大力节约资源能源的前景是十分广阔的。”[①] 不仅如此，他还认为，缓解能源问题不能以牺牲能源安全为代价，能源安全涉及国家国防安全和人民生命安全，不容小觑。

1989年，中国社会科学出版社、上海人民出版社、经济日报出版社联合出版了《2000年的中国》一书。在这部由经济学家、时任国务院经济技术社会发展研究中心总干事、国务院发展研究中心主任马洪主编的著作里，徐寿波参加了“2000年中国能源的图景”部分的创作，描绘了2000年中国能源的蓝图。他结合专业知识，根据1989年及之前中国能源开发、使用的方法和数据，对未来中国能源的技术指标、供需关系进行了预测，并提出，要考虑能源地区平衡和能源工业布局的变化趋势，合理利用能源。有徐寿波参与的《2000年的中国》一书获得国家科技进步一等奖。

① 刘放，徐寿波，谢行健，《面向21世纪，节约资源能源，走符合我国实际的节能道路》，选自《1998年节能工作研讨会论文集》。

2002年，中国共产党第十六次全国代表大会召开，正式提出了全面建设小康社会的宏伟奋斗目标，要求国内生产总值到2020年力争比2000年翻两番。随着经济建设步伐的加快，能源消耗也明显增加。面对能源消耗和社会发展的关系，徐寿波经过深入思考认为，要正确处理能源与社会的关系，对中国今后的能源与经济协调发展关系作出正确的战略抉择。

第二节　从“一番保两番”到“广义节能”

20世纪80年代，徐寿波运用一系列理论和研究数据，对国家提出的“一番保两番”决策进行了科学论证。

1982年9月，中国共产党第十二次全国代表大会在北京召开。在讨论社会主义经济建设问题上，我国第二代领导班子提出：在不断提高经济效益的前提下，力争在1981～2000年全国经济实现翻两番；但与此同时，能源供应只能保证翻一番！根据现实需要，党中央作出了“一番保两番”的科学决策——用能源供应的翻一番来保证全国经济的翻两番。在全国各部门的共同努力下，截止到1995年，国内生产总值翻了两番，能源消耗只翻了一番，提前五年实现了“一番保两番”的目标。

因为当时国家的工业生产主要使用的是煤炭能源，所以对“一番保两番”的简单理解就是：原煤年总产量翻一番，保证实现工农业年总产值翻两番。但国家工业要发展，能源不仅仅是牵涉到煤炭工业的事情，更关联着石油、电力等各类供应国计民生的各项能源行业。“一番保两番”要实现的是国民经济中的大事，意味着我国要用最少的能源消耗完成最大的经济目标。

一开始提出这个目标费了一番不小的周折，主要原因是大部分人都不相信可以用能源消耗的翻一番保证经济增长的翻两番，并认为这个计划实施起来难度实在太大了。因为在作出这个决定之前，根据有关部门的统计资料，中国的能源消耗比经济发展的速度要快许多，经济行业的专家都认为：要求能源消耗比经济发展速度慢，而且还要做到“一番保两番”，这简单是天方夜谭。根据2014年徐寿波的回忆，当时情况是这样的：

> “一番保两番”最早是十一届三中全会期间邓小平同志提出的，要求的是从1980年开始到2000年，工农业总产值要翻两番，能源翻一番。当时能源界有许多人对这种提法不赞同：工农业总产值翻两番，能源供应怎么保证？因为根据1949年以来的统计数据，中国的能源消耗速度比经济的增长要快1.5倍，照这个速度，全世界的能源都给中国还不够用，翻一番保两番，基本上被认为是做不到的。①

那么，党中央提出的“一番保两番”的设想能否实现？这个目标有没有科学性？徐寿波等一批能源、经济等行业的科学家开始了艰难的论证过程。

徐寿波代表国家计委向来自煤炭部、电力部、水电部的专家们咨询：国家到2000年到底能提供多少能源？经过一番计算，最后得出来的数据是：排除在勘探和运输中的消耗，到2000年，国家最多能提供包括煤、油、气和水电在内的能源数量是12亿吨，能源翻一番可以确定了。剩下的问题是能不能做到一番保两番？徐寿波认为：通过合理布局，找准目标，“一番保两番”完全可以实现。

① 2014年1月20日访谈，徐寿波口述。

徐寿波清楚地记得，“一番保两番”最初提出时是以“工农业总产值”为衡量指标的。“工农业总产值”指的是工业总产值加农业总产值，是工业和农业两大物质生产部门在一定时期内所生产的全部产品的价值总和，是工农业总产量的货币表现，是用来反映工业生产和农业总成果的经济指标。最早提出这个目标，讲的是以能源翻一番来保证工农业总产值翻两番。徐寿波在一番深思熟虑之后，认为这是不现实的。他认为，首先应该清楚的是国家的经济状况。中国的经济已经有了腾飞的迹象，工业和农业是国家经济的支柱，但除此之外，经济学家的目光应该放高、放远，看到国家各行各业的发展情况。他开始思考一个问题：用“工农业总产值”来衡量国家的经济状况是否符合现行的经济规律？徐寿波敏锐地观察到，国际上的形势早就发生了翻天覆地的变化，发达国家已使用新的概念来作为衡量经济发展的指标了。于是，徐寿波提出了一个新想法：用国际上通行的“GDP”来取代“工农业总产值”的概念。

GDP 指的是国内生产总值，即在一定时期内（一个季度或一年），一个国家或地区的经济中所生产出的全部最终产品和劳务的价值。GDP 在国际上被公认为是衡量国家经济状况的最佳指标，它不但可反映一个国家的经济表现，还可以反映本国的国力与财富。徐寿波在系统研究后认为，我国已经使用多年的“工农业总产值”的指标已经落伍于时代了，他是这样解释的：

> 这个目标是苏联计划经济采用的，中国改革开放时期不适合采用，不符合中国实际情况，也缺乏技术经济学的科学依据。[1]

他认为，“工农业总产值”在当时的经济发展条件下，不能全面反映社会经济的情况，与社会主义生产目的脱节，同每位劳动者的实际利益目标脱节，同提高劳动生产率的目标脱节，同提高经济效

① 徐寿波，《技术经济学》，北京：经济科学出版社，2012 年，第 365 页。

果的目标脱节，同实际经济状况脱节，以及同真正的国民经济发展速度脱节。鉴于此，他向时任国务院技术经济研究中心主任、中国社会科学院副院长马洪提出了“国民收入和纯收入应作为经济发展的主要目标”的建议，并提交了相关的研究报告。这个报告后来经中国社会科学院转送给国务院，后组织了相关领域专家审核，最终该建议被采用。

徐寿波正式提出，国家可以以 GDP 作为主要指标，做到能源翻一番，GDP 翻两番。这是他对“一番保两番”的论证，并得到了国家计委的认可，被作为实现“一番保两番”的一项重要参考依据。同时，国家制定了一系列措施来确保“一番保两番”的顺利实施，经过全国各部门的努力，“一番保两番”在 1995 年得以提前并顺利实现，这令徐寿波倍感欣慰，国家目标在确定的时期内完成，他的理论也在实践中得到了确认。2013 年 6 月 22 日，徐寿波在中国科学技术馆举办的科技讲坛作题为《生活中的广义节能》报告中谈道：“1981 ～ 1995 也被誉为新中国历史上能源与经济协调发展的最好时期。”

徐寿波始终认为，“一番保两番”能顺利实现，一是靠节约，二是靠开源，这二者的核心都是要讲求“效率”。为此，在能源使用方面，徐寿波提出了“广义节能”及其带来的“能源效率”。

中央在提出“一番保两番”的决策后，采取了一系列有力的措施来保证这一决策能顺利实施。这些措施包括：提出开发与节约并重，以节约为主的方针；成立国家能源委员会，制定国家“能源科学技术”发展规划；在各行业和企业里建立能源管理机构；全国开展节能月活动以及制定节能法规，等等。所有的措施都体现了“节约”二字。节能，尤其是广义节能被作为“一番保两番”实现的重要保障。

聘　书

第　号

兹聘请徐寿波同志为能源部高级咨询委员。

聘期贰年　　一九九　　日

徐寿波被聘为能源部高级咨询委员的聘书

节能，是指在保证能够生产出相同数量和质量的产品，或者获得相同经济效益，或者满足相同需要，达到相同目的前提下，使能源的消耗下降。徐寿波一直倡导要在生产和实践中兼顾节约和效益。他常自诩是“绍兴师爷”，绍兴人的精打细算早已深深刻印在他的脑海里。作为能源科学的研究学者，他提出要让能源发挥最大价值，还要兼顾“节能”。徐寿波认为，中国在节能问题上走过的道路可以划分为两个时期：一是改革开放以前的传统节能时期；二是改革开放以后的新节能时期。① 在传统节能时期所做的节能工程是狭义节能工程。狭义节能是指直接、看得见的节能，或者说是有形的节能，是直接用能源消耗量（如消耗多少吨煤或油）或能量消耗量（如消耗多少度电）来统计或计量，指的是直接在工业生产过程中降低能源消耗。而在改革开放以后，中国走上了广义节能之路。1979 年 9 月 26 日，在国家科委能源政策研究组举办的节能问题报告会上，徐寿波提出并宣讲了广义节能观点。从此之后，他做了一系列的调查研究。进入 20 世纪 80 年代后，徐寿波通过总结形成了一整套关于

① 刘放，徐寿波，谢行健，《面向 21 世纪，节约资源能源，走符合我国实际的节能道路》，选自《1998 年节能工作研讨会论文集》。

广义节能的理论和方法。1982 年，徐寿波将这些理论结集，由湖南人民出版社出版，这就是《论广义节能》一书，这部专著完整阐述了他关于节能的学术思想。

广义节能，是指从广泛意义上节约能源的消耗，指的是在整个国民经济范围内，在能源的生产、转换、储存、运输和消费过程中节约使用能源，是相对于狭义节能而言的新概念。广义节能的主要内容是采取技术上可行、经济上合理以及环境和社会可接受的措施，降低社会和经济发展中所需的能源消耗，以便更有效地利用能源资源。广义节能的主要特点是把直接节能和间接节能结合起来，并把节能和经济效果结合起来。广义节能是保证生产顺利进行的重要条件，是提高企业和社会经济效益的重要途径。广义节能的途径很多，如开展以节能为重点的技术改造，广泛采用低耗能的技术设备、生产工艺及原材料代替能耗高的技术设备、生产工艺及原材料，搞好能源的合理分配和综合利用，加强能源管理等。徐寿波提出，广义节能主要包括十种节能内容：①合理提高能源系统效率的节能；②合理节约各种经常性消耗物质的节能；③合理节省劳务量的节能；④合理节约人力和减少人口增长的节能；⑤合理节约机器设备等固定资产和原材料能源等流动资金的节能；⑥合理节约其他需要量的节能；⑦合理提高各种产品产量和劳务量的节能；⑧合理提高各种产品质量和劳务质量的节能；⑨合理降低成本费用的节能；⑩合理改变经济结构、产品方向和劳务方向的节能。

徐寿波验证了每一种节能内容带来的经济效益，并对我国的广义节能潜力进行了大胆预测。为了直观地说明问题，徐寿波采用的是数据对比的方法，证明了广义节能比狭义节能更有优越性。他用了两个表格（表 1 和表 2），对比了传统节能时期和广义节能时期能耗的有效利用比例的不同，并认为，广义节能在实践中取得了更好的效果。

表 1　中国狭义节能实践结果（传统节能时期）

项目	1974 年计算（煤炭和燃料油）			1978 年计算（煤炭）		
	比例 / %	效率 / %	有效利用 / %	比例 / %	效率 / %	有效利用 / %
发电	20.7	26.5	5.5	19.4	26*0.9	4.5
钢铁	11.6	80*0.3	2.8	13	80*0.3	3.1
冶金动力	7.0	25	1.8	3.2	35	1.12
合成氨	2.3	100	2.3	5.0	100	5.0
工业窑炉	16	20	3.2	9.7	25	2.43
工业锅炉	24	55*0.6	7.9	23.9	60*0.6	8.6
机车	5.0	8.0	0.4	3.2	8.0	0.26
民用锅炉	2.4	40*0.8	0.8	6.9	40*0.8	2.2
民用烤火	3.4	60	2.0	3.4	60	2.04
生活炊事	7.6	15	1.1	7.0	15	1.05
其他	—	—	—	3.2	25	0.8
合计			28			31

表 2　中国广义节能实践成果（1981 ～ 1995 年）

广义节能项目	节能量 / 万吨标煤	百分比 / %	备注
提高能源系统效率的节能	30 350	23.9	
提高人力利用效率的节能	27 420	21.6	
提高物力利用效率的节能	20 000	15.7	
提高财力利用效率的节能	12 120	9.5	
提高运力利用效率的节能	3 920	3.1	
提高自然力利用效率的节能 提高规模的节能 提高质量的节能	6 500	5.1	由于缺乏资料，无法分别粗略估算
降低消耗成本的节能 改变经济结构的节能	26 690	21.0	
合计	127 000	100	

徐寿波的节能思想得到了学界的认可，经由媒体宣传，在社会上开始推广运用，在实际运用中取得了良好的效果，深受好评。1982 年 10 月 12 日的《人民日报》发表了署名为胡凡、题为《评〈论广义节能〉》一文。这篇文章深入浅出地向读者介绍了什么是广

义节能，对徐寿波和他的广义节能理论给予了充分肯定。此后，全国各大媒体相继介绍、报道了节能的思想，并号召全社会学习并在实践中充分节能。

为了配合媒体宣传节能，当时著名的电影编导石梅音，制作了一部科教电影——《广开节能之路》。这部影片是在徐寿波《论广义节能》的启发下产生的，也是系列片《能源与人》中的组片之一。该影片上映后，反响很好，被文化部评为年度优秀影片，还摘取了1985年第五届中国电影金鸡奖最佳科教片的桂冠。这部影片意在用科教片的形式，向大众宣传节能的必要性。徐寿波担任了该部影片的科学顾问，为影片创作和制作团队提供科学咨询。影片以“节能”为创作主题，选取了一系列日常生产和生活中常见的素材，如工厂里生产机器的运行，人们生活中使用的汽车和电灯，这些都需要消

电影《广开节能之路》宣传画

耗能源，在使用过程中都要做到节能。如何才能做到真正的、行之有效的节能呢？影片配合解说，用图表、画面进行了详细的示范，向观众普及了什么是广义节能。《广开节能之路》是以科教片的形式向大众宣传节能知识的成功案例。编导石梅音在影片拍摄过程中多次向徐寿波请教广义节能理论，对他提出的理论和方法赞不绝口。在后来公开发表的文章里，石梅音提到：

徐寿波论广义节能的理论，最大特点是把节能同经济规律联系起来，自始至终以经济效益为前提，论述了我国的节能潜力和节能途径。观点新，论据足。……翻开《论广义节能》一书，看到的满都是些公式。徐寿波是运用大量运算，论证他所提出的直接节能和间接节能十条途径的正确性的。①

观影以后，观众们普遍反映这部电影深入浅出，对实际生产和生活有很好的借鉴意义。有一篇文章这样写道：

能源是当今世界各国瞩目的一个大课题，许多经济发达的国家都集中优势研究充分利用现有能源和开发新能源。因为人们已经认识到这样一个严酷的现实：正在使用的能源如煤、石油要不了几百年就可能消耗光，到那个时候人类将怎么办？我国能源有限，利用率又极低，如何通过电影手段使人们从客观上，从经济效益上全面认识节能的重要社会意义……影片《广开节能之路》，不仅题材重要，而且创作上突破了科教片只反映自然科学，不反映社会科学的局限，成功地以徐寿波广义节能理论为依据，从直接节能和间接节能两方面论述了节能的意义、方法和途径，是银幕上的“科普性科研报告”。……石梅音带领摄制组的同志跑遍全国九个省市、六十多个工矿企业，经过轮番采访，反复比较，多次筛选，终于得到足以表现出科学内容的许多典型事例，并采用偷拍和抢拍的方法捕捉到生活中恣意浪费能源的珍贵镜头，用这些活灵活现的实例，把抽象的理论形象化，使观众身临其境，心悦诚服地受到启迪。②

在铺天盖地的宣传下，广义节能理论深入人心。当时，所有的

---

① 石梅音，《科教片扩展到社会科学领域的一个尝试——〈广义节能〉创作小结》，载于《中国电影年鉴 1985》，第 545 页。

② 方鸣，《她一连三次登台领奖——石梅音与〈广开节能之路〉》，《电影评介》，1985 年第 8 期，第 22 页。

企事业单位都要考核能耗指标，还要和国外相关行业的数据进行对比，看在生产中是节约能源还是浪费能源了。以北京燕山石化公司为例，20 世纪 80 年代，徐寿波到这里考察，向全公司推广广义节能工程理论。他以“增产不增能”作为主要的指导思想，通过给职工们上课、参加技术改进等方式来提高能源效率，获得了成功。1997 年 3 月，北京燕山石化公司对徐寿波的工作提出了肯定：

> 综合能源专家徐寿波教授于 1979 年首创广义节能工程理论，当时选择我公司作为广义节能和全面能源管理试点，经过总体规划和设计，实施了广义节能示范工程。十年来做到增产不增能。狭义能源系统效率从 54% 提高到 66%，提高 22%，年狭义节能量 40 万吨标煤；广义能源系统效率从 165 元 / 吨提高到 283 元 / 吨，提高 72%，年广义节能量达到 323 万吨；能源消费弹性系数 0.15，远远低于国家要求的 0.5，成效非常显著。我公司经验由北京能源学会和国家计委技经所总结，在全国石化系统推广，并被国家计委领导叶青和盛树仁两位主任批示在全国推广。[①]

徐寿波从未停止过对广义节能的探索，在“一番保两番”顺利实施的同时，他不断创新把广义节能推向了一个新的高度。综合能源效率战略，是他在广义节能理论基础上提出的新思路。他认为，能源合理使用，既要节流，还要广泛开源，二者相辅相成才是长久的发展之道。他首次提出了“综合能源效率战略”，即广义能源效率，这是中国人自主创立的新的能源发展战略。即经济发展对能源的需求既要依靠广泛开源又要依靠广义节能，要以尽可能少的能源消耗保证尽可能多的经济发展，要不断提高综合能源效率，要不断降低单位国内生产总值能源消耗，这就是“综合能源效率战略论”，

① 1997 年 3 月 10 日北京燕山石化公司肯定徐寿波广义节能工程理论而开具的证明。

徐寿波（左一）在中国科技馆为青少年作广义节能科普报告

他在以这一理论为指导的基础上提出的能源发展战略则是“综合能源效率战略”。综合能源效率战略的实施，对节约能源和资源、保护环境、促进经济快速发展、提高人民生活水平等都起到了积极的促进作用。他指出，节能必须提高全民族的忧患意识，在《面向 21 世纪，节约能源资源，走符合中国实际的节能道路》（与谢行健、刘放合著）一文中，明确提出了自己关于全民参与节能的观点：

> 优先节约，一半靠节约，一半靠开发，人人都要节水节粮节地节能节材，反对在生产、建设、流通、消费等领域浪费。[①]

① 刘放，徐寿波，谢行健，《面向 21 世纪，节约资源能源，走符合我国实际的节能道路》，选自《1998 年节能工作研讨会论文集》，第 16–19 页。

第三节 “夏时制”与节能

20世纪80年代中期到90年代初，为了合理利用能源，我国曾经实施过一段特殊的时制——夏时制，徐寿波曾参与了夏时制的实施工作。

夏时制，又称日光节约时制，即在夏天，把时针拨快1个小时；到了冬天，则把时钟拨慢1个小时。夏时制实施的目的在于充分利用自然光源照明，节省能源供电等消耗。因为在夏天，太阳早早从东方升起。在北半球，从春分到秋分这段时间里，白天比夜晚时间长，每天太阳照射的时间一般在12小时以上，人们可以充分利用自然光源的照明进行工作和学习。冬天的情形则相反。夏时制的历史已有一个多世纪，由来已久。早在1907年，英国伦敦一位企业家威廉·威利特发表了《论日光的浪费》一文，呼吁人们在夏天早睡早起，充分利用日光，节约能源，他指出，利用日光照明，节约的煤油就相当于英国的全部国债费用。但最早开始实施夏时制的，却并非英国。1916年3月，德国因战争导致能源匮乏，政府遂开始在国内实施夏时制，目的在于节约照明所用的燃料。没过多久，欧洲其他国家也相继效仿，采用了这一制度。第二次世界大战之后，出于节约能源的目的，美国也正式开始采用夏时制。但对于不同国家和地区而言，因纬度不同，日照长度不一样，每年实施夏时制的时间也各有不同。1919年和1945年，我国曾经小范围、短暂地实施了一年的夏时制，后因为时局和民众习惯问题而暂时停止。我国真正大范围推广和采用夏时制，是在1986年5月4日～1992年4月5日。1986年5月4日，我国规定：从4月中旬的第一个星期日凌晨2时整，把钟表拨快一小时；到9月中旬的第一个星期日的凌晨2时整，再把钟表拨回一小时，这一段时间便被称为夏时制。

提到夏时制在我国实行的始末，要从1983年春节前北京能源学会召开的以“能源与环境”为主题的学术年会说起。当时能源学会的常务理事谢行健[①]在这次会议上，提出了在我国可以实施“经济时”（即夏时制）以节约能源的观点。谢行健的提议得到了许多与会专家的认同，也引发了徐寿波的思考。谢行健知道徐寿波是搞技术经济学的专家，会后，他找到徐寿波，希望能和他一起，向有关部门提出实施夏时制的建议。

据徐寿波所知，国家其实早已考虑过在中国实施夏时制的问题。早在1981年，政府相关部门就召开过有关夏时制的讨论会议。时任国务院总理的赵紫阳同志亲自批示，要求向专家征求意见，看夏时制是否可行。但是因为大多数人对夏时制并不了解，会议上反对的声音多于同意的声音，所以夏时制后来并没有得到推广。1982年9月党的“十二大”召开，确定了要“一番保两番”；1983年元月，国务院又召开全国节能工作会议，明确了“翻两番”所需要的能源，一半要靠开源，一半要靠节能。夏时制作为节约能源的一项措施，有了实施的可能性。

徐寿波是研究节能问题的专家，做过许多节能论证工作，例如，他曾粗略计算过用电量下降和节约能源的关系，等等。谢行健的提议与徐寿波不谋而合。谢行健与徐寿波一样，是长期致力于综合能源研究的专家，他从20世纪70年代开始，便从事节能系统工程研究和应用。因专业相近，他与徐寿波在学术上多有交往。他俩的很多观点相似，很谈得来，于是他们常来常往，还一起发表过文章，在能源合理利用问题上做过许多工作。

谢行健在会上详述了他的调研情况，他提到自己曾调阅了南京

① 谢行建（1936—），能源综合利用专家，担任过中国普能公司董事、技术总监，北京能源学会常务理事，中国科技咨询中心能源与环境专家组组长等。

紫金山天文台的天文年历，研究过全国各地夏季的日出时间，并做过了粗略的估算：如果每年实施夏时制6个月，全国可节约21.3亿度电；按照当年每度0.14元的照明电价来计算，一年可节约人民币3亿元左右。节约下来的电量如果全部用于工业生产，按每度电平均工业产值2.54元来计算，全国的工业产值将提高50亿元以上。

谢行健所说的实行夏时制将带来的能源大幅度节约，令与会专家感到精神振奋，在座的都是能源行业的专家，对能源和节约问题都很敏感。徐寿波带头鼓掌，对谢行健的研究表示支持。和徐寿波一样，当时支持夏时制的还有一位专家是窦莘元，他是交通部公路科学研究所道路研究室的高级工程师，对夏时制也有较为深入的研究。窦莘元在1957年就向中央提出过我国可实行夏时制的建议，但因种种原因，他的建议未被采纳。徐寿波、谢行健以及窦莘元因此有了共同的努力目标，他们三个人一起，为夏时制在全国的推行四处奔走。

这次会议后，徐寿波、谢行健了解到著名的社会学家、人类学家、中央民族学院①教授费孝通（1910—2005）早年曾从社会学的角度对夏时制进行过一些研究。尽管他们已经从理论上论证了实施夏时制在能源节约上将带来巨大的经济效益，但徐寿波和谢行建还是希望能在夏时制实施带来的社会影响，以及具体的实施方案规划等问题上得到费老的建议。在这次学术年会结束以后不久，他们带着厚厚的调研资料，找到了费孝通的家里。他们向费老详细阐述了夏时制的相关情况，既希望能借助费老的社会影响力，更希望能得到费老的支持。费孝通在听取了徐寿波的详细讲解后，对徐、谢二人的观点连连点头，表示了赞同，夏时制是个节约好方法，并认为在中国实施夏时制是合理的。费孝通也和他们交流了自己的研究成果，并告诫他们，在实施过程中还应有具体的细则，推广时也要注

① 现已更名为中央民族大学。

意采取适当的方法。

在反复讨论之后，徐寿波所在的北京能源学会向党中央和国务院提交了题为《关于建议在我国使用“经济时”的报告》。这份报告引发了相关部门的热烈讨论，一时间，反对的声音和支持的声音分成了两派。

支持的声音主要来自外交部、财政部。外交部表示，西欧国家早有实施夏时制的，夏时制的实施已有先例；财政部则从经济效益角度出发，认为实施夏时制可以作为经济改革的参考。反对的声音主要来自铁道部、广播电视部门和民航部门。铁道部认为，每年变更两次时间，意味着列车时刻表也将做两次大规模的改动，会给交通运输带来不便。广播电视部门考虑到，每年中央人民广播电台和中央电视台的节目表要调整两次，对节目播出造成困难。民航部门则认为，如果变更为夏时制，日出和日落时间都需要重新换算，没有经验的机长飞行时将有困难；机场开灯时间也会受到影响。另外，机场一般建设在远郊，如果实施夏时制，职工起床时间要提前，休息时间得不到保障也不利于工作开展，等等。

支持的声音和反对的声音各执一词，互不相让。国务院组织了相关专家，听取意见。在经过反复计算、论证，并广泛征询社会各部门的意见之后，1986 年 4 月 7 日，中共中央书记处和国务院联席会议召开，会上就夏时制实施等问题作了探讨。国家领导人胡耀邦在会议上坚定表态：“凡是科学的，我都赞成！”就这样，从 1986 年夏时制开始实施。

为了配合国家的决策，各大媒体纷纷对夏时制展开宣传。1986 年 4 月 11 日，《人民日报》在头版上刊登了一篇题为《北京一些能源专家提出，我国宜实行夏时制》的报道，该文章谈到了夏时制的由来以及在我国实行夏时制会带来的好处。中央电视台还专门采访了费孝通、徐寿波、谢行健，拍摄了宣传片，向大众介绍什么是夏时制，并宣传实施夏时制的益处。

夏时制是从当年5月4日凌晨2点开始，到9月14日凌晨2点结束。在实施了一段时间以后，从搜集到的全国各行各业反馈来的信息看，效果较好。例如，因为事先做了一番布置，全国的运输系统运行良好，并没有像最初预想的那样因为夏时制的推行而发生重大事故，这证明交通部门一开始的忧虑是不必要的。部分城市因推行夏时制已经取得了较好的节电效果，以1986年为例，在当年度实行夏时制的133天，照明高峰期间节约用电6.27亿度，这样的数据有力证明了实施夏时制对节能确实能起到作用。但不可否认，在夏时制推行初期，因为方案的不完善，也存在一些问题，例如，一种情况是因各单位并没有统一执行夏时制的方案，导致一些地方产生了各单位因职工作息时间不一致而互相干扰的现象；另一种情况是因为西部地区的纬度与北京不一样，时差较大，夏时制实行之后，西部地区人民提前一小时起床，因为天还没有亮，早上需要开灯照明，所以并没有达到节电效果。鉴于这种情况，专家们重新聚集在一起，讨论解决问题的方案。指出可以具体情况具体分析。例如，专家提出，西部地区可以根据日出、日落的时间自行调整工作时间，以实现最好的节电效果。

实施夏时制后，带来的是能源的大幅度节约，1989年2月，在夏时制实施三年后，徐寿波总结这几年来的研究成果，撰写了题为《我国实行夏时制问题的研究》的报告，这项工作于1987年获得了北京市科技进步二等奖。徐寿波的报告根据国家有关部门的大量统计数据，清晰地指出：实施夏时制以来，中国已经节约用电共计30亿度；夏时制如实施到2000年，预计取得的经济效益将累计达到534亿至713亿元。他提议：鉴于中国的夏时制效益尚有潜力可挖，可将实行夏时制的时间延长至6个月，从每年3月的最后一个星期日到9月的最后一个星期日。

虽然夏时制的实施在能源节约问题上发挥了巨大的作用，但也遭受到传统习俗的抵制。实施夏时制固然可以节约能源，却不符合一些地区人民的生活习惯。因此在实施夏时制的几年时间中，反对的声音不断。例如铁路运输等行业，因为夏时制的实施，需要对运输时刻表作出相应的调整。尤其是对外运输，还要兼顾其他国家的时制，进行换算。同时，由于我国幅员辽阔，跨越的纬度较大，各地日出、日落时间不同，实施夏时制后对边疆地区影响较大，带来了不便。另外，在实施夏时制的几年里，广东省代表参加全国“两会”时，都会带来取消夏时制的提案和议案。这主要是因为广东作为改革开放的前沿城市，当地民众的夜生活非常丰富。如果提前一个小时就寝，就打乱了他们的作息规律，也直接影响到当地的经济发展。

同样，在学界内部也有很多反对夏时制的声音。1990 年，中国地理学会年会在上海举行。有学者提出：夏时制是一种更适合中高纬度地区的时间制度，但在低纬度地区实施效果并不明显。在中国，经济发达地区大多集中在低纬度的南方；中高纬度地区面积虽大，但多为草原、荒漠和农田，农民日出而作、日落而息，根本不管什么夏时制；就算农民愿意实行夏时制，牲畜也有自己的生物钟。这一意见引发了一部分参会人员的共鸣，并有学者向国务院提交了反对实施夏时制的报告。

1992 年 3 月 6 日，国务院办公厅发布通知：我国自 1986 年起实行夏时制以来，在一些地区取得了节约照明用电的效果；但是由于我国幅员辽阔，南北温差大，东西两地时差跨度大，人们的生活和工作习惯因为自然条件不同而不统一，在全国统一执行北京时间的情况下，实行夏时制在西北、西南及长江流域以南地区没有收到预期的节电效果；而且实行夏时制也造成了铁路运输等行业工作上的不便。鉴于这种情况，国务院决定，从 1992 年起全国暂停实行夏时制；但各地区可以根据季节的变化，合理调整作息时间，以达到充分利用日光、节约照明用电的目的。

总的来说，我国实行夏时制在“七五”期间共节约用电 40 多亿度，而这部分节约下来的电量无论是用于工业生产还是用于其他行业，都收获了较为可观的经济效益。尽管夏时制实施数年便被停用，但时至今日，对于是否要恢复实施夏时制，学界内仍存在不同的看法。从能源节约的角度，许多相关行业的专家，包括徐寿波在内，仍在不断呼吁，建议在适宜的时机恢复夏时制。

第七章 新的身份

从20世纪80年代起，徐寿波便向往获得学术界的最高荣誉——成为学部委员（院士）。为了实现这个愿望，徐寿波用了二十年时间努力创新，著书立说，以提高学术水平为首要目标。在成为院士之前，他在学术的道路上心无旁骛；在成为院士以后，他很快适应了自己的新身份，在被调至北京交通大学，成为一名教师后，他在新的岗位上开创了新的事业。

第一节　专注学术交流

生活中的徐寿波性格并不活泼，如果你和他不熟悉，多半会觉得他有一些沉默寡言。他不善言辞，如果和他闲谈起生活中的琐事，他多半只用草草数语便结束了这个话题。但无论是谁，和他聊起学问来，就会惊喜地发现他如同那开了闸门的水龙头，滔滔不绝说个不停。徐寿波喜爱做学问，最喜欢和他人谈论学术上的话题。正因为如此，他在学术交流一事上一直保持着相当高的活跃度。他热衷于参加各种学术交流活动，乐意把自己所知道的知识和经验传播出去，更乐意向同行们取经。对于他来说，在学术交流中取长补短有利于提升自己的知识点，同行们的不同见解有益于启发自己想出更多的好点子来。

在各种学术交流中，徐寿波结识了许多朋友，包括老领导于光远，两院院士宋健，能源学家郎一环、刘向九……他们在一起讨论最新的学术问题，遇到困难互帮互助。

徐寿波（左一）与北京能源学会理事会成员在一起

徐寿波喜欢参加各种学术会议这个习惯是他在苏联留学时养成的，他的苏联导师告诉他，要在做学问上产生新思想，就要多和其他人交流，他牢牢记住了这一点。因此，无论是国内会议，还是国际会议，只要有人来邀请，他又有时间，一定会如期到场，和与会同仁们热烈讨论。比如，他常参加北京电机工程学会每年举办的学术年会。进入20世纪80年代以后，随着学术界气氛的活跃，各种交流活动举办得更多，讨论更自由了。令徐寿波印象深刻的会议有1987年蚌埠物流会议、1988年美国发展中国家能源发展战略会议、中国物流学会年会、各地每年举办的物流论坛，等等。每次会议，他都要发表或宣讲自己的论文，受到与会同仁的好评。

在各种学术交流活动中，徐寿波与学者共勉，他感到自己的每一次交流都有收获，自己的思想总是能获得提高。但他远不满足于此，他常常在公开场合说，只举办学术会议无法满足知识传播的需要，还应该多办一些学术期刊，多刊登好文章，才能广泛传播学术思想。他花了大量时间和精力，参与创办了一些学术刊物，例如

1977 年，徐寿波参与创办了全国第一本《能源》杂志；1985 年，参与创办了全国第一本《中国物流》杂志。不仅如此，他还担任一些专业学术杂志的主编或编审，为期刊输送、挑选、审查了大量优秀的学术论文，为学术思想、理论的传播发挥一己之力。

2004 年徐寿波（中）与黄其励院士（左）等专家在一起

除了创办学术期刊外，徐寿波还提倡创立学会、研究会等学术机构。他的设想是，通过创办学术机构，从全国乃至世界范围内，广泛吸纳会员，把相应学科的从业者联合起来，组织他们参与学术活动，互相交流，以促进学科的发展。在这种思想的引领下，1979 年，他参加了中国第一个能源学会——北京能源学会的创立工作。1980 年，他参加了中国能源研究会（中国能源政策研究会）的建立工作。1984年，他又参与创建了中国物流研究会①。1987年，在以他为主的提议下，成立了中国能源基地研究会……徐寿波还兼任了许多社会职务，例如，中国技术经济研究会②副理事长、中国物流研

① 现为中国物流学会。

② 现为中国技术经济学会。

究会常务副会长、中国能源基地研究会副理事长、中国物流与采购联合会首届专家委员会委员、中国物流学会顾问等。

徐寿波（左一）与北京能源学会会员接待美国客人

20世纪80年代，徐寿波（左）与北京能源学会理事长、中国科学院院士赵宗燠（右）在一起

徐寿波曾担任过的主要学术兼职如下：

1. 国家科委可燃矿物综合利用专业组组员、国家科委煤炭气化和液化专业组组员、国家科委技术经济与管理现代化专业

组组员

2. 国家能源委员会顾问、国务院技术经济研究中心能源组负责人、能源部高级咨询委员、中国科学技术咨询服务中心能源与环境专家组咨询专家

3. 中国科学技术协会第二届全国委员会委员、中国能源研究会理事、中国自然资源研究会理事、中国石油学会石油经济委员会委员

4. 中国能源基地研究会首届副理事长、北京能源学会首届常务副理事长、中国技术经济研究会首届总干事长

5.《中国能源》杂志主编、《能源与节能》杂志主编、《能源基地建设》杂志主编、《中国技术经济》杂志主编、《中国环境科学》编委

6. 电力部高级咨询委员

7. 美国华盛顿国际节能研究所顾问

8. 北京科技大学、中国矿业大学北京研究生部、浙江工学院、西安交通大学、中央广播电视大学、武汉工业大学北京研究生部、中国社会科学院研究生院兼职教授、博士生导师和硕士生导师

第二节　当选为院士

做学问几乎占据了徐寿波生活的全部。除了工作以外，他的休闲方式便是读书，但他不爱看小说一类的闲书，而是钟爱专业书籍和专业论文。他更喜欢写作，除了撰写课题报告以外，他常常在知名杂志上发表文章，出版专著。在半个多世纪的科学生涯中，他已完成了科研成果 70 余项，发表论文 200 余篇，出版专著 20 多部，

撰写的各类研究报告更是不胜枚举。

徐寿波获得了一系列由国家、单位、部门颁发的各项荣誉：1991 年他获得国务院政府特殊津贴，是国家计委首批获得这项荣誉的专家之一；1998 年，他被授予“技术经济先锋奖”称号；还有中国科学院优秀奖、中国科学院重大科技成果奖、全国科学大会奖、中国社会科学院优秀研究报告奖、国家科技进步奖、国家计委科技进步奖等由国家、省市和单位授予的大大小小的荣誉和奖项。这些都是徐寿波因学术成就而获得的荣誉，也是他为学界认可的表现。2001 年，徐寿波当选为中国工程院院士。

中国技术经济研究会

关于向徐寿波等六同志
颁发“技术经济先锋奖”的决定

为了表彰徐寿波、李京文、马建章、许庆斌、何桂庭、任俨六位同志二十年来对中国技术经济研究会创建和发展所作出的重大成绩，中国技术经济研究会第三届常务理事会第十次会议决定，向他们分别颁发“技术经济先锋奖”。

中国技术经济研究会
1998 年 11 月 15 日

徐寿波荣获技术经济先锋奖

院士是学术界最高的荣誉称号。从 1980 年学部委员制度恢复开始，徐寿波便开始了他崎岖而周折的院士（学部委员）评选之路。

徐寿波还记得，1980 年年初的一天，于光远通知他前去谈话，在办公室里告诉徐寿波，单位将推荐他参加学部委员评选，让他抓紧时间准备评选材料。于光远的提议令徐寿波激动不已，但他心中也产生了一些疑惑：自己到底能行吗？于光远看出了徐寿波的疑虑，他勉励徐寿波，说他完全有成为学部委员的实力。徐寿波的心里沸腾了，他不记得自己是怎样走出于光远的办公室的，他形容说当时自己脑袋里只反复回荡着“学部委员”这四个字。

于光远的鼓励激发了徐寿波的勇气，在接下来的日子里，他积极准备材料准备参选，想看看自己是否有实力能够摘取学部委员的桂冠。然而第一次评选时，徐寿波因为没有对口的学部接收而失败了。每次想起这件事，他心里还是感到有些遗憾和沮丧的：

> 在 1980 年的学部大会上，学部委员开会，要恢复科学院学部委员制度，于光远提出来我应该参评学部委员，因为我是技术经济学科的带头人。但是要把我放在哪个学部呢？那一次我没有成功。后来科学院里讨论学部委员制度的时候，于光远跟钱三强一起开会研究，于光远说单独搞一个管理学部，但还没有成熟的计划，于是暂时命名为管理科学组。管理学组的纲领是什么？什么样的人能进到管理学组？但很遗憾，管理学组渐渐就没有了。[①]

这是 2014 年徐寿波对那段历史的简单回忆，事实上，管理科学组从提出到消失，经历了一个复杂的过程。早在 1980 年，就有学部委员提出，“中科院要加强自然科学同社会科学交叉的管理科学的研究，特别是加强科研管理的研究”[②]，建议在学部下设立管理科学方面的小组，一些学部委员建议，可以先在学部下设立一个管理科学方面的小组作为过渡来推动管理科学的研究和发展，等时机成熟以后，再考虑设立管理科学方面的学部。1981 年 3 月 6 日，中共中央

---

① 2014 年 4 月 17 日访谈，徐寿波口述。

② 王丽娜,《“管理科学组”的来龙去脉》，载于《中国科学报》，2014 年 3 月 21 日，第 19 版。

十号文件明确指出：中国科学院“要加强管理科学的研究，促进科研管理及国民经济管理现代化”①。1981年5月，在中国科学院第四次学部委员大会上，除物理学数学部、化学部、生物学部、地学部和技术科学部外，增设了管理科学组，代组长为钱三强。管理科学组成立的意义在于既组织协作、扩大研究，也促使科研成果更好地为国民经济管理现代化服务。管理科学组成立后，组织过多项科研活动，促进了管理科学在我国的发展。但因种种原因，随着1984年中国科学院学部委员大会的性质和任务的调整，1985年7月，管理科学组与院部的政策研究室合并成立了科技政策与管理科学研究所，中国科学院的管理科学组则不复存在。徐寿波因为中国科学院没有设置对口的学部而失去了参评学部委员的机会。

1994年6月，中国工程院成立，并产生了首批院士。国家计委领导王春正在了解到徐寿波的情况后，认为他可以参加评选中国工程院院士，于是单位推荐徐寿波参评。但徐寿波参选中国工程院院士的过程也不是一帆风顺的。虽然每一次他都信心十足，并准备了充分的材料参加院士评选，但过程很坎坷。他感到，要成为院士，条件很高，候选人要么是一门新的科学的开创人，或是获得了国家科技进步奖才有资格。②他知道自己还有许多需要努力的地方，从而积极为提高自己的学术水平而努力。1994～1997年，徐寿波获得了几项重要奖项，例如，他参加的“中国全面节约战略、规划和对策研究”项目获得国家科技进步三等奖；有他参加的“‘多快好省综合优化’配置资源的典型——北京燕化乙烯改扩建工程后评价”项目获得国家计委科技进步三等奖，等等。

1997年，原能源部总工程师秦中一给中国工程院首批院士之一、著名的采矿工程技术专家范维唐写信，认为徐寿波完全具备参

① 王丽娜，《“管理科学组”的来龙去脉》，载于《中国科学报》，2014年3月21日，第19版。

② 根据2014年4月17日访谈整理而成，徐寿波口述。

加院士评选的资格，他请范维唐院士给予推荐，秦中一肯定了徐寿波的工作，他这样写道：

> 徐寿波同志做过许多工作，能源部时担任部的高级咨询委员，他四十年如一日从事综合能源（能源利用）科技研究及其工程建设的前期工作。成就与贡献十分突出：
>
> 一、石油天然气合理利用的研究，被科委采用，获中科院奖；
>
> 二、京、津、沪、辽四地区余热利用工程建设的前期工作和实施，获全国科学大会奖；
>
> 三、山西能源基地建设的前期工作，被国家采用，获社科院与国务院能源奖；
>
> 四、首创广义节能工程理论，在全国能源业战略策略、规划、建设工程和企业中都得到应用，先后获国家和计委科技进步奖。
>
> 应当说寿波同志是符合院士条件的。加之计委又是全国能源利用和综合能源的主管部门，能源利用科技系能源科技的重要组成部分，计委尚缺这方面院士，这也是寿波同志再次被计委提名的原因，作为计委和能源利用工程技术双重代表，对体现工程院的多部门和多学科的代表性是有益的。寿波同志是位十分难得的人才！①

徐寿波符合评选条件，实力也很强，但他前几次参评都没有成功。有一次，徐寿波已经进入最后终审名单了，却最终落榜，他记得那是 1999 年 11 月，徐寿波辗转从朋友那里听说自己可能当选，他“喜出望外”，他形容自己那时候“高兴地人都飘起来了”。② 胜利在望，但遗憾的是，最后的院士当选名单里却没有他的名字。从参评学部委员到评选中国工程院院士，徐寿波前后一共参选了五次，前四次因为没有对口学部接收，或者是其他原因没有评上。但他并

① 1997 年 2 月 10 日，秦中一为徐寿波写的推荐信，徐寿波提供。

② 2014 年 4 月 17 日访谈，徐寿波口述。

不气馁，他在工作中努力提高自己，承担了大量国家级的科研项目，并都取得了成果；他的研究报告获得许多重要奖项；他著书立说，赢得了学界认可，等等。

2001 年 9 月 25 日，中国工程院工程管理学部成立了，这一学部的成立，是与社会的发展紧密关联的。进入 21 世纪以来，科学技术突飞猛进，中国和西方之间的差距逐渐缩小，越来越多的人开始注意到工程管理的重要性。中国工程院强调管理科学的重要性，院长宋健曾指出：中国有 1000 万工程技术工作者，但既懂现代技术，又熟悉管理科学技术、富有实践经验的人很少，急需加速培养；21 世纪是中国大规模现代化建设时期，也是世界科学技术突飞猛进的大发展时期，迎接挑战，搞好现代化建设，必须发挥工程技术的作用，也必须大力加强工程管理的研究和实践；中西方国家现代化水平的差距，有时并不表现在具体项目上，而表现在管理水平上，管理的价值在现代工程技术中越来越重要。

对于中国工程院来说，工程管理学部和其他学部一样重要。因工程管理的内涵极为宽泛，中国工程院把工程管理学部界定为四个方面：①重大工程建设实施中的管理；②重要、复杂的新型产品、设备、装备，在开发、制造、生产过程中的管理；③重大技术革新、改造、转型、转轨、与国际接轨中的管理；④涉及产业、工程、科技的重大布局、战略发展的研究、管理。

2001 年，徐寿波抱着平静的心情再一次参评。这一年的 12 月，他从网上得知自己已经当选为中国工程院院士，被纳入工程管理学部。对于当选为院士，徐寿波形容自己的心情是“喜在望中”，情绪没有太大的波动，因为他认为这是对自己多年来工作的肯定。当然，在徐寿波的心目中，院士这个称号是十分神圣的，他认为院士一定是有真才实学，并为国家做出过贡献的人。在成为中国工程院院士之后，他对自己的要求更加严格了。他常常说，当了院士不等于进了保险箱，更不等于当了学术权威，未来他更要专注于学术研究，既要多出成果，更要多出好成果！

在成为中国工程院院士以后，徐寿波更加严格地要求自己。他回忆，社会上曾经一度对“院士”称号存有质疑，因为个别人在评选上院士后，在非专业领域内也要充当权威角色，不但没发挥应有的咨询作用，还带来了许多不好的社会影响。徐寿波旗帜鲜明地反对这样的做法，他认为，当了院士后立身更加要正，尤其应处理好以下几个关系：

> 1. 院士的专业要符合工程院院士标准，否则就不能做院士。但院士从事学科面可能广，有的是符合工程院标准和方向，有的是不符合工程院标准和方向，因此不能把院士非专业特长的东西代表院士水平，被看成最高权威，这是要处理好的一个关系，社会上也要正确对待的一个关系。
>
> 2. 院士本人专长和工程院方向的关系。院士本人可能有很多专长，但不代表工程院方向的专长在工程院不宜进行宣传，否则会影响人们对工程院的看法。
>
> 尤其是工程管理学部要处理好这个关系，院士水平只能是院士的公认学科和专业。……新闻媒体也要把握这个尺度，不能随意利用院士最高学术荣誉去宣传，而要把握这个界限，否则就会误导。①

徐寿波在学部的讨论会上提出了自己的意见。在为院士候选人投票时，他严格自律，丝毫不怕得罪人，他总是强调：院士评选绝不能“走关系”“讲情面”，把关必须从严，要对得起院士这个称号，他说，当选院士的门槛至少是获得国家科技进步二等奖以上，要保持标准，宁缺毋滥！②

在成为中国工程院院士以后，徐寿波深深感到，自己的学术之路有了更高的目标。他以严格自律、严谨待人作为自己的行为准则，

① 摘自徐寿波日记，写于2000年前后，未公开发表。

② 2014年4月17日访谈，徐寿波口述。

他认为，无论是做人还是做事，都要相信真理、坚持真理，这也是院士在学术上的基本要求——要在真理的基础上持续创新。他常对学生和下属说，创新就是要破除迷信，要学会挑毛病，甚至要学会挑国际上的学术权威的毛病。他认为，做学问最重要的是要做到知识创新，这是科学进步的推动力。用他的话来说：从事创新就是要有第一个吃螃蟹的精神！[①]创新包含了两种精神，一是要大胆探索，二是要认真细致。他把科学真理比喻成螃蟹壳里的蟹肉，既要大胆地吃，还要吃得干净，那就必须要不厌其烦，有十分的耐心和充足的技巧。徐寿波用自己的行动，在科学创新之路上做了许多次第一次吃螃蟹的勇士。

徐寿波是技术经济学的开创者，他很欣慰地看到这门学科在中国渐渐成长、壮大，为此深感骄傲。在多年的学术生涯中，他积极地为这门学科的发展添砖加瓦，不断出版相应的专著，不仅在国内出版自己的著作，还要面向世界，向海外推行自己的学术理念。近几年来，八十余高龄的他还在努力地做着一项工作，那就是用最精准的英语翻译自己的代表作——《技术经济学》，并打算尽快在海外出版。徐寿波在大学里学习的是俄文，改革开放后，为了促进与国外学者的交流，年逾中年的他认真学习英文。数十年时间里，他从未间断过语言方面的学习，并收到了良好的效果。早在1988年的时候，他受电子工业出版社委托，主编了《英汉技术经济学词汇》这部专业词典，指导将技术经济学的专业词汇翻译成英语。这本词典出版后广受好评，并成为该专业的指导性工具书之一。不仅如此，他还在多种国际性的刊物上发表了多篇英文论文；在国际会议上他能够用英文作专业性很强的学术报告。为了实现自己的梦想，他笔耕不辍，不顾自己年岁已高，不分寒暑，没有休息日，只为有朝一日能够让他的技术经济学的理论走向世界而不懈奋斗！

① 摘自徐寿波日记，写于2000年前后，未公开发表。

徐寿波为技术经济学在中国的发展所作出的努力得到了学界的认可，他所获得的一项重要奖项便是 2015 年 11 月由中国技术经济学会授予的首届技术经济奖。该奖项是为了表彰在技术经济科学研究及实践应用中有突出贡献的科技工作者，希望全国技术经济科技工作者以获奖者为榜样，发扬求真务实、勇于创新的科学精神，为推动技术经济学科建设、服务经济社会发展和建设创新型国家做出贡献而颁发的。在经过各相关单位和业内专家提名，并由学会组织的评审委员会专家开会讨论，对提名者的工作经历、科研成果、国内和国际学术影响力等进行了多方面综合评价，经过奖励委员会审议后，徐寿波获得了学会颁发的终身成就奖。这个奖励是对徐寿波在技术经济领域内所做工作和贡献的积极肯定。一同获奖的还有技术经济领域内的知名专家李京文（2001 年当选为中国工程院院士），以及曾担任过国务院学科评议组成员的傅家骥教授。更巧的是，徐寿波、李京文以及傅家骥三位，都是曾在 20 世纪 50 年代经由国家派遣前往苏联留学并学成归来报效祖国的科技专家。

第三节　在北京交通大学

1986 年 8 月～ 1989 年 6 月，徐寿波在国家能源基地规划办公室咨询研究局工作，担任局长、研究员、教授、硕士生和博士生导师等一系列职务。1989 年 7 月～ 1997 年 12 月，他调到国家计委技术经济研究所、产业发展研究所担任所长、研究员、教授、硕士生和博士生导师。1998 年 1 月～ 2002 年 3 月，他担任国家计委宏观经济研究院学术委员、研究员、教授、硕士生和博士生导师。在当选为中国工程院院士之后不久，徐寿波于 2002 年 4 月调至北京交通大学，担任综合能源工程研究所所长、中国技术经济研究中心主任职务，并任教授、博士生导师。

徐寿波调动到北京交通大学工作的情况是这样的：2001 年，年近 65 岁的徐寿波面临的问题是：是否要在国家计委退休？虽然已经有了中国工程院院士的头衔，但因国家计委承担的多为实际应用方面的课题，单位考虑到徐寿波年岁已大，因此对他的工作安排日益减少。到 2002 年，人事部门已经不再给徐寿波安排任何工作，并希望他从现任的岗位上退下来。对此，徐寿波内心十分失落，他一方面感到自己还很年轻，还有精力在工作岗位上奋斗一番；另一方面，他希望能把在“文化大革命”中失去的宝贵时光补回来。但人事部门拒绝了徐寿波希望继续工作的请求。尽管已经在这里工作多年，对这个单位有很深的感情，但几经考虑之后，他还是决定要离开这个单位，另寻出路。北京交通大学和北京理工大学得知了徐寿波的情况后，争相对他抛出了橄榄枝，希望他能到大学里来，担任学科的带头人，在指导科研工作的同时，也为大学培养一批后继人才。

去大学工作对于徐寿波来说是一个新的挑战。之前的若干年，他在研究所和部委的科研机构工作，一边管理业务，一边做研究，参加的事务性工作比较多。大学作为承担教学任务较多的科研部门，给他带来的将是全新的体验。徐寿波对大学里的工作环境充满了期待，他满怀冲劲，打算挑战新的工作。在他看来，大学具备更好的科研条件，少做一些事务性工作，把更多的时间投入学术和教学工作中，这是有益于学术发展，也是有益于社会的事。

至于选择哪所学校，徐寿波再三考虑。最后他认为北京交通大学有相关的专业，提供的工作岗位和科研条件都合适，于是他接受了北京交通大学的邀请，从此在北京交通大学展开了他的新事业。来到北京交通大学之后，他担任了研究生导师、学校学术委员会委员、经管学院学科评议组组长和成员等多项职务，他一边培养学生，一边做学问，在北京交通大学的学科建设方面做了许多重要工作。

时至今日，徐寿波已经在北京交通大学里连续工作了十三多年，他喜爱这所精致而美丽的校园，春天，校园里的大树发出嫩绿的新芽，让他感受到了勃勃的生机和活力；夏日，他享受明湖边拂面而来的清新凉风；秋天，他在校园里落满金黄色银杏叶的小道上漫步；冬日，覆盖校园的瑞雪预示着来年又有新的开始。他很快便对学校产生了深厚的感情，他直言：“我的归属在北交大，这里能够最大程度发挥我的余热！”①

徐寿波在北京交通大学经济管理学院材料—物管—物流60周年纪念庆典上发言

在徐寿波的学术生涯中，工作调动十分频繁，翻开他的简历，他任职的部门、去过的单位非常多：中国科学院不同的所、中国社会科学院、国家部委、大学，他都待过。和许多一辈子在一个单位奋斗的科学家不同，徐寿波对于调动工作这件事自有自己的一套理

① 2014年4月17日访谈，徐寿波口述。

2004 年，徐寿波（前排右一）参加北京交通大学研究生工作会议

论："我的调动是为了发展我的能力！"[①] 徐寿波认为长期在一个单位的确对积累资历、名望有很大帮助，但是科学家所求的不是名和利，科学家只有在最有益自己科研水平发展的环境里才能最大限度地发挥自己的作用。他是这样想的，也是这样做的。每一次换新工作环境，他都抱着乐观的态度走上新的岗位。

徐寿波工作上的这些调动，既有他自己主动提出的，也有组织上安排的，目的都是为了能够在最合适的岗位上最大限度地发挥人才的作用。这些人事上的变动也并非每一次都一帆风顺。他还记得从综考会调出的时候，领导视徐寿波为重要人才，认为中国科学院培养了他多年，他更应该安分守己为本单位服务，而不该产生去其他单位的念头，因而不肯在徐寿波的调令上签字。徐寿波再三陈情，表明这里没有适合自己的研究方向，继续待下去也起不到什么作用，希望可以去能够发挥专业特长的地方，更好地为国家和社会做贡献。好说歹说，单位领导依然不肯放行。他只好四处奔波，托人说情，中国社会科学院为了争取徐寿波，也施加了一些压力，几番衡量之

① 2014 年 1 月 20 日访谈，徐寿波口述。

下，单位最后答应了他的调动。但这事也给徐寿波留下了“案底”，领导认为他不服管教，对他的考评不佳。徐寿波得知情况后只是一笑了之，他表示：“这些事我不怕！我是靠自己的本事吃饭，到新单位相处久了就知道我是哪样的人！”[①]

第四节　踏踏实实做学问

从在中国社会科学院经济研究所开始，徐寿波就担任研究生导师。在做学问之外，他努力扶持有志向又好学的年轻人。徐寿波先后在中国社会科学院、清华大学、北京大学、华东石油学院、中国矿业大学、北京科技大学、武汉工业大学等学校授课、培养学生，为教育事业做出了很大贡献。

1989 年，中国社会科学院研究生院数技经系毕业生、导师合影
（徐寿波位于右四）

① 2014 年 1 月 20 日访谈，徐寿波口述。

徐寿波喜欢当老师，他尤其喜欢给学生上课。20世纪80年代，徐寿波在技术经济研究所担任领导职务，他不仅要承担学术任务，还要负责所里的日常事务，工作繁忙，加班加点是家常便饭，但他仍然抽出时间在研究所里开设了技术经济学这门专业课。来听课的人不仅仅有本单位的研究生，还有传播经济研究所、工业经济研究所、农业经济研究所等其他研究所慕名而来的人，把一间大教室挤得满满当当的。对这些听课的人，徐寿波来者不拒，一律表示热烈欢迎。看到年轻人求知若渴、聚精会神听课的模样，徐寿波讲课的动力更足了，他对学生倾囊而授，感到技术经济学事业后继有人了。

不仅在本单位里开课，徐寿波还在北京工业大学开设了技术经济学课程。作为公共课，这门课不仅面向大学里相关专业的学生，也面向社会各界人士。因为当时北京市有一项规定，即技术类的工程师必须学习技术经济学，还要通过技术经济学考试，只有考试合格才发给职称证书。每年有近五万人参加这门考试，徐寿波参与了出题和判卷。为了扩大技术经济学的影响力，中央广播电视大学还专门录制了徐寿波的讲课视频，面向全国播放。

徐寿波在技术经济学科领域的影响越来越大，慕名报考他的研究生人数也在逐年增加。在近三十年时间里，徐寿波先后招收了30多名研究生（含硕士和博士）。作为研究生导师，他带的学生不算多，主要是因为他对学生要求高，招生条件很严苛。徐寿波提出，招考学生要双向选择，学生慕名报考，他作为导师，也要挑一挑学生，他尤其对喜欢钻研的“好苗子”情有独钟。他说：要成为他的学生不仅仅是要考试成绩过关，还需要具备良好的素质，即要刻苦、坚持、静下心来踏实做学问！徐寿波把学生当成自己的孩子，他毫无保留、尽心尽力培养他们，要把自己掌握的知识全都传授给年轻人。

徐寿波培养学生以严格著称，他的一句话令人印象深刻。

一个研究人员的任务是创造知识，一个教师的任务是传授知识。[1]

在调任北京交通大学之后，徐寿波更是身兼研究人员和教师两重身份。他既专注于创新，又善于传授知识。徐寿波说：

高校带研究生的老师，既要传授知识，又要创新知识，因为没有创造实施的本领，就难以指导研究生做创新的论文。大学是学习知识、传授知识和创新知识的地方，是知识创新的主战场。[2]

作为研究生导师，徐寿波以身作则，一方面自己坚持知识创新，另一方面更要求学生们要在知识上创新。他鼓励学生们勇敢发表自己的学术观点，但他也强调，绝不能无的放矢。他要求学生们说出的每一句话、每一个观点，都必须找到充实的论据作为支撑。因此，学生们常常需要花费大量的时间和精力，严谨、认真地做调查。长此以往，学生们逐渐领悟到真正的创新来自于知识的日积月累。

徐寿波性格耿直，他痛恨学术上的弄虚作假。作为一名科学家，他秉持一个观点，那就是科学不容违背！为此，他给自己和学生们拟定了十二条学术规范[3]：

一、要尊重别人的成果。凡是对自己工作有启发的阅读成果，都应在参考文献中或自己工作中加以表明。

二、在自己工作中直接引用别人成果，则应明确注明出处。

三、与别人合作，在成果的署名和排名问题上要实事求是，不得应他人要求在未参与工作成果上署名，更不得要求别人在未参与工作成果上署名。当出现被人擅自在自己未参与工作成果上署名时要提出警告，防止再次发生。

四、不要利用各种机会和采用各种方法，违反事实，夸大个人，贬低别人。

①②③ 摘自徐寿波日记，写于2000年前后，未公开发表。

五、不能抄袭、剽窃别人成果。一种是直接抄袭，比较明显、容易发现；另一种是间接抄袭，改变文字语句，但内容是相同的，换汤不换药。这已经不是道德问题，而是侵犯别人知识产权问题，是违法行为。

六、涉及有关的重大科研成果、科学发明和创造的事实，必须在自己工作中加以说明，不能有意无意隐瞒掩盖或故意混淆事实。

七、不能弄虚作假，谎报发现或发明，不能自己随意编造数据和实验、计算结果。

八、要发扬学术民主，对别人的批评和不同意见，应虚心听取。即使有人故意反对，也应该据理、据实说明，即使是错误的意见，对自己也有好处，可以思考。

九、要公正客观对待答辩、评审、评奖、评职称、鉴定，发表意见要负责任。

十、对自己的成果要保证质量，负责任。不要出学术质量事故。自己的成果要反复看，看两遍、三遍、五遍、十遍，甚至几十遍，不断看，不断修改完善，要像白求恩大夫那样做到精益求精。

十一、对自己过去发表的意见和成果，如有不“与时俱进”的错误的东西，要敢于否定自己，要对科学负责，对人民负责。

十二、要反对伪科学，维护真正的科学。

徐寿波和他的学生都严格遵守这十二条学术规范。徐寿波对学生的要求高，是因为他希望自己的每一个学生毕业后都有广阔的前程，他告诫他们，一定要树立严谨治学的态度，这样才会在学术的道路上走得长远。在徐寿波看来，教师带学生，不仅是要传道、授业、解惑，端正学生的人生观、价值观也同样重要。他再三强调：

首先是学知识，第二是学做人，第三是学做事。学知识要有刻苦钻研的精神，要花功夫，谁花的功夫最多，谁学到的知识也就最多；学做人最重要的是学习树立正确的世界观、人生观和价值观，要老老实实地做人；学做事最重要的是要学习认真负责、实事求是的作风和不怕困难的精神。[①]

做徐寿波的学生，在学习上必须分秒必争，写论文也好、考试也好，徐寿波要求学生们尽力而为，绝不能糊弄过关。可以说，做徐老师的学生绝不是一件轻松的事。他对学生负责，隔三差五便要召集学生们开会，讨论研究的进展，为他们解答学习和工作上的疑惑。

学生们要发表的文章、要参加答辩的论文，只要交到徐寿波的手上，无论他有多忙，都会抽出时间，逐字逐句修改。学生们的文章，他通常要仔细读上好几遍，从文章结构到内容，甚至字、词、句，他都要提出详细的修改意见。徐寿波认为，一篇好论文，首先要观点鲜明，其次论据要充分，还要确保没有一个错别字，甚至连标点符号都不能用错，这才是对读者负责任的态度和端正的治学态度。在电脑还未普及应用的时候，学生们交来的手稿，返回去之后，每一页上都留下了徐寿波的意见和他认真逐字修改的痕迹，看着这密密麻麻的批注，学生们都感慨老师真是太认真了！

徐寿波爱护学生，他尽自己的所能在学业上指点，在生活上帮助。举贤不避亲，他斩钉截铁地表示：绝不会放走每一个有用的人才。在学生们毕业后走上工作岗位之际，他总是用自己丰富的人生经验和专业的眼光为他们提出建议，保证学生们都能找到适合自己的岗位，全面展现才能，充分发挥光和热。他总是一心为晚辈们着想，但他不求回报，他只是对学生们说：你们走上社会绝对不能砸了老师的招牌！

① 2002年9月，徐寿波在欢迎北京交通大学新生入学仪式上的讲话。

徐寿波和学生们的感情亲密，在学生的心目中，导师不仅指导了他们的学业，同样也是他们人生道路上值得尊敬的长辈。每逢节假日、老师的寿辰，学生们都抱着感恩的心，抽空回来探望恩师。每次和学生们齐聚一堂时，徐寿波的心里都深感安慰！

第八章 新时期的新思考

“一个人要有正确的人生观和价值观。我的人生观是老老实实做人，靠自己的本事吃饭，为社会做贡献！”[①]徐寿波有自己的一套为人处世的方式。他以一颗赤子之心坚守在做学问的道路上，除了研究综合能源学科和技术经济学外，他还紧跟时代、融会贯通，在探索中发现了新的理论，开创了新的研究方法。

第一节　社会主义市场经济和“金海工程”

改革开放以前的很长一段时间里，社会上大多数人都把市场经济看成是资本主义特有的经济形式，认为社会主义制度下是不能也没有办法搞市场经济的。1979 年 11 月邓小平在会见美国和加拿大客人的时候，明确指出：“说市场经济只存在于资本主义社会，只有资本主义的市场经济，这肯定是不正确的。社会主义为什么不可以搞市场经济，这个不能说是资本主义。”[②]社会主义制度下也可以搞市场经济，且这种市场经济模式是有其独特优势的。由此，中国开始了艰难的探寻市场经济之路。各行各业的专家们也在不断努力，为国家政策寻求理论支持。

在探寻社会主义社会的市场经济之路时，国内并没有现成的经

① 选自徐寿波日记，写于 2000 年前后，未公开出版。

② 邢祝国,《邓小平原著导读》，哈尔滨：哈尔滨工业大学出版社，2001 年，第 217 页。

验可资借鉴，向国外学习是一个非常重要的方式。学习国外是怎么把经济搞活的，是摆在徐寿波等经济学专家面前的重要任务。为了实地了解这一情况，1985 年，徐寿波以团长身份，带领由国家计委专家组成的考察团，赴西德学习和考察，主要目的是考察如何借鉴国外模式，在中国合理发挥市场经济的作用。回顾当初出国考察的经历，徐寿波感到无论是临行前还是考察中，身上背负的担子都沉甸甸的，因为他们面临的学习任务很重，回国以后需要提出搞市场经济可行的建议，供有关部门参考。当时在我国特殊的国情下，对于市场经济这条路到底应该怎样走，朝哪个方向发展，长久以来，学术界和社会界一直存在很大的争议。徐寿波看到，东德、西德的经济发展情况不一样，西德搞的是市场经济，经济发展得很好；东德搞的是计划经济，经济发展没有西德好。通过调研两种经济体制的不同模式，徐寿波感到，市场经济对提高人民生活水平是有积极作用的，我国搞市场经济势在必行。

但是要怎么做才能走出一条符合中国国情的新道路来呢？考察结束以后，在代表团讨论中，专家们提出的模式是“社会市场经济”，但是徐寿波认为这个表述是不完整的，还不能完整诠释市场经济在社会主义社会中的特殊性。中国和德国是两个性质完全不同的国家，即使两国都实施市场经济，但也应存在差别，不能照抄硬搬国外的模式。徐寿波想到，长久以来都把市场经济看成是资本主义社会的经济体制，以美国为例，资本主义国家提倡的是搞自由市场经济；我国是社会主义社会，如果按照美国的方式，社会上很容易出现贫富差距悬殊、市场发展无规律等问题，引发社会矛盾，人民反对，这不利于国家的稳定。我国的国家制度是建立在社会主义的基础上的，并以实现共产主义为最高目标。发展市场经济不是盲目的，必须限定在社会主义体制内，在正确的思想和方向的指导下才能走上健康、合理的发展之路，徐寿波认为，根据我国的国情，既要搞市场经济，还要在发展中兼顾公平，因此，他和国家计委的经济学家提出了一个新的观念：我国要实施的应该是“社会主义市场经济”。

20 世纪 80 年代，徐寿波主持国家计委技术经济研究所研讨会

社会主义市场经济是同社会主义的基本制度结合在一起的，市场在国家宏观调控下对资源配置起决定性作用，是商品化的商品经济，是市场在资源配置中起决定性作用的经济，具有平等性、法制性、竞争性和开放性等一般特征，是实现优化配置的一种有效形式，可以发挥社会主义制度的优越性。在“社会主义市场经济”一词提出后，有关专家进行了多方论证，很快，这样的提法便得到了认可。1992 年，在邓小平南方谈话中，正式确立了“社会主义市场经济”的说法。

徐寿波对社会主义市场经济的探索还有很多，例如，他认为社会主义市场经济的优越性不仅是因为它讲究公平，还因为它还讲求效率。他在《中国效率革命——中国社会主义市场经济的几个问题》一文中详细提出：社会主义市场经济引发的是一场效率革命！徐寿波直言："公平和效率是当今世界各国都必须认真对待和很好解决的两大社会经济问题。"① 徐寿波的观点是：效率创造财富，社会公平分配，人民则安居乐业。因此，人类最理想的模式是经济效率很高，社会又很公平；但并非所有的社会制度下都能处理好公平和效率二者的关系。无论是单偏重效率，还是单偏重公平，都不是合理的模式。必须是效率和公平并存，社会才有大的发展和提升空间。改革开放以后，随着中国共产党第十四次全国代表大会确立了中国将要走社会主义市场经济的道路以后，中国社会的"效率革命"一触即发。在这场"革命"中，中国立足于建成公平和效率并存的理想模式。徐寿波以"革命"的概念定义了这场经济体制的改革。所谓的"革命"，从广义上讲，指的是推动事物发生根本变革，引起事物从旧质变为新质的飞跃。徐寿波认为将效率和公平并存于社会主义制度中，就是一场"革命"，因为改革开放三十余年来，中国取得的巨大成就也表明：效率与公平并存、共同提升，带来的是社会的巨大进步和人民的生活翻天覆地的变化。

上述是徐寿波对社会主义市场经济的论证，在此基础上，他还参加了具体的实践活动，那就是他在"金海工程"中所做的工作。那是 1994 年的事情了，这一年对于徐寿波来说是一个难以忘怀的年份。1994 年 10 月，为了向中央财经领导小组提供宏观经济决策参考数据，他和国家计委的同事们，参加开发和研制成功了"中国宏观经济运行信息系统"。这个系统旨在通过大量的数据，通过一系列的运算模型，对中国宏观经济的发展趋势进行分析和综合预测。该系统集中了国家统计局、中国人民银行、国家信息中心等多个单位提供的数据，其研发是国家多部门协同合作的结果。系统研制成功，经国家多个与经济相关部门联通后，于 1994 年年底投入使用，试运行期间该系统取得了良好的效果。而"中国宏观经济运行信息系统"

① 徐寿波，《中国效率革命——中国社会主义市场经济的几个问题》，选自《中国著名经济学家论社会主义市场经济》，郑州：河南人民出版社，1995 年，第 647-667 页。

这个项目又称之为“金色中南海工程”——即“金海工程”。这个项目展开的始末，要从1992年邓小平南方谈话说起。

原来，早在1978年，党的十一届三中全会便作出了“改革开放”的伟大决定。随着改革开放各项政策一步步推行、实施，中国的经济、社会、文化、外交等，都发生了翻天覆地的改变。20世纪80～90年代，由于国内、国际形势发生了变化，人们的观念也在社会的影响和变革中发生了转变。面对冲突不断的复杂局势，一些人心里对改革开放、社会主义前途等问题产生了疑问。在这些负面情绪的影响下，国家经济出现了下滑。面对这种形势，为了消除种种不利的影响，1992年1月18日～2月21日，改革开放的总设计师——邓小平，先后赴武昌、深圳、珠海和上海视察，并发表了重要谈话。1992年3月26日，《深圳特区报》率先发表了“东方风来满眼春——邓小平同志在深圳纪实”的重大社论报道，集中阐述了邓小平南方谈话的要点内容，即：坚定不移地贯彻执行党的“一个中心、两个基本点”的基本路线，坚持走有中国特色的社会主义道路，抓住当前有利时机，加快改革开放的步伐，集中精力把经济建设搞上去。

邓小平的讲话，打破了人们心中的疑虑。在此之后，中国经济发展呈现出良好的态势。但伴随经济高速增长而来的，是通货膨胀率[①]呈两位数的增长。1992～1993年，由于市场经济改革，国家全面放开了过去发放票证、限额供应商品的限制，允许根据市场供求关系自由定价。国内货币供应量增幅加大，导致物价水平普遍上涨，引发了通货膨胀。据统计，1993年国内通货膨胀率高达13.2%，1994年国内通货膨胀率审核达到了21.7%。通货膨胀率是反映经济发展形势的非常直观的指标。面对居高不下的通货膨胀率和物价水平的上涨，西方媒体对中国经济发展产生了疑问：改革开放下的中

① 通货膨胀，一般认为是在信用货币制度下，流通中的货币数量超过经济实际需要而引起的货币贬值和物价水平全面而持续的上涨。

国经济发展，到底是好，还是坏？

徐寿波关心时事，关注经济发展中遇到的问题。他认为，居高不下的通货膨胀率和物价上涨是个大问题，如果处理不好将影响国计民生。作为一名经济学家，他有责任也有义务对这个问题进行研究，他必须搞清楚：我国遇到的通货膨胀、物价上涨这些问题，是否意味着我国的经济发展出了问题？改革开放的诸项措施是否能够顺利推进我国经济向前发展？摆在他面前的，是如何对中国的经济发展形势作出准确的判断。徐寿波做了一系列调查，搜集了1978～1993年我国经济行业的大量相关统计数据。他参照国外的经济学研究方法和成果，并对这些数据做了分门别类的统计。在反复比较、思考的基础上，他建立了一系列的数学模型，并绘制了经济发展的图表。在对模型和图表进行分析的基础上，徐寿波形成了初步的判断。在中央财经领导小组组织的一次座谈会上，他得到了一个阐述自己观点的机会。

时隔多年，徐寿波还记得自己参加座谈会的经历。这次会议由中央财经领导小组副秘书长曾培炎①主持，会议讨论的主题是：在高通货膨胀的形势下，中国的经济发展是否顺应了时代的步伐？当前的经济形势到底是好还是坏？参加会议的有来自国家计委、国家统计局的领导、专家。大家各抒己见，对当时的经济形势发表了看法。徐寿波代表国家计委参加了这次座谈会，他带来了自己潜心研究的结果，并在会上作了发言。

要对我国经济发展的形势作出准确的判断，徐寿波提到，必须掌握衡量我国经济形势的主要指标、调控途径以及调控手段。他认为，单独采用“通货膨胀率”这一评判标准已不可取，但也不宜用过多的数据来混淆视听，应该选取既有综合性又兼具代表性和实用性的标准来衡量我国的经济发展形势。经过调查，徐寿波了解到德

① 曾培炎（1938—），浙江绍兴人，清华大学无线电电子学系电子学专业毕业，大学学历，研究员级高级工程师，曾任中共中央政治局委员，国务院副总理。

国经济学家用经济增长率、通货膨胀率、失业率和进出口贸易额这号称“魔方四角”的指标来综合衡量经济发展形势。而日本则用名义经济增长率、实际经济增长率、零售物价上涨率、失业率、批发价上涨率等几个指标来把握和调控经济。

徐寿波进而认为，国家经济还处于腾飞之前的起步阶段，社会主义的市场经济正在发展，经济学家虽然有一定的评判标准，但从经济学整体领域来看，并没有建立起统一的、完备的衡量经济发展形势的指标，这对于国家相关决策部门把握经济形势、建立合理的调控方式是不利的。徐寿波说：应根据我国国民经济活动的规律，建立有中国特色的、判断我国经济形势的主要指标，在此基础上对经济发展进行合理调控。他提到，“把握经济形势主要指标宜少不宜多，要实用，但要有很好的代表性，要能够反映全局情况[①]”。在经过反复筛选、比较、思考后，他选取了经济增长率（经济增长速度）、经济结构变化率、进出口总额增长率、投资率、通货膨胀率、失业率、人口增长率这七个指标，来综合判断我国的经济发展形势，并针对这七个指标，提出了有针对性的调控方式。

徐寿波的观点，突破了当时国际上通行的“魔方四角”的评价指标，从国情出发，创立了有我国自己特色的指标体系。这次会议后，徐寿波根据座谈会的发言，又向党和国家领导人提交了一份书面报告，详细叙述了他的观点：衡量中国经济形势要采用新的“七大指标”，并建立专门的“中国宏观经济运行信息系统”。报告很快得到了批复，徐寿波的论证获得了赞同。

从 1994 年的下半年起，徐寿波便全身心投入中国宏观经济运行信息系统的建立中了。他带领一个团队住进了北京蓟门饭店，全心全意投入了封闭式的工作中。一住便是几个月，日夜辛劳，没有休息日，更谈不上什么回家放松，为的就是要把这个信息系统早日建

① 徐寿波，《判断我国经济形势的主要指标及其调控途径和手段》，载于《管理世界》（双月刊），1993 年第 4 期。

立起来，给全国、给世界一个满意的答复！

徐寿波专注于数据模型的建立，这正是信息系统开发的核心所在。他一边搜集来自各行各业的海量数据，一边不断计算；他结合理论与实际，希望通过最合理的表现方式，让这些数据能完整而全面地体现中国经济发展的形势。在接连数月的封闭开发工作之后，徐寿波带领团队，向中央办公厅、电子工业部、中央财经领导小组办公室汇报了研究成果。经过“三堂会审”，专家们都同意徐寿波及其团队的看法，他们认可了这个新的信息系统。信息系统运行后，得出的结果表明：中国总体经济形势发展趋势是好的；中国宏观经济运行信息系统的建立，为中央财经领导小组制定宏观经济决策提供了有力的参考数据。

第二节 “大物流”新理论

在新时期，徐寿波又一项取得了优异成绩的研究成果是提出了“大物流”理论。徐寿波研究物流理论至今已经有三十余年了，他最早接触到“物流”概念，是在 20 世纪 80 年代初期。

物流，顾名思义，即物的流动。随着经济的发展，各式各样的货物要运输，从工厂流向市场，从一个地区运送到另一个地区，靠的就是物流，但在早期，意识到物流能发展成为一门学问的人少之又少。在中国，意识到“物流”是一门学问是在 20 世纪 70 年代末，1979 年 6 月，中国物资经济学会代表团参加在日本举行的第三届国际物流会议，日本是当时世界上物流发达的国家，在参会及考察日本的物流发展情况后，代表团回国后撰写了《国外物流考察报告》，在这个报告中第一次把“日本物流”这个名词介绍到中国。徐寿波接触到物流理论，也是从这个时候开始的。

徐寿波（右四）出席中国物资流通学会成立大会

从全世界范围来看，20 世纪 80 年代以前，物流的知识既有实际运用，也有相关的研究。最早提出“物流”一词的国家是美国。在第二次世界大战中，美国军队的后勤部门在研究军队和军需品运输问题时采用了当时比较先进的运筹学等科学方法，取得了很大成效。后来美国相关部门便试着把这门科学应用到民用部门，发现有非常不错的效益，于是便投入了研究，几经发展后逐渐形成现代的物流科学。提到“物流”一词最早的历史由来，徐寿波这样说道：

英文中使用的是后勤（Logistics）这个名词，没有专门物流名词。在美国商业学科的市场营销学中把物流叫作实物配送（Physical Distribution，简称 P.D），所指的对象是商品的实物配送。到现在为止，英文词汇中还没有物流的专门名词，而是沿用后勤（Logistics）名词比较多。[①]

① 吴昊，《徐寿波：我干了三件有意义的事》，载于《人民铁道》，2005 年 3 月 17 日，B4 版。

改革开放以后，随着经济的逐渐发展，商品、物质的运输在国民生活中越来越重要，通过怎样的方式运输？如何运输才能取得最好的经济效益？学者们逐渐意识到物流对国民经济各部门所产生的影响，于是开始把目光放在物流问题上来，有少数人花费了时间和精力专门研究这门学问，并做了一些工作，徐寿波便是其中的一人。

美国用“后勤”一词来指代物流，日本学界则用“物流流动”来概括物流。徐寿波赞同日本学界的说法，他认为后者的概述更完整一些。他认为，物流就是物的流动，这个“物”有固体、气体、液体，也有部队里面军事物质的流动，当然也包含有自然界的物流，比如空气的流动和江河里水的流动都是物流。日常生活中的通信、铁路、公路、航运等都与物流有关系。最简单的例子就是，工厂生产出来的商品，要经过物流流动才能够到达消费者手里，从而发挥作用。在经济的整体循环中，物流是非常重要的一环。在中国，物流科学有很大的发展潜力。

徐寿波对物流最初的探索主要是从技术经济的角度出发，他多次强调，要加强“物流技术经济”研究。早在1980年，他在中国社会科学院技术经济研究所中便提出要设立一个运输技术经济研究室，他主张：

> 物流技术经济研究既是整个技术经济研究的一个组成部分，也是物流研究的一个组成部分，其研究对象既不是物流的纯技术问题，也不是物流的纯经济问题，而是物流的技术经济问题。具体地说，就是物流技术的经济效果问题，或者是物流技术的可行性和经济合理性的最佳结合问题。它是研究揭示物流的技术和经济之间的矛盾统一关系及其发展变化规律的。[①]

徐寿波不断创新物流理论，积极促进这个学科的发展。例如，1985年，他提出了“物流新概念”这一名词。1985年，他参与创

① 陈方建，郑朝霞，《创新——中国物流发展的核心——访我国著名物流专家、中国工程院院士徐寿波研究员》，载于《物流技术（装备版）》，2010年2期，第30-33页。

办了全国第一本《中国物流》杂志，兼任主编，他在创刊号上发表《关于物流技术经济研究的几个问题》一文，提出了一个观点，即：物流是由“物”和“流”组成的。徐寿波认为物的概念很复杂，既指具体的东西，也指除了人的意识之外的客观存在。徐寿波对物流的研究方法已经有了宏观的轮廓了，他在文中把物流概括为两种形式，一种是物品的流动，另一种是物质的流动，前者是生产和生活中的物流，后者是自然界的物流。

1987 年 12 月，徐寿波和技术经济学家、数量经济学家李京文一起，主编了我国第一本物流学专著——《物流学及其应用》，这部著作被学界誉为我国物流科学的开山之作，填补了我国物流科学的空白，意义重大。该书序言由时任中国物流研究会会长，也是国家计委副主任的柳随年撰写，他在序言中明确指出了物流学的研究意义：

> 物流学作为一个独立的科学体系，在国外已有 30 多年的发展历史了。但在我国还是一门新的年轻的学科，它正处在研究、建立、完善的过程中。物流学的建立，是我国现阶段社会生产力发展的必然产物，是建设社会主义四个现代化的需要。①

物流科学在我国起步较晚，其紧跟经济发展的步伐。人们对物流的认识也在不断发展和完善。在探讨物流学时，徐寿波结合了技术经济学的理论和研究方法。

在《物流学及其应用》一书中，徐寿波执笔了《物流技术经济》一章，他写道：

> 物流是国民经济建设中的重要问题，人们生产和生活都离不开物流。物流虽然本身不能创造使用价值，然而他对使用价值的创造和使用起着十分重要的作用。②

从技术经济和能源的角度，徐寿波向学界和社会呼吁人们要重

① 李京文，徐寿波，《物流学及其应用》，北京：经济科学出版社，1987 年，序言。

② 李京文，徐寿波，《物流学及其应用》，北京：经济科学出版社，1987 年，第 114 页。

视发展物流科学。

他说：

> 近些年来，伴随着经济的持续增长，我国物流业也得到了较快发展。然而，物流业以交通运输、仓储为主要依托的特点决定了其对能源的需求也将快速增加。所以，我国物流业高能耗的特点决定了物流业节能减排潜力巨大，任务艰巨，需引起政府、物流行业和研究人员的重视，并从政策、法律法规、行业约束和管理、技术、运营等多个角度做好物流业的节能减排工作。①

徐寿波明确提出了物流技术经济学的理论和方法，提出因为物流技术经济的研究将会促进我国物流技术的发展和物流管理的改进，从而进一步提高全社会物流活动的经济效益，所以除了要大力开展物流技术和物流管理的研究外，还必须开展物流技术经济的研究。那时候，徐寿波是把物流技术经济研究作为技术经济研究的一个组成部分来看待的，他希望通过对物流技术的经济效果问题的研究，揭示物流的技术和经济节约之间的矛盾关系及其发展变化规律。

随着时代的发展，社会发生了日新月异的变化，徐寿波对物流学科的研究深入了，因为凡是物的流动，都可以归纳为物流，所以物流涉及的范畴很广泛。在这个基础上，2005年，徐寿波从宏观的角度，进一步提出了“大物流论”（Material Flow）的学术思想。徐寿波一直在发展大物流理论，探讨这一理论的实际应用。2007年，他在《中国流通经济》上发表了《大物流再论》，对此前提出的“大物流论”进行了一番更加深入的探讨。在这篇文章里，他进一步对大物流论的重要组成部分“物流要素论”和“物流性质论”进行了研究。

“大物流论”认为，无论自然界、社会界和经济界的物流都是

① 陈方建，郑朝霞，《创新——中国物流发展的核心——访我国著名物流专家、中国工程院院士徐寿波研究员》，载于《物流技术（装备版）》，2010年2期，第30-33页。

由物质（Material）、流动（Flow）、主体（Party）、地域（Region）和时间（Time）五个基本要素组成的，取其第一个字母，他称之为“MFPRT 理论”。在这五个要素中，物质是核心要素，物的性质决定了物流的情况，这就形成了物流要素的理论；进而在物流要素论的基础上对物流进行科学的分类。物流性质论指出物流有固有和非固有两种性质，物流固有性质反映物流基本要素的本质特征，是物流具有的不以人们主观意志为转移的客观性质。

徐寿波的想法是，“物流”包括社会界物流、自然界物流、经济界物流三大部分。他指出，物流是宏观物品流动和微观物质流动的总称，它是无目的行为和包括管理行为在内的所有有目的行为；物流是综合现象，它不仅是经济现象，也是社会现象和自然现象；因此不仅有经济物流，也有社会物流和自然物流，经济物流是综合物流的核心，社会物流和自然物流是综合物流的基础。物流科学技术是综合性很强的科学技术领域，涉及自然科学、工程技术科学和人文社会科学各个学科，把物流硬科学技术和物流软科学技术最有效地应用于国民经济，根本目的是造福人类。物流既是一个支柱产业，也可以说是一个支柱产业群。徐寿波用七个分支理论组合并筑构成了“大物流论”，即物的流动论、综合物流论、物流要素论、物流性质论、物流科技论、物流工程论和物流产业论。他认为这七个基本理论是大物流论的主要内容，它们对我国物流科学技术和物流事业发展都将起到应有的作用。他坚定地认为：实现中国经济社会快速发展，实施和平崛起，搞好大物流很关键。徐寿波把物流作为国民经济中继投入、生产、消费之后的第四大支柱型产业群，他表示，可用大物流论把脉我国区域经济的发展，无论是在我国经济发达的东部地区，还是在连贯东西、南北的中部地区，以及有上升潜力的西部地区，投入发展物流业，都是有利于当地的经济提升的。

徐寿波在发展和推广物流科学上做了许多工作。1984 年，他积极参与创建了中国物流研究会，并担任负责学术工作的常务副会长。2002年他调入北京交通大学后，在担任领导职务的同时，他同时主持了《北京交通大学学报（社科版）》的“物流”专栏。作为该栏目的终审专家，他一直要求非常严格。他的观点是，必须客观公正，确保杂志上发表的都是高水平、有学术价值的好文章。

2005年3月，徐寿波（前排右六）在北京交通大学物流研究院成立暨学术报告会上与嘉宾合影

2010年11月，徐寿波在首届中国—欧洲物流论坛上发表主旨演讲

2011 年 10 月，徐寿波在北京交通大学举办的中德“绿色物流”国际论坛上发表主旨演讲

2011 年，参加中德绿色物流国际论坛的专家合影（徐寿波位于前排右五）

如今，物流学在中国已经发展成为一门较为成熟的学科，拥有了自己的一套理论和研究方法，并广泛应用到实际生活中。越来越多的人开始注意到这门科学，大学里也相继开展了相应的教学活动，全国成立了多个研究机构、社团等，每年都有许多有影响力的物流方面的学术会议召开。徐寿波作为物流方面有影响力的专家，见证了这门科学在中国的产生、发展、壮大，对此，他深表欣慰。

2014 年 6 月，徐寿波（前排右三）参加国家级“物流中心自动化装备及系统产业技术创新战略联盟”第二届成员大会

第三节　对大管理科学的新见解

能源、技术经济学、物流，这三项是徐寿波毕生引以为傲的学

问，2014 年 1 月，当回忆往事时，徐寿波斩钉截铁地说：

> 我在中科院搞的是能源，在社科院搞的是技术经济学，还有管理，到交通大学是搞物流。我每到一个单位，都要求自己留下标志性的成果，要求自己做出贡献，这是我对自己的要求！[①]

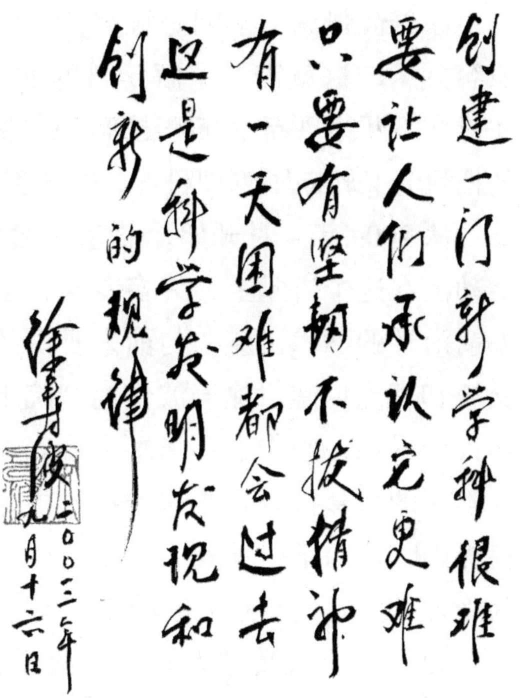

徐寿波手迹

他的话铿锵有力，他从不止步于自己已经取得的成果，他的目标是要持续创新。谈到自己开创综合能源学、技术经济学、大物流学的酸、甜、苦、辣，在一次《科学时报》[②]记者对他的采访中，他意志坚定地表达了自己的观点：

> 创建一门新学科很难，要让人们承认它更难。只要有坚韧不拔的精神，有一天困难都会过去，这是科学发明发现和创新的规律！[③]

徐寿波常常和学生们说，做学问最要紧的事是勤思考，在他看来，学问一天二十四小时都可以做，因为学者主要用的工具是脑子，而这个工具是人随身携带的，走到哪里便带到哪里，而且脑子越用越灵活。他最大的爱好就是喜欢想问题，创新就是要动脑筋思考，他的新想法、新观点就是常思常想才得出的。

---

① 2014 年 1 月 20 日访谈，徐寿波口述。

② 现更名为《中国科学报》。

③ 科学时报社，《中国院士治学格言手迹》，北京：世界知识出版社，2004 年，第 260 页。

徐寿波强调，学问是触类旁通的，所以除了动脑筋之外，还要兼容并蓄，这就需要了解学科的前沿，要懂得多学科的多项理论，才能在不断地创新中获得更新的灵感。在取得了一系列的成果之后，他把目光又转向了管理科学，在研究中不断发表新的成果。

从 2009 年 4 月开始，北京交通大学便坚持举办“交大大讲堂”活动。在这个讲堂上，许多专家、学者齐聚北京交通大学，通过举办前沿性的学术讲座，与前来听讲的北京交通大学的师生进行思想交流和理论切磋。徐寿波作为“院士校园行”的代表，也乐意为青年人们讲课，曾作了一场题为《人类社会只有一门科学——大管理科学》的精彩报告。在这场报告中，他把管理学作为一门综合性学科提出，这门学科涉及人类社会生活的方方面面，是一门艺术，因为管理科学的重要性，他断言：“21 世纪是管理（MR）的世纪！”

为了广泛宣传“大管理”科学，2012 年，他和学者许立达联名，在《北京交通大学学报（社会科学版）》第 1 期发表题为《大管理科学论》的论文。文中首次提出了全新的管理概念——管要讲理（Managing According to Reason，MR）：

> 管是指领导、计划、组织和控制，理是指被管客观事物的发展规律。管理新概念是管和理两大要素的集成。新的管理（MR）科学研究对象是管和理之间的矛盾关系及其发展变化的客观规律。新的管理（MR）科学是传统的管理学和哲学、自然科学、工程技术科学和人文社会科学的大集成。笔者认为，管要依靠权力，理要依靠科学，新的管理（MR）是权力和科学两大要素的集成，权力是管理（MR）的保证，科学是管理（MR）的根据，两者不能缺一，21 世纪是新的管理（MR）世纪。[①]

从提出综合能源到技术经济学，从大物流论到管理理论，徐寿波收获了许多个“第一”，他在这些学科从无到有，再到发展壮大的

① 徐寿波，《大管理科学论》，载于《北京交通大学学报（社会科学版）》，2012 年第 1 期。

过程中做了许多工作，创造了许多奇迹。在总结他的工作时，他并不认为这些理论、学科的发展是他个人的功劳，他认为外部条件也同样重要：

> 任何一门新的重要科技的开拓、奠基和站住脚，被人们广泛承认是很难很难的，它要具备六个条件，也就是要做六件事：第一要有该重要科技的国家发展规划；第二要有该重要科技的国家级专门研究机构；第三要有该重要科技的国家级社会学术团体；第四要有该重要科技的专门学术刊物和著作；第五要有该重要科技的自己特有的理论和方法，并能经受住历史的实践检验；第六要有该重要科技的人才培养。①

这是徐寿波对于学术进步、创新的重要观点，他再三强调规划、条件、人才的重要性，他一边专注于理论的发展，一边积极争取、创造适合学科发展的道路。

2014 年，徐寿波（右三）参加在北京交通大学举办的“管理·创新·发展”国际论坛

① 陈圣莉,《徐寿波：一生勇作开拓者》，载于《财经界》，2008 年第 4 期。

第四节　调研“一带一路”

从 2013 年开始，徐寿波把一部分精力投入对“一带一路”的调研中，他希望自己能结合“一带一路”战略做一些新的工作。

丝绸之路是古代中国连接亚洲、非洲和欧洲的古代商业贸易路线，是一条东方与西方之间在经济、政治、文化进行交流的主要道路，它最初的作用是运输中国古代出产的丝绸、瓷器等商品。丝绸之路是连接中国和欧亚的通道，对政治、经济、文化交流起到了重要作用。

以古鉴今，2013 年 9 月和 10 月，习近平主席分别在哈萨克斯坦纳扎尔巴耶夫大学和印尼国会发表演讲，提出了“一带一路”的思想，即“丝绸之路经济带”和“21 世纪海上丝绸之路”的简称，意在传承和提升古丝绸之路，通过与有关国家合作，推动区域经济一体化乃至欧亚大陆经济融合，通过包容性发展战略，实现合作共赢。“一带一路”建设是一项系统工程，在坚持共商、共建、共享的原则下，积极推进沿线国家发展战略的相互对接。为推进实施“一带一路”重大倡议，让古丝绸之路焕发新的生机活力，以新的形式使亚欧非各国联系更加紧密，互利合作迈向新的历史高度，中国政府特制定并发布《推动共建丝绸之路经济带和 21 世纪海上丝绸之路的愿景与行动》。现在“一带一路”战略已被写入《中共中央关于全面深化改革若干重大问题的决定》和 2014 年的《政府工作报告》中，成为国家重要的发展战略。

徐寿波紧跟形势，在深入学习了“一带一路”的理论后，他感到这个论题大有可为。他首先想到的是，在“丝绸之路”中，习主席提出了“政治沟通、道路联通、贸易联通、货币流通和民心相通”，其中，道路联通、贸易联通，是徐寿波最关心的问题。这两者与经济直接相关，他把大物流理论引入“一带一路”的大框架下进行了深入探讨，这也是他在新时期的又一个新的思考。

徐寿波把目光集中到了云南。云南是我国西南部的一颗明珠，风景秀美、物产富饶。云南在融入我国“一带一路”战略中将占据重要地位，并发挥巨大作用。云南省为此正在制定融入“一带一路”的战略规划，徐寿波对此也进行了探索。他认为物流是实现产品流通的重要手段，更是推动经济发展不可或缺的一环。

大物流论将成为战略规划的一部分，他认为，云南交通发达，有四通八达的交通网，发展大物流是有很大前途的，“云南北上连接丝绸之路经济带，南下连接海上丝绸之路，是中国唯一可以同时陆上沟通东南亚、南亚的省份，并通过中东连接欧洲、非洲，且同时内连我国西南及东中部腹地。显然，云南独特区位优势有利于发展大物流，助力云南经济更好融‘一带一路’国家战略。”① 那么，要如何发展云南的大物流呢？徐寿波对此有详细的思考，他提出了几个步骤，“重视物流资源整合与调度优化，在运输、仓储、包装、流通加工、配送、装卸搬运等环节实现多元资源的合理调配和优化应用，提高效率，节约物流成本，完善云南大物流枢纽集散功能。同时，还应全面建设综合物流工程，注重大物流三维结构均衡建设和发展绿色物流，实现云南大物流协调发展。”不仅如此，更要“重视物流资源整合与调度优化，在运输、仓储、包装、流通加工、配送、装卸搬运等环节实现多元资源的合理调配和优化应用，提高效率，节约物流成本，完善云南大物流枢纽集散功能。同时，还应全面建设综合物流工程，注重大物流三维结构均衡建设和发展绿色物流，实现云南大物流协调发展。”② 他认为，云南的物流发展好了，有利

①② 徐寿波在 2014 年 5 月中国科学技术协会举办的“大物流理论及应用院士专题报告会”上的讲话。

于带动云南经济的发展，有利于云南融入“一带一路”中来。关于云南的大物流战略，是徐寿波最新的思考，也是他孜孜不倦追求真理取得的一项新的成果。

2015 年 3 月 28 日，徐寿波兴致勃勃地前往西安参加了在当地举办的“第二届丝绸之路经济带发展论坛”。这次会议邀请了国内外高校和研究机构的著名学者参加，共同研讨在国家建设丝绸之路经济带的重大战略构想下，如何把握历史机遇，打开对外开放的新格局，为中国沿线城市和其他国家实现互利合作、共同发展，为建设繁荣的新丝路做出新贡献。为了这次会议，徐寿波数夜未眠，他精心准备了发言稿，在会上宣读了自己的理论。在此之前，他曾作为重要的指导者，参加了国家自然科学基金重点项目“物流资源整合与调度优化研究”，以及国家科技支撑计划项目“供应链协同电子商务技术研发与应用示范”。以这次会议为契机，他所作的题为《“一带一路”大物流战略分析与实施》的报告，正是这两项课题的成果之一，徐寿波从大物流论视角下对“一带一路”战略的实施路径进行了探讨。

2015 年 3 月，徐寿波（中）在西安电子科技大学参加第二届丝绸之路经济带发展论坛时与西安电子科技大学校长郑晓静院士（右一）合影

徐寿波在研究中建立了一系列的模型，他依据大物流论的基本内容，构建了“一带一路”大物流时空结构模型，通过大物流的“物”和“流”两大要素时空结构关系分析，指出了“一带一路”大物流战略有效实施应满足的基本条件是符合物的完整属性及其运动规律、注重跨境（区域）物流时空无缝链接，以及实现跨境（区域）生态时空位移。在此基础上，徐寿波提出了大物流视角下“一带一路”国家战略实施路径，一是对接沿线国家商流需求，推动跨境产业链建设；二是加强基础设施与组织管理，提升跨境大物流综合效率；三是构建生态合作机制，促进跨境大物流可持续发展。①

2015 年 3 月，徐寿波在西安电子科技大学参加第二届丝绸之路经济带发展论坛

第五节　参建院士工作站

院士工作站是由政府推动，以企事业单位创新需求为导向，以中国科学院、中国工程院及其团队为核心，以省内研发机构为依托，联合进行科学技术研究的高层次科技创新平台。以徐寿波为首席专

① 徐寿波在第二届丝绸之路经济带发展论坛上的发言——《“一带一路”大物流战略分析与实施》。

家的院士工作站，建在浙江金华、义乌和绍兴。

早在2012年8月，徐寿波便跟随专家团队参加了“金华院士专家行”活动，并在当地科学技术协会的安排下建立了院士工作站。

2012年，徐寿波（左四）参加“金华院士专家行”活动时与团队成员合影

位于金华的院士工作站通过“政产学研资用”协同创新链，带动了项目资金链，驱动“全国敬老工程”项目产业链落户于浙江兰溪灵羊岛，现已有投资估值6亿元人民币，目前项目正基于大物流论的泛养老智慧产业集群技术经济模式，进行增资改扩建工程，预计一期项目增资投入10.6亿元人民币。该项目作为院士工作站的科技成果转化，必将促进金华泛养老智慧产业快速健康发展，推动本地区经济社会产业结构调整，带动本地物流业、交通运输业、医疗保健业、健康服务业、日常生活用品业、商贸服务业、旅游业、餐饮业、农业、金融保险业、食品加工业等相关产业快速健康发展。在徐寿波的呼吁下，金华市政府有关部门采取特事特办方式，帮助

解决项目产业化过程中遇到的问题，在符合政策法规前提下尽快实现项目建设预期目标。

2014 年，徐寿波进一步推广他在金华的经验，这一次将目的地选在了义乌。

义乌，地处浙江省中部，是全球最大的小商品集散中心，被联合国、世界银行等国际权威机构确定为第一大市场，它是一所商机无限的商贸城市，也是一座融入全球的开放城市。

2014 年 9 月，中共义乌市委组织部、义乌商贸服务业聚集区管委会以及义乌市科学技术协会联合，邀请徐寿波、陈子元、朱位秋、都有为、刘家麒等院士和专家团队，共聚义乌，参加“两院院士义乌行”活动。徐寿波兴致勃勃，参加了这次活动。在义乌的两天里，他随团参观了当地的物流园、知名企业，深感当地经济发展势头强劲，并感到，义乌作为商贸服务业聚集的地方，商业发达，道路四通八达，货物流通来来往往，推动义乌物流业的发展十分有必要。在座谈会上，徐寿波发表了讲话，他感慨于义乌大物流要素和业态的丰富，这是建设大物流科技研发示范基地的良好产业基础，他表示要在义乌建立院士工作站，他说：“希望借助工作站平台有利于我们发挥应有的作用，有利于理论联系实际，有利于围绕产业链部署创新链，围绕创新链驱动资金链，有利于解决区域经济发展中的关键科学问题。”① 在义乌院士工作站的工作计划里，他也打算围绕义乌现代物流发展的实际，在强调创新性、实用性和前瞻性的基础上，对物流服务于市场的基础展开一些应用方面的研究；他还打算在调研的基础上，对义乌集聚区物流行业提供技术咨询和合作服务，借此对义乌的物流业做出新的贡献。

而建于绍兴文理学院的院士工作站，则从学科发展的角度，邀请徐寿波作为首席指导专家。

① 徐寿波在院士专家义乌行活动期间的讲话。

2014 年，徐寿波（右四）参加院士专家义乌行活动

徐寿波与义乌工商职业技术学院对接现场

绍兴是徐寿波挚爱的故乡，绍兴文理学院便坐落在这座美丽的水城里。绍兴文理学院的前身是创立于1909年的山会初级师范学堂，著名文学家鲁迅曾经担任过学堂监督，也就是相当于校长的职务。发展至今，绍兴文理学院成为绍兴市唯一一所经国家教育部批准建立的综合性全日制本科普通高校，并广泛包含文学、理学、工学、医学、法学、管理学、经济学、教育学八大学科门类，设有外国语学院、数理信息学院、工学院、经济与管理学院、法学院、医学院、元培学院、上虞分院、成人教育学院和高等职业技术学院十个二级学院。

早在2012年，绍兴文理学院便与徐寿波接洽，请他为工商管理学学科建设做一些工作，徐寿波非常高兴能够借助这个机会，为家乡做一些事情。在初步协商之后，2012年5月8日，绍兴文理学院与徐寿波领衔的专家团队达成合作协议，共同向绍兴市申报建立院士专家工作站，这将是绍兴市首个建在高校的院士工作站，旨在加强技术经济学学科领域人才培养、学术交流、科学研究及成果转化，促进地方经济建设与发展。

2012年8月25日，绍兴召开了“2012中国·绍兴‘名士之乡’人才峰会”。会上，中共绍兴市委常委、人民政府常务副市长陈月亮发表了讲话，他说：

> 绍兴是名士之乡，也是“院士的摇篮”。在两院院士中，绍籍院士达65人，在全国地级市中排位第三。但在绍兴工作的“全职院士”却没有一个。在绍的高等院校屈指可数，顶尖的科研院所也寥寥无几。这不仅落后于全国经济发达的一些地市，甚至不及一些中西部经济发展程度不如绍兴的地市。
>
> 高层次人才是经济社会发展的“稀缺”战略资源。在绍院士的零纪录和在绍高等院校科研院所的缺少的实质是我市高层次人才的匮乏。这在一定程度上影响了我市科技研发和人才培养，也制约了我市企业的技术进步和产业升级。

绍兴市院士专家工作站是一个全新的创新服务平台。它把科技与经济、院士专家与企业家、科技界和经济界紧密结合在一起，有着其他创新平台所没有的资源和独特优势。①

2013年，徐寿波（中）考察绍兴港现代物流园

陈月亮继而说，通过建立绍兴院士工作站，柔性引进了一批院士专家，促进了绍兴市的经济转型发展，搭建了产学研用紧密结合的创新平台，推进了多方协同创新，帮助建站主体破解了一批核心关键技术难题，帮助推动了产业的转型升级；不仅如此，还联合培养和引进企业适需人才，缓解创新发展中遇到的领军科技人才短缺难题；更重要的是通过院士工作站，发挥了院士建言献策的智囊作用。

在这次会议上，绍兴市的10家院士专家工作站在人才峰会开幕式上正式成立，并举行了签约和授牌仪式，徐寿波和绍兴文理学院

① 陈月亮，在绍兴市院士专家工作发展促进会成立大会暨成果产业化推进会上的讲话。

的叶飞帆校长正式签约，在学院建立了院士工作站。

根据院士工作站的协议要求，徐寿波的职责是，在绍兴文理学院通过开展学术交流活动、培养研究生、组织和指导学院的课题研究来建设该校的工商管理学科，这是他的长项。他要做的事情很多，他一口气组织了 30 多名专家组成了工作站的团队，他们通过各自在学界的影响力，很快便促成了绍兴文理学院与北京交通大学物流研究院、美国弗吉尼亚州立大学、香港理工大学等院校开展了一系列的合作。专家们开大会、开小会，开展了多次的实地调研，对绍兴市的规划提出了许多意见，最典型的便是在企业物流与供应链系统设计、物流园区规划建设、大型项目评估与实施等技术经济领域做了许多工作。在徐寿波的带领下，院士工作站里的专家团队为绍兴市、县有关规划制定进行课题研究，为地方政府决策提供有力的智力支持，同时也有力地促进了绍兴文理学院工商管理学科的建设。

2013 年，徐寿波（左二）与绍兴院士工作站部分老师合影

第九章 最美夕阳红

耄耋之年，徐寿波还在忙碌。含饴弄孙之余，他继续在科研岗位上发挥余热。家庭幸福，事业一帆风顺，徐寿波没有辜负这美丽的夕阳，他相信，自己的步伐还能迈得更大，路将走得更远……

第一节　吾爱吾家

徐寿波和妻子周爱珍在结婚之初曾两地分居长达 11 年之久。徐寿波孤身一人在北京打拼，周爱珍则带着孩子在老家绍兴生活，她一边工作，一边代替丈夫照顾年迈的老人。那时候，徐寿波白天醉心于工作，夜晚回到家里，没有爱人的陪伴，生活上不免有一些孤寂。远在家乡的妻子和儿子没有丈夫和父亲在身边，也多有不便。但是按照当时的政策，要解决夫妻分居问题是许多两地分居家庭面临的最大难题。徐寿波夫妻一直在为这件事奔波，却没有收到什么成效。夫妻二人只能默默克服困难，期待着有一天能够生活在一起。一直到徐寿波在科研上取得了一系列成果后，为了表彰特殊人才，北京市劳动局才颁发了调令，通过工作调动把周爱珍调来了北京，从此以后，夫妻俩终于能够生活在一起了。

周爱珍调来北京后，在北京地毯厂担任会计。虽然薪酬不多、工作忙碌，但一家人都非常高兴，夫妻能够团聚，儿子也可以每天见到父亲，没有什么能比一家人生活在一起更令人高兴的了！徐寿波和周爱珍都非常珍惜这来之不易的团聚，周爱珍尤其珍惜来到北京和丈夫团圆的机会，她一边勤奋工作，一边操持家务。作为一位传统的中国女性，周爱珍贤惠、坚韧、包容，她支持丈夫的事业，在她看来，丈夫做的工作都是在为国家科研进步做贡献。徐寿波工作繁忙，时常要出差，她便悉心照顾家和孩子。周爱珍做得一手好菜，她包的粽子是徐寿波最喜爱的食物之一。有了爱人的嘘寒问暖和悉心照顾，徐寿波感到自己的生活更加舒心了，他从此可以没有后顾之忧，一心一意为事业忙碌了。徐寿波早年生过几场大病，身体不太结实。为了照顾丈夫，周爱珍想尽了办法：她精心调理徐寿波的饮食，闲暇时便四处打听养生的办法。为了弥补早年分居的缺憾，也为了照顾丈夫，周爱珍放弃了自己的事业，提前办理了退休手续。此后，丈夫走到哪里，她便跟到哪里，照顾丈夫的衣食住行，是徐寿波的坚强后盾。

徐寿波有三个子女，虽然孩子们没有继承徐寿波的科学事业，但他也从不操心儿女们的生活，常常为儿女们有自己的生活而感到自豪，他常说："儿孙自有儿孙福！"徐寿波疼爱自己的每一个孩子，提起儿女和孙子辈们，他总是充满了柔情。虽然爱孩子，但他从不以爱之名干涉孩子们的生活和兴趣爱好，支持孩子们自由发展

徐寿波与夫人周爱珍共贺母亲九十岁寿辰

自己的事业，鼓励孩子们从事自己喜爱的工作。当孩子们遇到难题向他请教时，他只根据自己的人生阅历为孩子们提出合理的建议，但绝不强求孩子们必须听从自己安排。徐寿波的孩子们成年后都有了自己的生活，大女儿贺红缨留学后定居在美国；长子贺清在北京工作，方便照顾老人；次子徐文清也是事业有成。如今的徐寿波子孙成群，享受着儿女满堂的快乐。

第二节　长者的智慧

回忆往事，徐寿波感慨，自己的人生并不是一帆风顺的。少年时期他的家庭经济窘困，中年时期因为特殊时代而经历了一番波折，他学术方向也多有起伏和变更。但他并未有过抱怨，他感到，困难激发斗志，挫折和成功是相辅相成的。面对困难，他写过这样一句话来勉励自己：

> 努力和成就成正比，一个人越努力，成就便越大。挫折和成就也成正比，一个人挫折越多，成就也就越大。[①]

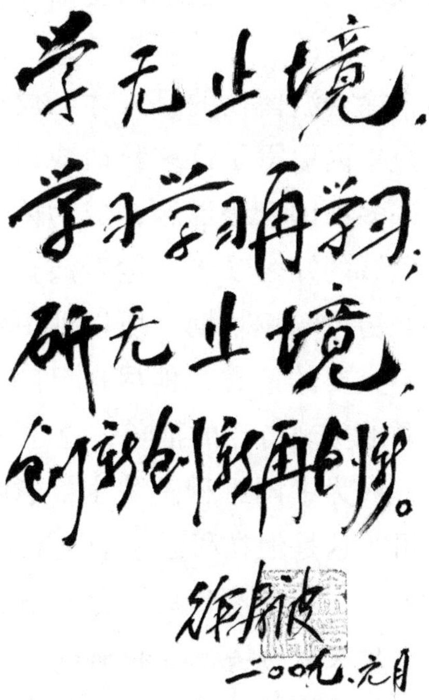

徐寿波写下的人生格言之一

① 摘自徐寿波日记，写于2000年前后，未公开发表。

徐寿波爱较真，他做过单位的领导，又是中国工程院院士，还是许多基金项目、奖项的主要评审者之一，因此经常都会有人跑来找他办事，或是因为项目找他说情，这些人里有的是他的朋友，也有的是他的同事或下属，其中不乏提着厚礼来“拜访”自己的人。他对这些人一概拒之门外，公是公、私是私。他总是就事论事，对事不对人。对待每一次项目评审，他都严格审核。他坚持的一个原则是：凡是要经过自己审核的项目，都要做到不要有人之常情、人之友情、人之尊师情、人之亲情、人之爱情，因为有了这些都会有受贿行贿之嫌！但他既不会因为人情让不合规范的项目通过评审，也不会因为要顾忌“脸面”举贤而避亲。他有一位博士生名叫侯汉平，学习成绩十分优秀，在他毕业的时候，徐寿波把他留在了北京交通大学任教。有人因此诟病他，说徐寿波徇私将自己的学生留校任教。他斩钉截铁地回复那些提反对意见的人：并不是因为侯汉平是自己的弟子才被留校的，而是因为他是有真才实学的人！事实证明，徐寿波留住的是人才，侯汉平没有辜负老师的殷切期望，在短短数年内取得了许多科研成果，发表了大量学术论文，主持并完成了许多项国家级课题，成为博士生导师，现在已是综合物流工程研究领域的知名学者。徐寿波真切关怀后辈，因为他曾经在科学道路上经历过崎岖坎坷，所以他更希望有真才实学的人不要把精力浪费在不重要的地方，他尽自己的努力为人才铺平道路，令他们能一帆风顺地实现自己的抱负，这也是一位长者对后辈真心的爱护和关怀。

成为中国工程院院士，意味着徐寿波的科研工作得到了学界的认可，这是他在科学事业上获得的成功，他是这样看待成功的：

> 一个人的成功，一靠主观努力，二靠客观机遇。机遇也要靠人努力去把握和捕获，所以主观努力是成功的关键。①

每当回忆往事，徐寿波总是心存感恩，他想起的是那些赏识自

① 2004年6月6日，徐寿波为北京交通大学2004届毕业生的题词。

己、给自己提供机会的人，也感慨自己抓住了机遇。从 1962 年起草《“技术经济”科学技术发展规划纲要》，到 1978 年全国科学大会的召开，以及新时期从事的新事业，徐寿波认为自己比其他人都幸运得多。抱着感恩之心，他以乐观、平和的心态，安然渡过了人生中一次又一次的低潮，更迎来了一次又一次的高峰。他这样鼓励自己：

> 人生的轨迹像一条波动的曲线，有起有伏。有高峰，有低谷。在高峰期要戒燥戒骄，谨慎处事，不要忘乎所以，要多思考前进中的困难。在低谷期，不要无所作为，要努力行事，要多看前进中的光明。无论是高峰期和低谷期，都要保持乐观的心态。人生中一帆风顺的道路是很少的。①

徐寿波时刻保持着乐观和豁达的心态，每当遇到不顺心的事，他总是鼓励自己不要生气。他也是这样笑着劝慰周围的人。他的乐观精神极富感染力，他也因此赢得了同事、下属的一致好感。乐观不仅仅是徐寿波对生活的态度，也是他保持健康、追求长寿的秘诀之一。

徐寿波在办公室

① 摘自徐寿波日记，写于 2000 年前后，未公开发表。

徐寿波获得过很多奖励，早年得到的奖励大多是荣誉性质的，并没有奖金；担当各种学术兼职多为指导性工作，也不拿什么钱。他对金钱要求不高，在他看来，钱只是个数字，挣到的钱只要能满足生活的需要即可。他早年的工资不高，大学毕业后工资是 46 元，从苏联回国以后很长一段时间他的工资是 78 元，在成为中国工程院院士以后，薪金才有了大幅度提高。他自认为除了穿衣吃饭外，平时没什么需要花钱的地方。无论是对家人还是对晚辈，他常常叮嘱说，“要看淡人生享乐，重在科学事业。”生活中的徐寿波衣着十分简朴，衣服只要干净整洁就行。他也不讲究吃喝，只要营养卫生，吃饱即可。用他的话来说，儿女不用自己操心，吃喝也不花多少钱，工资足够用了，金钱都是身外之物。他对家人和弟子说，重要的是要“看清前途，看淡‘钱’途！”除了生活需要和买一些专业书籍外，耄耋之年的徐寿波只愿意把钱花在自己奋斗了一辈子的科学事业上。他感怀国家和社会对自己的栽培，他认为自己能够成为院士，除了多年的努力外，离不开朋友们真诚的帮助。因此，他希望做一些力所能及的事，去帮助有实际困难的人，这也是他对社会的回馈。四川汶川大地震中，即便一次性捐出了 5000 元人民币作为特殊党费用于抗震救灾，徐寿波仍然觉得自己所尽之力十分微薄。

他一边为了实现自己的梦想而努力着，一边也在做着别人的织梦者。他希望能为后进学者提供一些帮助，鼓励他们为科学而奋斗。徐寿波有一个宏大的想法，那就是希望将来能像中国著名的石油化工专家侯祥麟一样，成立一个自己的基金——徐寿波科学基金，支持和鼓励有为青年继续学业，在科学之路上取得成果。他殷切希望后辈们能源源不断地接过老一代科学家手中的接力棒，将中国的科学事业发扬光大。

第三节　活到老、学到老

在晚辈眼里，徐寿波一点儿也不像一位高龄老人，他的思想和年轻人一样“新潮”，精力比年轻人还充沛。一年里有一半的时间，他都在外地出差，有时候是去参加学术会议，有时候是去企业调研。他总是要助手向他汇报科学界发生的新鲜事，及时了解学术界里的最新动态。他最爱和年轻人打交道，因为年轻人充满活力，想法新奇，和他们交流，更能激发他的创新热情。

徐寿波在办公室阅读文献

徐寿波是个爱赶时髦的人，虽然已经八十多岁，但他能够熟练使用电脑，会使用各种编辑、上网软件，能说出时下最流行的观点，知道最新的国家大事。这是因为他从早到晚一直都在学习，学习是他多年来养成的习惯，他在学习中获得新知识、掌握新技能。他不仅学习专业知识，而且关注其他领域的知识。徐寿波知道，在当今社会，各个学科并不是独立的，而是彼此之间相互关联、不可分割。所以，他常常要阅读最新学科文献资料，掌握最新的出版物信息，学习各个学科最前沿的理论。他不仅知道能源行业、管理科学、经济学科，还知道数学、化学、物理等许多学科的新观点、新动向。不仅如此，为了跟上社会发展的脚步，他每天坚持阅读各类科学新闻，从网络、报纸、电视等渠道，广泛了解社会时事、接受新时代的新观点……在这个信息爆炸的年代，几乎每一天都有新事物诞生，徐寿波饶有兴趣地接受着最新的信息，并把这件事当成了兴趣和爱好。

徐寿波准备了一个笔记本，每当他从报纸上、书刊上看到了值得思考的地方，就会详细摘录下来。每逢他对时事有所感悟，也会详细记下心得。厚厚的一本笔记里，凝结了这位老人对人生的思考。

针对我国近代科学技术发展的经验和教训，他是这样写的：

> 我认为，政局不稳、体制不顺、认识落后是导致科技发展落后的三大原因。从我20世纪半个世纪的科技生涯中，认为最重要的制约因素是上面三个，它们形成了一种规律。科学发展是大势所趋。①

徐寿波痛心于近代科学发展中的波折，认为只有新时代的平稳时局和创新体制才是科学发展的温床。对于科学精神，他也有自己的看法：

> 什么是科学精神？科学是讲究客观事物发展规律的知识。讲自然规律的是自然科学，讲社会规律的是社会科学。所以科

① 摘自徐寿波日记，写于2000年前后，未公开发表。

学精神就是要讲客观事物发展规律，就是要讲实事求是。

如何弘扬科学精神？要努力学习，学习自然科学和社会科学，学习事物的客观规律，才不会去做不符合客观规律的事情，也就是不要做“科盲”。

要没有私心，科学是实实在在的东西，来不得半点虚伪，要有无畏精神，相信科学要无私无畏，搞科学要有冒险精神，反对伪科学。

上述是徐寿波坚持学习的一些感悟。徐寿波常常感到自己的时间不够用，他喜爱的一句诗是：“春蚕到死丝方尽，蜡炬成灰泪始干！”他以春蚕为自己的学习对象，以此来勉励自己，告诫自己要抓紧一切时间学习，在学习中思考，在思考中产生新的想法，从而实现持续创新。

工作中的徐寿波

寒来暑往，徐寿波投身科学事业已经有一甲子岁月了。2016年，已经85岁高龄的徐寿波精神矍铄，他每天奔波在上班和下班的路上，工作令他的身心充满活力。一谈起做学问，他总是神采飞扬、滔滔不绝。他要争分夺秒，多干一些工作，他要把自己的所知毫无保留地奉献给他最亲爱的祖国。

甘为拓荒牛，勇创科技先！这就是徐寿波的心声！

附录 | 一 |

徐寿波大事年表

1931年9月16日　出生于浙江绍兴上大路兴文桥30号的一家油纸店。

1937年8月　进入绍兴私立箔业小学（兴文桥小学）上学（至1940年12月）。

1938年　浙江绍兴沦为日军的侵略战场之一，遭到日军的轰炸。徐家开始了逃难生活。

1941年1月　进入日本伪政府统治下的绍兴县元培镇第一中心小学读书（至1943年12月）。

1944年1月　进入绍兴县立中学读书（至1945年8月）。

1945年9月　参加并通过了国民党政府组织的入学考试，进入绍兴县立初级中学读书（至1947年12月）。

1948年1月　进入浙江省立绍兴中学学习。

1949年12月23～30日　暂离校园，响应号召到绍兴农村工作队工作，工作内容是帮助计算当地农业税、征粮、组织和动员农民支援前线、调查土地等，工作地点在钱塘江边长河区。

1950年年初　前往上海参加上海中央税务学校华东分校招生考试。

1950年2月　被上海中央税务学校华东分校录取。

1950年5月底　结束在上海中央税务学校华东分校的短期培训，作为毕业生被分配到上海市人民政府税务局杨树浦分局工作。

1950年7月　从上海市人民政府税务局辞职，回浙江省立绍兴中学补习高中课程，备战高考。

1950年11月　经黄尧章介绍，加入中苏友好学会绍兴分会。

1951年7月22～23日　参加华东、东北高等学校的招生考试，考入南京金陵大学理学院电机工程学系。

1951年9月5～12日　离开家乡绍兴去往南京金陵大学电机工程系报到。

1951年9月20日　在金陵大学开始了大学学业。

1951年11月　参加思想改造运动。

1952年3月　参加南京市反贪污运动。

1952年7月14日　加入共产主义青年团。

1952年7月　向组织提交了入党志愿书。

1952年9月　金陵大学理学院电机工程系被并入南京工学院，转入南京工学院电机系就读。

1952年9月　因患肺结核入院治疗。

1953年1月　因伤寒病住院一个月。

1953年暑假　在常州电厂参加为期两周的认识实习。

1954年7～8月　在徐州贾汪电厂及徐州变电场参加为期六周的生产实习。

1954年11月13日　成为中国共产党预备党员。

1955年9月　大学毕业，被分配到中国科学院机械电机研究所工作，担任研究实习员。

1956年5月　转正为正式的中国共产党党员。

1956年8月20日　启程前往苏联学习。

1959年　在《苏联科学院通报》1959年第6期上发表俄文的学术论文《热电站最大采暖负荷的确定方法》。

1960年　在苏联《综合动能学论文集》（第三集）中发表俄文论文《在热电站和水电站设计中水量和热量计算连续曲线的选择》。

1960年　《热电站最大采暖负荷的确定方法》《中国复杂动力系统中热电站最佳容量的选择方法》两篇论文被评为苏联科学院能源研究所举办的“青年科学二等奖”。

1960年　完成副博士论文《中华人民共和国动力地区划分的若干基本理论问题》，导师魏以茨院士建议中国科学院出版。

1960 年 10 月　取得技术科学副博士学位后归国，回到中国科学院电工所工作，担任助理研究员。

1961 年 8 月 4 日　与黄志杰联合署名在《人民日报》上发表《综合动能学在苏联》一文。

1961 年年底　中国科学院自然资源综合考察委员会给中国科学院党组提交报告，要求开展动能方面的研究工作，建议成立一个专门从事综合动能学方面的研究室。

1962 年 5 月 25 日　与黄志杰共同署名，在《人民日报》上发表了题为《燃料工业构成的一些情况》的文章，强调要合理利用能源。

1962 年　在北京电机工程学会上所作的学术报告《关于我国采暖供热系统的设计标准问题》被推荐为科学发明创造奖。

1962 年春季　提出了我国创建“技术经济学”新学科的建议。并负责起草了我国第一个《“技术经济”科学技术发展规划纲要》。

1962 年 8 月　被国家科委聘为“可燃矿物综合利用专业组”组员，负责起草“全国可燃矿物综合利用研究纲要和规划”。

1962 年　与贺思贤女士结婚。

1963 年 1 月 8 日　长女贺红缨在北京出生。

1963 年 3 月 6 日　在《人民日报》上发表《水力发电与火力发电》一文，提到新能源的使用问题。

1963 年 9 月 19 日　在《人民日报》上发表《积极开展技术经济的研究》一文。

1963 年　负责国家科委关于如何合理利用重油的课题，是课题主要承担者。

1963 年　承担国家科委关于技术经济理论方法和实际应用的研究任务。

1964 年 5 月　在综考会先进工作者大会上受到本部门的表彰。

1964 年 9 月 19 日　在《人民日报》和《科学通报》(1964 年第

7 期）上，第一次公开发表《积极开展技术经济的研究》和《技术经济研究的目的、任务和方法》。

1964 年 10 月　担任综合动能研究室业务第二副主任。

1964 年 12 月 19 日　在《人民日报》上发表文章《重油的合理利用》，获得中国科学院第一届科技成果优秀奖。

1965 年 6 月　著作《我国重油资源的合理利用和分配》出版。

1965 年　完成我国第一个《技术经济方法论》研究报告。

1966 年 3 月 11 日　长子贺清在北京出生。

1968 年 7 月　与贺思贤正式办理离婚手续。

1969 年 11 月 3 日　与周爱珍女士结婚。

1970 年 9 月 2 日　次子徐文清出生。

1971 年 8 月　被调至中国科学院“五七干校”。

1972 年 6 月　调回北京，担任在中国科学院地理研究所经济地理研究室里成立的动能经济研究组业务负责人。

1973 年 12 月　联合黄志杰，向国家计委领导提交题为《关于科学院加强动能科研工作的建议》以及《关于要求尽快解决原综考会动能经济人员归口分配问题的报告》两份报告，要求恢复动能研究。

1973 年　承担“我国工业二次能源合理利用”课题。

1973 年　完成天津和上海余热利用调查，并相继参与撰写《天津市工业余热调查报告》以及《上海市工业余热调查报告》。

1974 年　主持“中国的能源效率测算”研究。

1975 年 4 月 14 日　中国科学院下文恢复“动能研究组”，挂靠在中国科学院自然资源综合考察组下管理。与此同时，综考组向中国科学院提交了《关于能源研究问题的报告》，提出了改动能研究室为能源研究室。担任研究室副主任、副研究员。

1976 年　完成“我国工业二次能源合理利用”课题，并撰写相应报告。

1977 年　被评为中国科学院先进工作者。

1977年　参加创办了全国第一本《能源》杂志。

1978年3月18日　在人民大会堂参加全国科学大会。

1978年10月　跟随中国能源利用考察团访问日本。

1978年11月15日　中国技术经济研究会成立，担任研究会总干事。

1978年　参与的“中国工业二次能源合理利用”课题获中国科学院重大科技成果奖、全国科学大会奖。

1978年　在《能源》杂志第1期上发表了《大力加强能源利用科学技术的研究》一文，指出了能源在国家生活中的重要性。

1979年3月　赴日本考察能源归国后写下了《日本的能源——日本考察报告》，发表于《中国能源》上。

1979年6月　中国物资经济学会代表团参加在日本举行的第三届国际物流会议，代表团回国后在《国外物流考察报告》中第一次把“日本物流”这个名词介绍到中国。这是中国最早引进“物流”一词。

1979年9月26日　在国家科委能源政策研究组举办的节能问题报告会上，提出了广义节能的观点。

1979年12月　在浙江杭州召开的全国第一次能源政策座谈会上，宣读了《我国能源存在的问题和看法》一文。

1979年　与赵宗燠院士等一起创建了中国第一个能源学会——北京能源学会。

1980年1月　负责筹建中国社会科学院能源技术经济研究所（后改名为技术经济研究所，现为数量经济与技术经济研究所）。

1980年7月　调至中国社会科学院技术经济所。

1980年　《技术经济学概论》由上海科学技术出版社出版，该书获得光明日报社全国“光明杯”优秀学术著作二等奖。

1980年　参与发起成立中国能源研究会（中国能源政策研究会）。

1982年8月　担任山西能源重化工基地综合规划研究总顾问。

1982年9月　中国共产党第十二次全国代表大会提出“一番保两番”的科学决策，参与能源方面的论证。

1982年　著作《论广义节能》由湖南人民出版社出版。

1983年2月　北京能源学会召开以“能源与环境”为主题的学术年会，谢行健提出了在我国可以实施“经济时”（即夏时制）的建议。会后，与谢行健拜访了费孝通寻求支持。

1983年9月　去法国参加学术交流活动。

1984年　参与中国物流研究会的创建，担任负责学术工作的常务副会长。

1984年　《技术经济学》经由中国科协讲师团和中国科学与技术政策研究会第二次出版。

1985年1月　去西德参加学术交流活动。

1985年　“山西能源重化工基地建设综合规划研究”获中国社会科学院优秀研究报告奖。

1985年　创办了全国第一本《中国物流》杂志，兼任主编，在创刊号《关于物流技术经济研究的几个问题》一文中，提出了“物流新概念”一词。

1986年6月　赴日本参加学术交流活动。

1986年8月　担任国家能源基地规划办公室咨询研究局局长、研究员、硕士生和博士生导师。

1986年　《技术经济学》经由江苏人民出版社出版。

1986年　《现代工程师手册——技术经济》经由北京出版社出版，并获1986年全国科学技术优秀图书奖。

1986年　《现代工程师手册——能源技术》经由北京出版社出版，并获1986年全国科学技术优秀图书奖。

1986年　《国际煤炭市场分析及扩大中国煤炭出口创汇的可能性和对策》获得中国社会科学院数量与技术经济研究所优秀成果三

等奖。

1987年8月　赴加拿大参加学术交流活动。

1987年12月　与李京文一起主编我国第一本物流学著作《物流学及其应用》，提出了物流技术经济学的理论和方法。

1987年　《我国实行夏时制问题的研究》项目成果获北京市科技进步二等奖。

1987年　参加发起成立了中国能源基地研究会。

1988年　被授予“技术经济先锋奖”。

1988年　《技术经济学》第四版由江苏人民出版社出版。

1989年　任国家计委技术经济研究所所长、宏观经济研究院学术委员、研究员、硕士生和博士生导师。

1989年2月　撰写了题为《我国实行夏时制问题的研究》的报告，提出将实行夏时制的时间延长至6个月（从每年3月的最后一个星期日到9月的最后一个星期日）的建议。

1989年　《2000年大气污染分析》获得中国社会科学院数量与技术经济研究所优秀成果二等奖。

1989年　《论能源经济发展的客观规律》获1989年国家计委技术经济研究所优秀论文一等奖。

1989年　《从世界节能浪潮看我国的能源出路》获1989年国家计委技术经济研究所优秀论文一等奖。

1991年　享受国务院政府特殊津贴。

1991年　“中国能源发展战略”获国家计委科技进步二等奖。

1991年　“‘八五’计划和十年规划的总体思路”获国家计委科技进步二等奖。

1991年　论文《从世界两次节能浪潮看我国的能源出路》获得国家计委经济研究中心的表彰。

1991年　《向全面能源管理要能源，创全面节约路子增效益》获1991年国家计委技术经济研究所优秀研究报告二等奖。

1991 年　论文《要重视企业的全面技术进步》获“首都企业家俱乐部”和《北京日报》理论部征文二等奖。

1991 年　论文《关于十年来我国经济效益的评价——兼评十年来我国科技进步的贡献》获国家计委技术经济研究所优秀论文一等奖。

1991 年《关于在我国实行夏时制的建议》获 1991 年北京市科协优秀建议一等奖。

1991 年　著作《技术经济学》(第四版)获全国哲学社会科学光明杯二等奖，以及中国社会科学院数量与技术经济研究所优秀成果一等奖。

1992 年 7 月 14 日　参加北京宇航学会航天技术经济专业委员会成立大会。

1992 年 9 月　参加国家计委宏观经济赴德代表团。

1992 年　“编制 1992 和 1993 两年滚动计划的政策建议”获国家计委科技进步二等奖。

1992 年《能源需求与经济发展》(参加人之一)获 1992 年物资部科技进步一等奖。

1992 年《要有一个积极的发展速度》《采取“加速发展经济战略”》获 1992 年国家计委科技进步二等奖，获奖成果名称为“编制 1992 和 1993 两年滚动计划的政策建议”。

1993 年　完成“中国全面节约战略、规划和对策研究”课题，获国家计委科技进步一等奖。

1994 年《如何评价我国的经济效益》获中国经济效益纵深行组委会一九九四年优秀论文奖。

1995 年　“中国全面节约战略、规划和对策研究”获得国家科技进步三等奖。

1996 年　“‘多快好省综合优化’配置资源的典型——北京燕化乙烯改扩建工程后评价”获国家计委科技进步三等奖。

1997 年 《综合能源工程学》第三版由江苏人民出版社出版。

1997 年 “辽河油田‘九五’规划宏观经济评价研究”获辽宁省科技进步三等奖。

1998 年 1 月 担任国家计委宏观经济研究院学术委员、研究员、硕士生和博士生导师。

2001 年 11 月 当选为中国工程院院士。

2002 年 4 月 调至北京交通大学，担任综合能源工程研究所所长、中国技术经济研究中心主任等职务，并任教授，博士生导师。

2002年 主持《北京交通大学学报（社科版）》的“物流”专栏。

2005 年 提出了“大物流论”（Material Flow）的学术思想。

2006 年 11 月 11 日 获得中国物流学会颁发的首届中国有突出贡献的物流专家奖。

2007 年 10 月 14 ～ 16 日 参加国际信息处理协会（IFIP）举办的企业集成信息系统国际大会（CONFENIS 2007）大物流与全球企业集成论坛，获得杰出学术创新贡献奖。

2010 年 11 月 获得北京交通大学科技特殊贡献奖。

2010 年 11 月 参加首届中国—欧洲物流论坛。

2011 年 10 月 22 日 参加中德绿色物流论坛。

2012 年 《技术经济学》第五版由经济科学出版社出版。

2012 年 在题为《大管理科学论》（徐寿波、许立达）的论文中，首次提出了全新的管理概念——管要讲理（Managing According to Reason，MR）。

2012 年 5 月 8 日 与浙江绍兴文理学院达成合作协议，向绍兴市申报建立院士专家工作站。

2012 年 7 月 参加了“金华院士专家行”活动，并在当地科协的安排下建立了院士工作站。

2012 年 8 月 25 日 在浙江绍兴参加“2012 中国 · 绍兴‘名士之乡’人才峰会”。

2013 年 《技术经济学》第五版荣获第三届中国出版政府图书奖提名奖。

2014 年 6 月　参加国家级“物流中心自动化装备及系统产业技术创新战略联盟”第二届成员大会，担任联盟学术委会主任

2014 年 9 月　与陈子元、朱位秋、都有为、刘家麒等院士和专家团队一起参加“两院院士义乌行”活动。

2015 年 3 月 28 日　在西安参加“第二届丝绸之路经济带发展论坛”。

2015 年 11 月 20 日　获得首届中国技术经济学会技术经济奖终身成就奖。

附录 | 二 |

徐寿波主要成果目录

1. 徐寿波，等 .Некоторые вопросы развития энергетики Китая.Общая энергетика.АНСССР，1959（1），изд.

2. 徐寿波 .Определение максимальных отоп ительных нагрузок ТЭЦ. Автоматика и энергетика（苏联科学院通报），1959（6）.

3. 徐寿波 .Выбор расчетных графиков среднесуточных расходов тепла и воды при проектировании ТЭЦ и ГЭС.Общая энергетика.АНСССР，1960（3），3，изд.

4. 徐寿波 .Вопросы энергетического районирования на примере КНР. Электричество，1960（12）.

5. 徐寿波 .Некоторые вопросы энерге-тического районирования К.Н.Р.. ［副博士论文，莫斯科，1960 年（苏联列宁图书馆藏书）］.

6. 徐寿波. Методика выбора оптимальной мощности ТЭЦ в сложных энергосистемах К.Н.Р..（1960 年论文，学术报告会宣读）.

7. 徐寿波，黄志杰 . 综合动能学在苏联 . 人民日报，1961-08-04.

8. 徐寿波 . 我国今后热化发展的主要问题 . 见：1961 年热化学术会议论文汇编，1962.

9. 徐寿波 . 外国热化事业的发展 . 见：1961 年热化学术会议论文汇编，1962.

10. 徐寿波，黄志杰 . 燃料工业构成的一些情况 . 人民日报，1962-05-25.

11. 徐寿波 . 电力工业发展速度的一些情况 . 人民日报，1962-08-02.

12. 徐寿波 . 关于我国电力工业发展速度问题的研究（中国科学院综考会研究报告）.1962.

13. 徐寿波 . 动力系统合理水火比的计算方法和原理 . 见：北京

电机工程学会 1962 年学术年会论文，1962.

14. 徐寿波 . 关于我国采暖供热系统的设计标准问题 . 见：北京电机工程学会 1962 年学术年会论文，1962.

15. 徐寿波 . 积极开展技术经济研究 . 人民日报，1963-09-19.

16. 徐寿波 . 关于技术经济方法论问题（之三）（中国科学院综考会研究报告）.1963.

17. 徐寿波 . 水力发电与火力发电 . 人民日报，1963-03-06.

18. 徐寿波，杨志荣 . 水火电方案比较中容量及电量可比条件问题探讨 . 水利水电技术，1963（03）.

19. 徐寿波，朱世伟 . 我国农村电气化的一些问题 . 文汇报，1963-04-09.

20. 徐寿波 . 谈谈农村电气化 . 科学大众，1963（05）.

21. 徐寿波 . 我国热力管道保温经济厚度及其材料的选择 . 见：北京电机工程学会 1963 学术年会论文，1963.

22. 徐寿波 . 技术经济研究的任务和作用 . 化工技术资料（化工设计分册），1964（02）.

23. 徐寿波 . 技术经济研究的目的任务和方法 . 科学通报，1964（07）.

24. 徐寿波 . 技术经济方法论问题（之二、之四）（中国科学院综考会研究报告）.1964.

25. 徐寿波 . 重油的合理利用 . 人民日报，1964-12-19.

26. 徐寿波 . 关于燃料动能平衡的几个问题 . 科学通报，1964（04）.

27. 徐寿波 . 技术经济方法论问题（之一、之五）（中国科学院综考会研究报告）.1965.

28. 徐寿波 . 关于技术经济方法论问题（中国科学院综考会研究报告）.1965.

29. 徐寿波，等 . 我国重油资源的合理利用和分配 .1965.

30. 徐寿波，等 . 关于四川省天然气合理利用问题研究（中国科学院综考会研究报告）.1965.

31. 徐寿波，等 . 天津市工业余热调查报告（计委 1973 年 149 号文件）.1973.

32. 徐寿波，等 . 上海市工业余热调查报告. 1973.

33. 徐寿波，等 . 我国工业二次能源合理利用（中国科学院综考会研究报告）.1973 ～ 1976.

34. 徐寿波 . 能源研究的主要任务［全国自然科学学科规划会议简报（一六二）］.1977-10-30.

35. 徐寿波 . “能源科学技术”规划纲要（全国科学技术长远规划主要任务之十一）.1977.

36. 徐寿波 . 积极开展能源平衡问题的技术经济研究 . 见：技术经济和管理现代化问题论文集 . 北京：生活 · 读书 · 新知三联书店，1978.

37. 徐寿波 . 大力加强能源利用科学技术的研究 . 能源，1978（01）.

38. 徐寿波 . 技术经济比较原理 . 见：技术经济和管理现代化问题文集 . 北京：中国社会科学出版社，1979.

39. 徐寿波 . 略论我国的能源问题 . 能源，1979（03）.

40. 徐寿波 . 日本的能源 . 能源，1979（03）.

41. 徐寿波 . 能源和农业 .1979 年 8 月 5 日中央人民广播电台的“科学家谈话”.

42. 徐寿波 . 能源科学技术 . 见：科学家谈现代科学技术 . 北京：科学普及出版社，1979.

43. 徐寿波 . 国民经济发展中的能源问题 . 光明日报，1979-11-10.

44. 徐寿波 . 能源和发展经济的关系 . 北京日报，1979-11-23.

45. 徐寿波 . 我国能源问题和看法（中国科学院综考会研究报告）.1979.

46. 徐寿波 . 我国焦炭资源合理利用的研究 . 见：焦炭资源合理

利用研究文集，1979.

47. 徐寿波 . 技术经济学概论 . 上海：上海科学技术出版社，1980；1981.

48. 徐寿波 . 浅谈物资的合理利用和择优分配 . 物资管理，1980（01）.

49. 徐寿波 . 资源的合理利用 . 见：工业经济基础知识 . 北京：经济管理出版社，1980.

50. 徐寿波 . 对能源形势的几点看法 . 技术经济与管理科学，1980（02）.

51. 徐寿波 . 我国四个现代化中的能源问题 . 经济问题，1980（01）.

52. 徐寿波 . 世界能源的展望 . 中国报道，1980（01）.

53. 徐寿波 . 低热值固体燃料应以建材的综合利用为主 . 技术经济和管理现代化通信，1980.

54. 徐寿波 . 技术经济分析的基本原理 . 财经问题研究，1981（03）.

55. 徐寿波 . 谈谈我国社会发展的战略目标问题 . 技术经济研究，1981（04）.

56. 徐寿波 . 国民收入和纯收入应作为经济发展的主要目标 . 技术经济研究，1981（08）.

57. 徐寿波 . 印度能源问题的研究 . 技术经济研究参考资料，1981（06）.

58. 徐寿波 . 释"广义节能". 百科知识，1981（11）.

59. 徐寿波 . 关于我国节能问题（中国社科院技术经济研究所研究报告）.1981.

60. 徐寿波 . 工业能源的技术经济比较原理和方法（上）、（下）. 动力工程，1981（04）～（05）.

61. 徐寿波 . 广义节能的经济效果计算和比较方法 . 技术经济研

究参考资料，1981（14）.

62. 徐寿波 . 能源技术经济学（中国社科院技术经济研究所研究报告）.1981.

63. 徐寿波 . 能源技术经济基本理论和方法（中国社科院技术经济研究所研究报告）.1981；1982.

64. 徐寿波 . 关于技术方案的评价理论和方法问题——兼评国外的可行性研究 . 技术经济，1982（03）.

65. 徐寿波 . 国民经济调整的技术经济原理和方法 . 技术经济研究参考资料，1982（02）.

66. 徐寿波 . 关于技术经济中采用统一符号的建议 . 技术经济研究参考资料，1982（01）.

67. 徐寿波 . 技术方案经济比较的可比条件 . 经济学周报，1982-07-26.

68. 徐寿波 . 谈谈经济效果和经济效益 . 技术经济研究参考资料，1982（05）.

69. 徐寿波 . 选择技术方案的客观衡量标准和综合评价方法 . 技术经济研究参考资料，1982（10）.

70. 徐寿波 . 关于综合评价的方法问题——多目标决策方法及其应用 . 技术经济与管理研究，1982（04）.

71. 徐寿波 . 经济评价 . 全面能源管理技术 . 国家经委节能办，1982.

72. 徐寿波 . 能源技术经济学 . 长沙：湖南人民出版社，1982.

73. 徐寿波 . 论广义节能 . 长沙：湖南人民出版社，1982.

74. 徐寿波 . 我国能源问题和看法 . 技术经济，1982（01）；技术经济研究参考资料，1982（01）.

75. 徐寿波 . 关于我国能源效率的几个问题 . 技术经济研究参考资料，1982（03）.

76. 徐寿波 . 广义节能是解决我国能源问题的关键 . 经济学周报，

1982-03-15.

77. 徐寿波 . 解决能源问题的新路子 . 经济学周报，1982-11-22.

78. 徐寿波 . 关于山西能源基地建设综合经济规划研究的几点建议 . 煤炭能源，1982（01）.

79. 徐寿波 . 广义节能的技术经济理论和方法 . 中国社会科学，1982（03）.

80. 徐寿波 . 能源技术经济基本理论和方法 . 见：能源管理 . 北京：能源出版社，1982.

81. 徐寿波 . 节能的经济效果计算和比较方法 . 见：论经济效果 . 北京：人民出版社，1982.

82. 徐寿波 . 谈谈能源系统的技术经济理论 . 技术经济研究参考资料，1982（06）.

83. 徐寿波 . 资源的合理利用 . 见：工业经济与企业管理基本知识讲座 . 北京：中国社会科学出版社，1982；1983.

84. 徐寿波 . 关于科技进步作用的经济评价问题 . 技术经济与管理研究，1983（02）.

85. 徐寿波 . 关于建设项目国民经济评价中的价格问题 . 技术经济，1983（02）.

86. 徐寿波 . 技术经济在科技咨询服务中的作用 . 技术经济和管理现代化通信，1983.

87. 徐寿波 . 时间因素计算表及其应用 . 数量和技术经济研究，1983（04）.

88. 徐寿波 . 国民经济建设中方案评价试行方法（讨论稿）. 数量和技术经济研究，1983（05）.

89. 徐寿波，等 . 山西省能源重化工基地规划技术经济研究报告 .1983.

90. 徐寿波 . 能源技术经济案例部分 . 见：通俗实用经济效果学 . 北京：科学普及出版社，1983；1984.

91. 徐寿波 . 技术经济学（上、下册）.1984.

92. 徐寿波 . 经济效果一般原理 . 工业技术经济，1984（01）～（02）.

93. 徐寿波 . 略论提高社会全部经济效果的途径 . 工业技术经济，1984（05）.

94. 徐寿波 . 科技进步与经济评价 . 见：科技咨询教材汇编 . 中国科技咨询服务中心，1984.

95. 徐寿波，龚飞鸿 . 总体规划技术经济模型 . 见：山西综合规划经济数学模型汇编，1984.

96. 万浪（徐寿波的笔名）. 中国能源经济的发展和前景 . 数量和技术经济研究，1984（10）.

97. 徐寿波 . 关于我国能源发展战略的几个问题 . 经济社会发展战略研究，1984.

98. 徐寿波 . 工业能源的技术经济比较原理和方法 . 见：工厂节能专辑 . 北京：机械工业出版社，1984.

99. 徐寿波 . 关于物流技术经济研究的几个问题 . 中国物流，1985（创刊号）.

100. 徐寿波 . 技术经济学普及讲座 . 数量和技术经济研究，1985（01）～（06）.

101. 徐寿波 . 企业规模的技术经济问题 . 工业技术经济，1985（01）.

102. 徐寿波 . “2000 年中国能源”中的能源发展战略部分 .1985-02-01.

103. 徐寿波 . 关于中国能源发展战略的几个问题 . 数量和技术经济研究，1985（04）.

104. 徐寿波 . 技术经济学（第三版）. 南京：江苏人民出版社，1986.

105. 徐寿波 . 关于环境技术经济学的几个问题 . 中国环境科学，

1986（01）.

106. 徐寿波．对开发大西南若干问题的认识．西南开发，1986（02）.

107. 徐寿波．山西经济发展的道路——煤、电、钢、机械一体化．山西经济报，1986-11-21.

108. 徐寿波．现代工程师手册——技术经济．北京：北京出版社，1986.

109. 徐寿波．中国核电发展战略．能源政策研究通讯，1986（07）.

110. 徐寿波．现代工程师手册——能源技术．北京：北京出版社，1986.

111. 徐寿波．“中煤四运”是我国煤炭物流的总形势．物流信息，1986（34）.

112. 徐寿波．技术经济学原理．见：现代工程师继续教育补充讲义．北京：经济管理出版社，1987.

113. 徐寿波．综合考核企业经济效益的新指标——国内竞争力指标．工业技术经济，1987（03）.

114. 徐寿波．纵论山西后十年经济发展的区域功能和历史方位．山西经济报，1987-10-23.

115.Shoubo Xu.China’s Energy Development Stategy. 新中国季刊（欧洲外文版），1987（07）.

116. 徐寿波．中国核电发展战略．数量经济技术经济研究，1987（07）.

117. 万浪（徐寿波笔名）. 谈谈能源预测．北京日报，1987-01-27.

118. 徐寿波．关于能源基地经济区的发展战略．世界经济导报，1987-04-27.

119. 徐寿波，符健，陈忠荣．论能源基地及其功能．能源基地建设，1987（01）.

120. 徐寿波．物流学及其应用．北京：经济科学出版社，1987.

121. 徐寿波．技术经济学（第四版）. 南京：江苏人民出版社，1988.

122. 徐寿波．英汉技术经济学词汇．北京：电子工业出版社，1988.

123. 徐寿波．技术进步与产业结构变化研究．数量经济技术经济研究，1988（05）.

124. 徐寿波，贺清．带头产业、超前产业、先行产业和新兴产业．技术经济与管理研究，1988（01）.

125. 徐寿波．大中城市发展要走新型消费城市的道路．科技日报，1988-02-01.

126. 徐寿波，彭敏华．能源技术．南京：江苏人民出版社，1988.

127. 徐寿波．论首都的能源发展战略．科技日报，1988-02-08.

128. 徐寿波，等．中国地区能源发展战略．能源基地建设，1988（05）.

129. 徐寿波．技术进步与产业结构变化研究．中国产业经济技术，1989（06）.

130. 徐寿波．现代工程师继续教育学习指导．北京：工人出版社，1989.

131. 徐寿波，等．能源发展的战略抉择．南京：江苏人民出版社，1989.

132. 徐寿波．世界能源发展新战略——终端利用能源战略．技术经济研究，1989（13）.

133. 徐寿波．中国能源发展新战略——能源经济效率战略．技术经济研究，1989（13）.

134. 徐寿波．能源滞后于经济增长不是造成能源短缺的根本原因．技术经济研究，1989（13）.

135. 徐寿波 .2050 年我国达到人均 4000 美元需要多少能源 . 技术经济研究，1989（13）.

136. 徐寿波 . 中国能源危机和出路 . 能源基地建设，1989（04）.

137. 徐寿波 . 论能源经济发展的客观规律 . 数量经济技术经济研究，1989（11）.

138. 徐寿波 . 从世界节能浪潮看我国的能源出路 . 经济日报，1989-10-28.

139. 徐寿波 . 企业技术进步应以节能降耗为中心 . 企业技术进步，1989（03）.

140. 徐寿波 . 中国环境发展战略 . 数量经济技术经济研究，1989（05）.

141. 徐寿波，等 . 中国的生态危机 . 见：中国的危机与思考 . 天津：天津人民出版社，1989.

142. 徐寿波 . 提高全民经济效益意识 . 科技日报，1990-06-28.

143. 徐寿波 . 关于经济增长速度问题的研究 . 中国技术经济，1990（01）.

144. 徐寿波，龚建中 . 中国部门能源发展战略 . 中国能源，1990（06）.

145. 徐寿波 . 关于我国能源短缺问题的思考 . 企业技术进步，1990（05）.

146. 徐寿波 . 节能是解决能源问题的真正出路 . 科技导报，1990（04）.

147. 徐寿波，张汉玲 . 实行全面节约 . 人民日报，1990-05-07.

148. 徐寿波 .“八五”计划全面节约的基本思路 . 企业技术进步，1990（11）.

149. 徐寿波 . 关于十年来我国经济效益的评价——兼评十年来我国科技进步的贡献 . 中国技术经济，1991（04）；企业技术进步，1991（10）～（11）.

150. 徐寿波 . 加快企业全面技术进步，提高经济效益 . 中国技术经济，1992（02）.

151. 徐寿波 . 中国经济增长速度和产业结构 . 科技与发展，1992（04）.

152. 徐寿波 . 采取“加速发展经济战略”，争取再上一个新台阶 . 中国技术经济，1992（03）.

153. 徐寿波 . 中国全面节约战略研究 . 现实与抉择 . 见：国家计委研究中心的报告 . 上海：上海人民出版社，1992.

154. 徐寿波 . 效率革命——中国社会主义市场经济的几个问题 . 发展与抉择，1993.

155. 徐寿波 . 社会主义市场经济中的公平与效率问题 . 上海综合经济，1993（01）.

156. 徐寿波 . 判断我国经济形势的主要指标及其调控途径和手段 . 管理世界，1993（04）.

157. 徐寿波，等 . 社会主义市场经济的分配理论——“按效分配”理论 . 经济理论与实践动态，1993.

158. 徐寿波 . 中国能源效率革命是解决能源“瓶颈”问题的根本出路 . 中国技术经济，1993（05）.

159. 徐寿波 . 必须把全面节约提高到发展战略的地位 . 见：中国科学技术情报研究所《发展与决择》编辑部 . 发展与抉择 . 北京：科学技术文献出版社，1993.

160. 徐寿波 . 如何评价我国的经济效益 . 光明日报，1994-07-08.

161. 徐寿波，等 . 中国宏观经济运行信息系统 . 国家计委技术经济研究所，1994.10.

162. 徐寿波 . 能源经济 . 北京：人民出版社，1994.

163. 徐寿波，等 . “九五”时期提高经济效率的基本思路 . 见：转变经济增长方式与产业升级 . 北京：经济管理出版社，1995.

164. 徐寿波 . 国有大中型企业经济增长方式的转变问题 . 见：90

年代后期大中型企业发展战略研讨会论文，1995.

165. 徐寿波 . 企业当务之急——内涵扩大再生产 . 中国企业报，1995-11-21.

166. 徐寿波 . 衡量经济增长方式转变要有一套科学的指标体系 . 经济工作通讯，1995（23）.

167. 徐寿波 . 转变经济增长方式要有科学指标体系 . 中国经济导报，1995-12-13.

168. 徐寿波 . 揭开经济增长的秘密 . 中国市场经济报，1995-02-23.

169. 徐寿波，等 . 中国通货膨胀 . 北京：中国物资出版社，1995.

170. 徐寿波 .1995 年和“九五”期间宏观调控政策对企业发展的影响 . 政策与发展研究，1995（12）.

171. 徐寿波 . 宏观调控：带给企业些什么？（上、下）. 开放日报，1995-04-21；1995-04-25.

172. 徐寿波 . 今年和“九五”期间宏观调控政策对企业发展的影响 . 中国电子报，1995-05-26.

173. 徐寿波 . 如何科学衡量企业经济增长方式 . 中国机电日报，1996-01-09.

174. 徐寿波 . 下大力量切实转变经济增长方式 . 企业管理，1996（01）.

175. 徐寿波 . 衡量经济增长方式转变要有一套科学的指标体系 . 经济师，1996（01）.

176. 徐寿波 . 衡量经济增长方式转变要有一套科学的指标体系 . 中国技术经济科学，1996（01）.

177. 徐寿波 . 转变经济增长方式要有科学指标体系 . 科技与经济画报，1996（02）.

178. 徐寿波 . 经济增长方式转变过程中企业的对策 . 见：企业战

略论坛大会论文，1996.

179. 徐寿波，等 . 国有企业转变经济增长方式的探索 . 宏观经济管理，1996（04）.

180. 徐寿波，等 .“多快好省综合优化”配置资源的典型——北京燕化乙烯改扩建工程后评价 . 北京：经济日报出版社，1996.

181. 徐寿波，等 . 国有重点煤矿经济增长方式评价指标体系研究 . 走上新的增长道路 . 见：煤炭工业转变经济增长方式研究报告专集 .1996.

182. 徐寿波 . 怎样考核经济增长方式转变 . 南京：江苏人民出版社，1997.

183. 徐寿波 . 综合能源工程学（第三版）. 南京：江苏人民出版社，1997.

184. 徐寿波，等 . 实施“广义能源效率”战略（国家计委产业经济与技术经济研究所课题组研究报告），1998 年 6 月 .

185. 徐寿波，等 . 改革开放前后中国能源发展战略比较 . 中国经贸导刊，1999（13）.

186. 徐寿波，等 . 提高我国能源效率的政策建议 . 中国经贸导刊，2000（01）.

187. 徐寿波 . 资源与发展 . 见：中国资源信息 . 北京：中国环境科学出版社，2000.

188. 徐寿波，王家诚 . 北京新材料产业发展技术经济评价指标体系 . 见：北京新材料产业发展技术经济评价 . 北京：冶金工业出版社，2002.

189. 徐寿波 . 关于物流科学理论的几个问题 . 北方交通大学学报（社会科学版），2002（01）. 中国物流学会首届学术年会、教育部委托北方交大主办的首届全国高校物流管理专业教学与课程建设培训班学术报告，2002.

190. 徐寿波 . 关于物流的科学分类问题 . 北方交通大学学报（社

会科学版），2002（01）.

191. 徐寿波 . 关于物流工程的几个问题 . 北方交通大学学报（社会科学版），2003，2（01）.

192. 徐寿波 . 以科学发展观指导东北经济振兴和资源枯竭型城市发展 . 科技导报，2004（10）.

193. 徐寿波 . 以科学发展观指导矿业城市的发展 . 北京交通大学学报（社会科学版），2004（4）.

194. 徐寿波 . “物流科学技术”的研究和发展前沿 . 北京交通大学学报（社会科学版），2004，3（03）.

195. 徐寿波 . 中国能源安全和发展问题 . 见：中国生产力发展国际论坛论文集 .2005.

196. 徐寿波 . 缓解能源瓶颈不能以牺牲能源安全为代价——访中国工程院院士徐寿波 . 上海证券报，2005-11-19.

197. 徐寿波 . 科学发展观与“物流科学技术”的发展 . 中国物流与采购，2005（09）.

198. 徐寿波 . 大物流论 . 中国流通经济，2005，19（05）.

199. 徐寿波 . 生产要素六元理论 . 北京交通大学学报（社会科学版），2006，5（03）.

200. 徐寿波，等 . 能源安全和发展研究报告 . 见：2005—2006年中国生产力发展研究报告（上）. 北京：中国统计出版社，2006.

201. 徐寿波 . 要高度重视能源安全——访中国工程院院士徐寿波 . 企业改革与管理，2006（02）.

202. 徐寿波 . 以科学发展观为指导、走中国特色的能源发展道路 . 现代炮兵学报，2006（12）.

203. 徐寿波 . “一番保两番”理论和实践 . 技术经济与管理研究，2007（01）.

204. 徐寿波 . 大物流再论 . 中国流通经济，2007，21（10）.

205. 徐寿波 . 改革开放 30 年中国能源发展战略的变革 . 北京交

通大学学报（社会科学版），2008（03）.

206. 徐寿波 . 改革开放 30 年中国能源发展战略的变革 . 中国信息报，2008-09-01.

207. 徐寿波 . 改革开放 30 年中国能源发展战略的变革 . 中国国情国力，2008（10）.

208. 徐寿波 . 中国能源发展战略新选择 . 招商周刊，2008（18）.

209. 徐寿波 . 改革开放 30 年中国能源发展战略的变革 . 市长参考，2008（09）.

210. 徐寿波 . 中国能源发展战略变革综述 . 电网与清洁能源，2008，24（05）总第 112 期 .

211. 徐寿波 . 商品物流理论 . 中国流通经济，2008，22（11）.

212. 徐寿波 . 关于基础产业理论的几个问题 . 北京交通大学学报（社会科学版），2009，8（01）.

213. 徐寿波 . 关于社会经济发展时代划分问题的研究 . 北京交通大学学报（社会科学版），2009，8（02）.

214. 徐寿波 . 建国 60 年中国"技术经济"科学技术发展的回顾和展望 . 北京交通大学学报（社会科学版），2009，8（04）.

215. 徐寿波 . 新世纪中国石油发展战略——替代石油进口战略 . 世界石油工业，2009，16（03）.

216. 徐寿波 . 物流产业发展理论前沿 . 见：交大大讲堂 . 北京：北京交通大学出版社，2009.

217. 徐寿波 . 物流新理论——大物流论 . 见："中国铁路现代物流发展大会"会议资料汇编，2009.

218. 徐寿波 . 商品物流理论研究 . 管理世界，2009（07）.

219. 徐寿波 . 物流业是服务业的核心：大物流理论 . 物流技术，2010（02）.

220. 徐寿波 . 技术方案综合评价理论研究 . 北京交通大学学报（社会科学版），2011（01）.

221. 徐寿波 . 对接京津打造首都经济圈的研究探索——《对接京津与都市区一体化——构建环首都经济圈与京津走廊的崛起》评介 . 廊坊日报，2011-08-12.

222. 徐寿波，许立达 . 大管理科学论 . 北京交通大学学报（社会科学版），2012（01）.

223. 徐寿波 . 技术经济学（第五版）. 北京：经济科学出版社，2012.

附录 | 三 |

参考文献

1. 徐寿波档案，现存于北京交通大学档案馆 .

2. 徐寿波日记，未公开发表 .

3. 徐寿波 . 技术经济学 . 北京：经济科学出版社，2012.

4. 徐寿波 . 综合能源工程学 . 南京：江苏人民出版社，1997.

5. 李京文，徐寿波 . 物流学及其应用 . 北京：经济科学出版社，1987.

6. 徐寿波 . “一番保两番”理论和实践 . 技术经济与管理研究，2007（01）.

7. 徐寿波 . 中国效率革命——中国社会主义市场经济的几个问题 . 见：中国著名经济学家论社会主义市场经济 . 郑州：河南人民出版社，1995.

8. 徐寿波，许立达 . 大管理科学论 . 北京交通大学学报（社会科学版），2012（01）.

9. 徐寿波 . 我亲身经历的我国综合能源研究四起四落 .http：//www.igsnrr.cas.cn/sq70/hyhg/kyjl/.

10. 刘放，徐寿波，谢行健 . 面向 21 世纪，节约资源能源，走符合我国实际的节能道路 . 见：1998 年节能工作研讨会论文集 .

11. 徐寿波 . 综合动能学在苏联 . 人民日报，1961-08-04.

12. 徐寿波，黄志杰 . 燃料工业构成的一些情况 . 人民日报，1962-05-25.

13. 徐寿波 . 电力工业发展速度的一些情况 . 人民日报，1962-08-02.

14. 徐寿波 . 水力发电与火力发电 . 人民日报，1963-03-06.

15. 徐寿波 . 积极开展技术经济的研究 . 人民日报，1963-09-19.

16. 徐寿波 . 重油的合理利用 . 人民日报，1964-12-19.

17. 徐寿波 . 判断我国经济形势的主要指标及其调控途径和手段 . 管理世界，1993（04）.

18.1963—1972 年科学技术发展规划纲要 .

19. 竺可桢 . 竺可桢全集（第 18 卷）. 上海：上海科技教育出版社，2010.

20. 张九辰 . 自然资源综合考察委员会研究 . 北京：科学出版社，2012.

21. 张九辰 . 从动力到能源：中国科学院能源研究的兴起 . 自然科学史研究，2010，29（02）.

22. 中国科学院电工研究所 . 中国科学院电工研究所所史 . 北京：科学出版社，2010.

23. 科学时报社 . 中国院士治学格言手迹 . 北京：世界知识出版社，2004.

24. 杜润生 . 十年来自然科学的重大进展——为庆祝中华人民共和国建国十周年而作 . 科学通报，1959（19）.

25. 中国科学院、清华大学关于筹建中国科学院动力研究室的协议（附：关于中国科学院与清华大学合作筹建中国科学院动力研究室工作计划）. 中国科学院年报，1956.

26. 王丽娜 . “管理科学组”的来龙去脉 . 中国科学报，2014-03-21（19）.

27. 作祖国的钱粮师爷——访中国综合能源工程学主要开拓者和奠基人、中国工程院院士徐寿波教授 . 绍兴日报，2007-12-06.

28. 陈圣莉 . 一生勇作开拓者 . 财经界，2009（1-96）.

29. 龙富 . 评徐寿波同志的《技术经济学概论》一书 . 技术经济，1982（02）.

30. 石梅音 . 科教片扩展到社会科学领域的一个尝试——《广义节能》创作小结 . 中国电影年鉴 1985，1985.

31. 吴昊，徐寿波 . 我干了三件有意义的事 . 人民铁道，2005-

03-17（B4）.

32. 陈方建，郑朝霞 . 创新——中国物流发展的核心——访我国著名物流专家、中国工程院院士徐寿波研究员 . 物流技术（装备版），2010（02）.

后　记

我第一次见到徐寿波院士是在 2013 年 10 月末的一个下午。在此之前，我对徐院士的事迹所知并不多。当徐老的爱徒和学术助手——北京交通大学经济管理学院的侯汉平教授带着我来到徐院士的办公室时，一位慈祥的长者热情接待了我。

徐院士的办公室面积不大，一桌、一椅、一书柜、一沙发、一茶几便把这间不到十平方米的小屋塞得满满当当的。映入眼帘的是书柜里塞得满满的书，放不下的书随意堆放在窗台上、沙发边的空隙里。徐院士的眼睛炯炯有神，当他注视着你时，会令人感到他目光中透露出的深邃。徐院士非常平易近人，第一次见面时，他热情地和我握手，询问我的年龄、工作情况，丝毫不因为我是一名年轻学者便产生轻视。他的话不多，但言简意赅。第一次交谈的时间只有半个小时，仅进行了些简单沟通。我正式和徐院士熟识起来，是从对徐院士一次又一次的访谈和阅读徐院士的著作开始的。

每一次访谈之前，我都会先草拟一份访谈提纲，请院士帮助回忆历史。徐院士每一次都认真对待，丝毫没有马虎。徐院士工作非常繁忙，几乎每周都要出差、开会，但每一次和我会面，他都要推掉其他的工作，至少抽出两个小时以上的时间，专心专意为我解惑。因我阅历不够，有时会因为对徐老专业的不熟悉而提出错误的问题，徐老出于对年轻人的爱护，从不会贸然打断我，而是另找时机悄悄纠正我的错误，并不厌其烦为我进行科普。徐院士对年轻学者的爱护，由此可见一斑。我在传记撰写中如果需要什么参考资料，只要提前告诉他，他总是积极地为我准备。传记初稿完成后，徐院士甚至花费了数月的时间认真阅读，并提出了宝贵的意见。在两年多的交往中，我深切感到，徐院士是一位非常热心的老人，对晚辈爱护备至。也正是徐院士的热情帮助，我才能顺利完成这本传记。

徐院士的文字，字如其人，字里行间流露着爽利、果断、英气。我接触到他的第一本书，便是其代表作《技术经济学》。此后，我陆续阅读了徐院士的其他著述，收获很大。

作为老一辈的知识分子，徐院士有属于自己的骄傲和清高。他个头不高，但他的脊梁总是挺得笔直，这是他倔强的风骨表现。在他数十年的学术生涯中，他既吃过苦头，也有意气风发的时刻。他有很强的科研和工作能力，但他从不以此为傲，而是兢兢业业、踏实向前。他取得了一系列荣誉，但他并不让自己置身高位，也绝不为自己和家人谋取私利。

徐院士不仅是一位技术专家，也不单纯是一名经济学家，他涉猎专业广博，我作为一个局外人，试图用不甚专业的水平对徐院士多年从事的综合能源工程学、技术经济学、大物流学做一点探讨，难度很大。但徐院士所从事学科的产生、发展、壮大的历史恰恰又是一名科学史学者所关注的范畴。尽管水平有限，但我仍然愿意在这方面做一些工作。

因水平和时间所限，传记有很多不足之处。在传记收尾之际，我要感谢徐院士一直以来不吝赐教，为我口述了大量历史，并在百忙之中数次抽空审阅全稿，为本传记提出了许多珍贵、有益的修改意见；感谢侯汉平教授帮助联络、审稿并提供信息；感谢郭丽华老师的热情接待；感谢黄少凯高工帮助拍摄、扫描相关资料；感谢张韵博士协助记录部分访谈音频和视频；感谢黄艳红博士提出的有关建议并帮助开展工作。感谢北京交通大学档案馆提供的宝贵资料，也感谢其他对本传记的创作提供过帮助的热心人士！

最后，我衷心祝愿徐院士健康、长寿，在科学的高峰上攀登得更高！

胡晓菁

2016年6月1日

作 者 简 介

胡晓菁，中国科学院大学助理研究员、编辑，从事中国近现代科技史、地学史以及科学人物研究，开展过大量口述史工作。在《科学文化评论》《当代中国史研究》《中国科技史杂志》《中国科学报》等学术杂志、报纸上发表过多篇研究论文，并参加过《李约瑟 中国科学技术史》多卷册的翻译出版工作。2013 年开始出版人物传记，著有《寻找地层深处的光——田在艺传》。